1 財産目録シート

財産の種類と金額を書き込みましょう。借金などマイナスの財産（負債）も書いてください。

書き込み式

相続対策シート

いま所有している財産、または相続した財産を把握し、遺産分割や相続税の計算のために使えるシートです。

	種類	内容	評価額
資産（プラスの財産）	不動産		円
			円
			円
			円
	預貯金		円
			円
			円
	有価証券		円
			円
			円
			円
	保険		円
			円
			円
	そのほか		円
			円
			円
		資産の合計	円

負債（マイナスの財産）			円
			円
			円
		負債の合計	円

資産の合計　□円　−　負債の合計　□円　=　**純資産**　□円

各シートの使い方は**24ページ**へ！

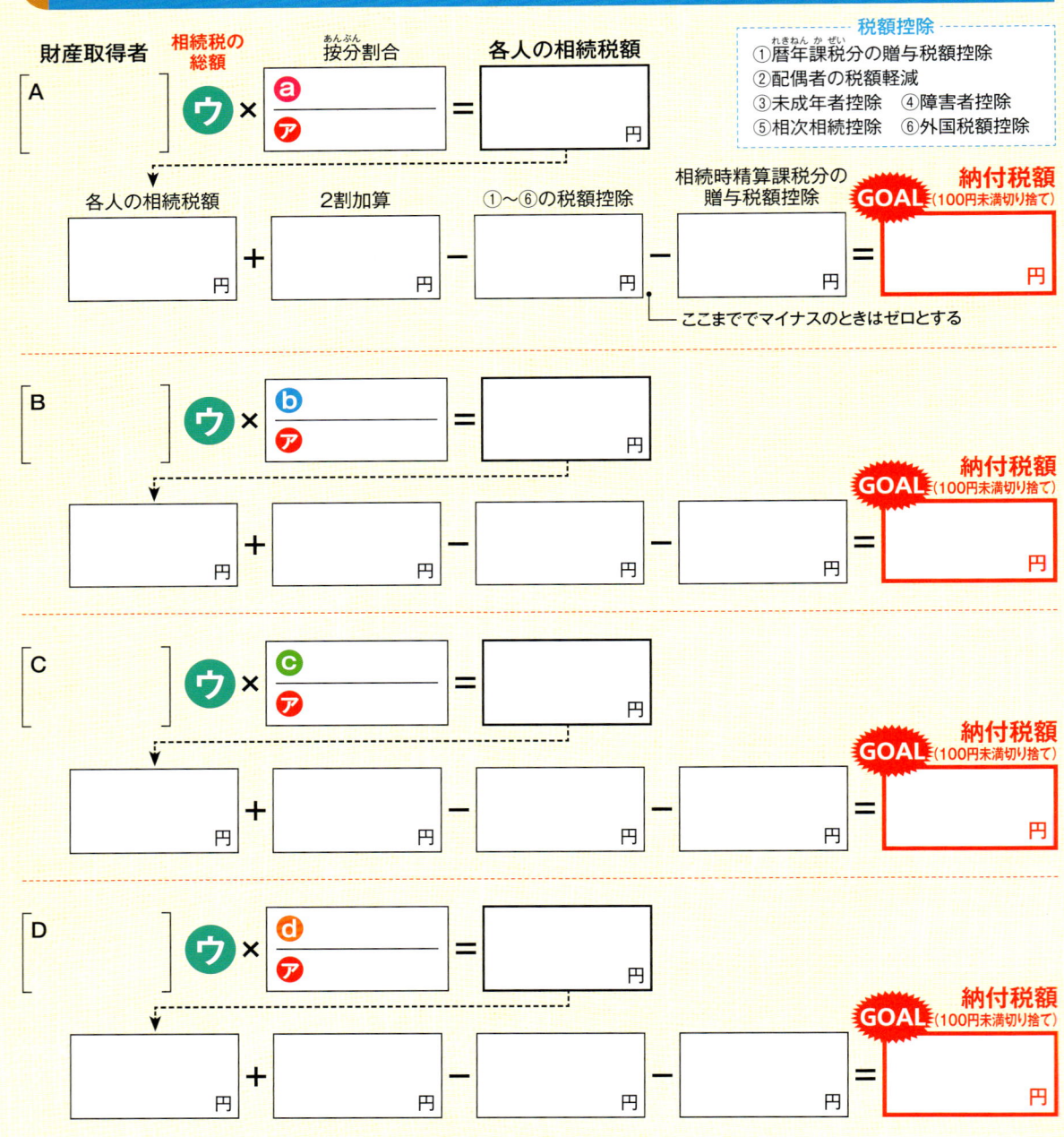

4 相続税計算シート

相続税は4つのステップで計算できます。
相続税額を計算してみましょう。

ステップ1 財産取得者それぞれの課税価格の計算

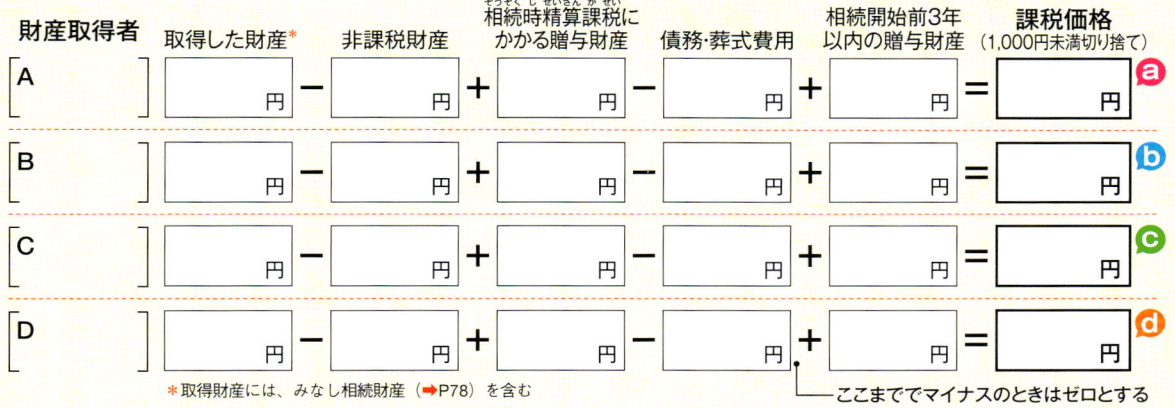

＊取得財産には、みなし相続財産（→P78）を含む

ステップ2 課税遺産総額の計算

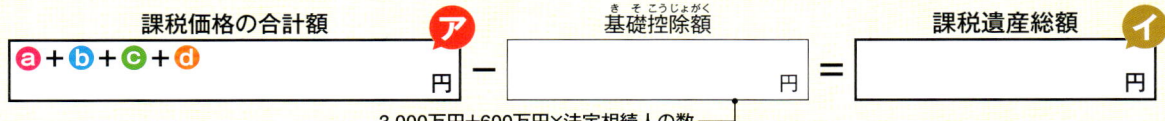

ステップ3 相続税の総額の計算

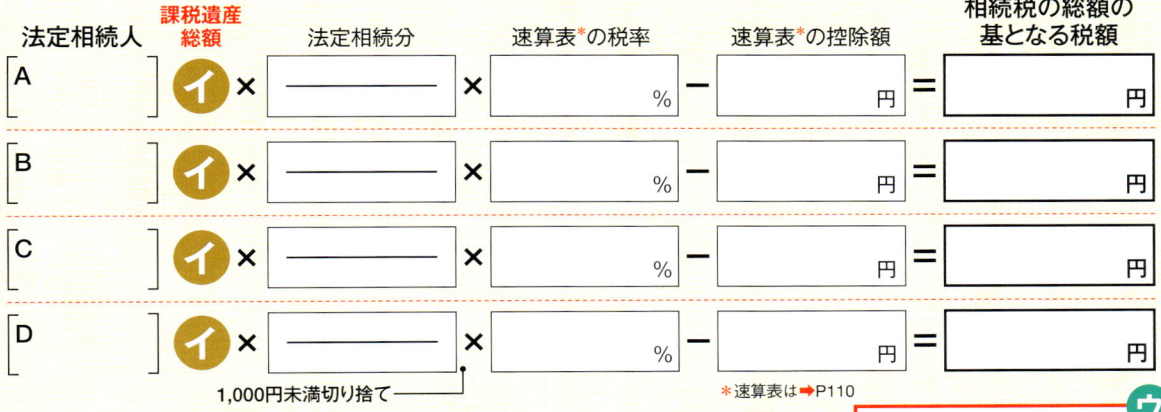

＊速算表は→P110

相続税の総額
（100円未満切り捨て）

2 遺産分割シート

財産をだれにどのように分けたいかを書きましょう。生前に自分で使う分も書いておきましょう。

種類		金額	A 名前	B 名前	C 名前	D 名前	自分で生前に使う分
不動産		円	円	円	円	円	円
		円	円	円	円	円	円
		円	円	円	円	円	円
金融資産		円	円	円	円	円	円
		円	円	円	円	円	円
		円	円	円	円	円	円
そのほかの財産		円	円	円	円	円	円
		円	円	円	円	円	円
		円	円	円	円	円	円
資産合計		円	円	円	円	円	円
負債		円	円	円	円	円	円
差引合計		円	円	円	円	円	円

3 贈与記録シート

生前贈与がある場合は、いつ、だれに、何をあげたかを書いておきましょう。

種類	受け取った人	贈与日など	贈与額
			円
			円
			円
			円
		合計	円

中村美希

あなたも家族も安心できる

手続き **税金** **生前対策**

遺産相続

西東社

「相続」早わかり 1

そもそも「相続」とはどういうものか

人が亡くなると、その人の財産は、家族などに引き継がれます。相続とは何かを理解するために、「いつ」「だれが」「何を」引き継ぐのかをおさえましょう。

➡ 詳しい内容は **1章**

「相続」とは、故人の財産を一定の親族が引き継ぐこと

死亡（相続開始）

被相続人

財産（遺産）

[プラスの財産]　　[マイナスの財産]

被相続人の財産は、死亡と同時に相続人に移転する

妻 / 子ども / 子ども
相続人 / 相続人 / 相続人

「相続」の基本

1 死亡の瞬間から、亡くなった人は**被相続人**、財産を引き継ぐ親族は**相続人**という関係になる。

2 「相続」できるのは一定の親族のみ。そのなかでも優先的に相続できる順位がある。
➡ P6

3 相続人は、**プラスの財産**も**マイナスの財産**も引き継ぐ。

2

相続は、当事者の意思にかかわりなくスタートする「財産を移転する4つの方法」

相続は、財産をあげる人やもらう人の意思を必要とせず、死亡によって自動的に始まる。いつ、だれに、何を渡すのかを考えるために、相続以外の財産の移転方法もおさえておこう。

死後に引き継ぐ

相続

内容：人の死亡によって財産が一定の親族に自動的に移転すること

双方の意思を必要としない（被相続人／相続人）

*ただし、遺言を残すことで被相続人の意思を反映させることもできる ➡ P14

渡せる人：一定の親族
税金：相続税（相続人）

遺贈

内容：遺言によって財産を無償で与えること

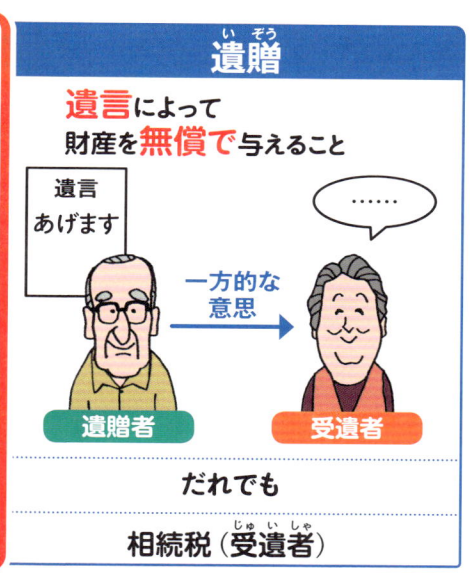

一方的な意思（遺贈者 → 受遺者）

渡せる人：だれでも
税金：相続税（受遺者）

生前に引き継ぐ

贈与

内容：契約に基づいて財産を無償で与えること

あげます／もらいます
申込み・承諾 → 契約（贈与者／受贈者）

渡せる人：だれでも
税金：贈与税（受贈者）

売買

内容：契約に基づいて財産を有償で与えること

売ります／買います
申込み・承諾 → 契約（売り手／買い手）

渡せる人：だれでも
税金：所得税（売り手）

「相続」早わかり 2 遺産相続の流れをおさえよう

相続の手続きはさまざまあります。しかも期限が定められているものが多いので、早めに進めていくことが大切。まずは、全体の流れを把握しておきましょう。

● 相続開始～手続き終了までのスケジュール

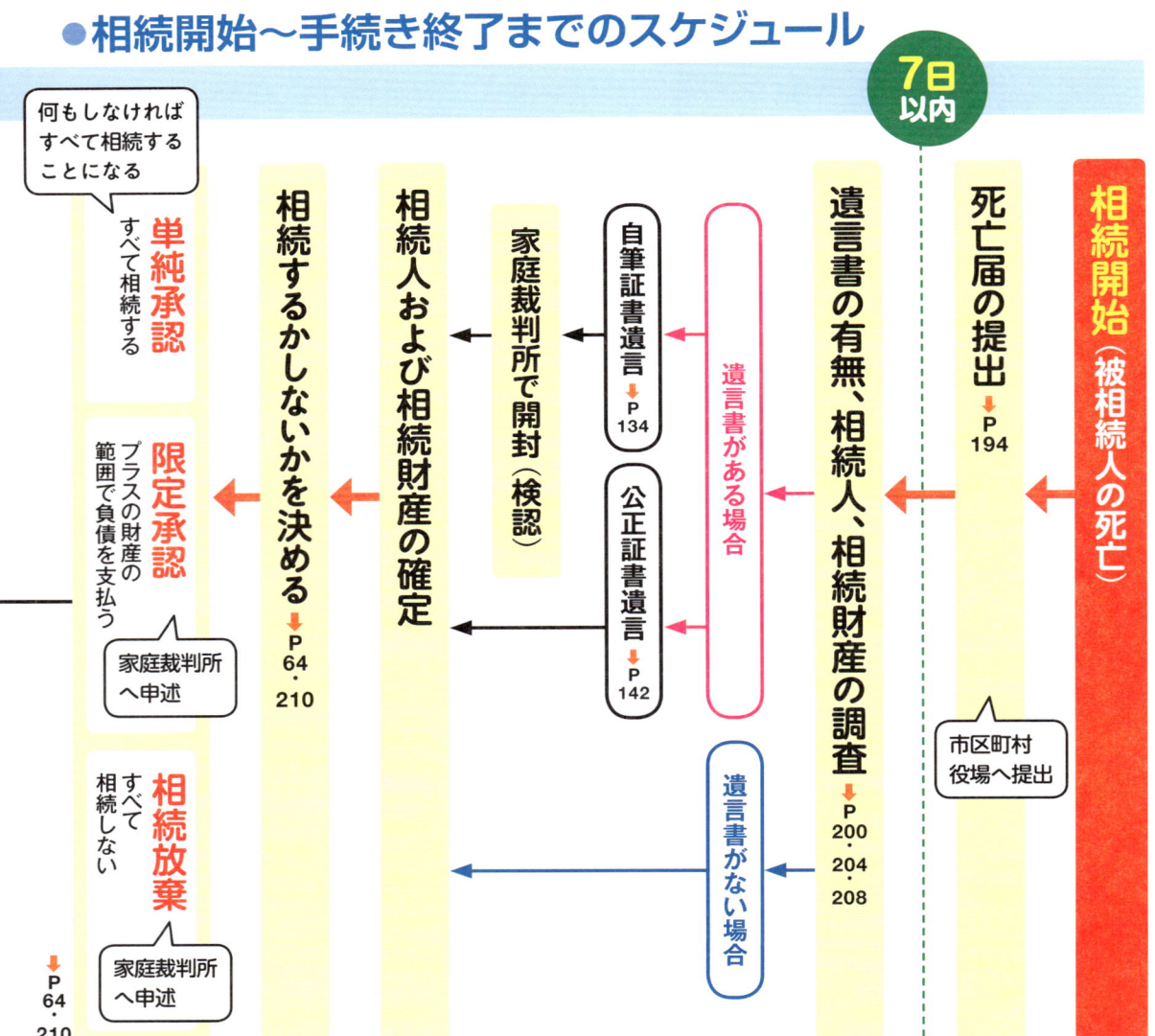

相続手続きのポイント

1 遺言書があるかどうかで手続きが変わる
遺言書があれば、その内容にしたがうのが原則。遺言書がなければ相続人同士で分割方法を話し合うことになる。

2 相続するかしないかは3か月以内に決める
多額の借金がある場合には、相続しないという選択肢も。その場合は相続開始後3か月以内に相続放棄の手続きをする（伸長手続あり）。

3 相続税の申告・納付の期限は10か月
基礎控除額（→P10）を超える財産がある場合は、相続開始から10か月以内に申告・納付する義務がある。

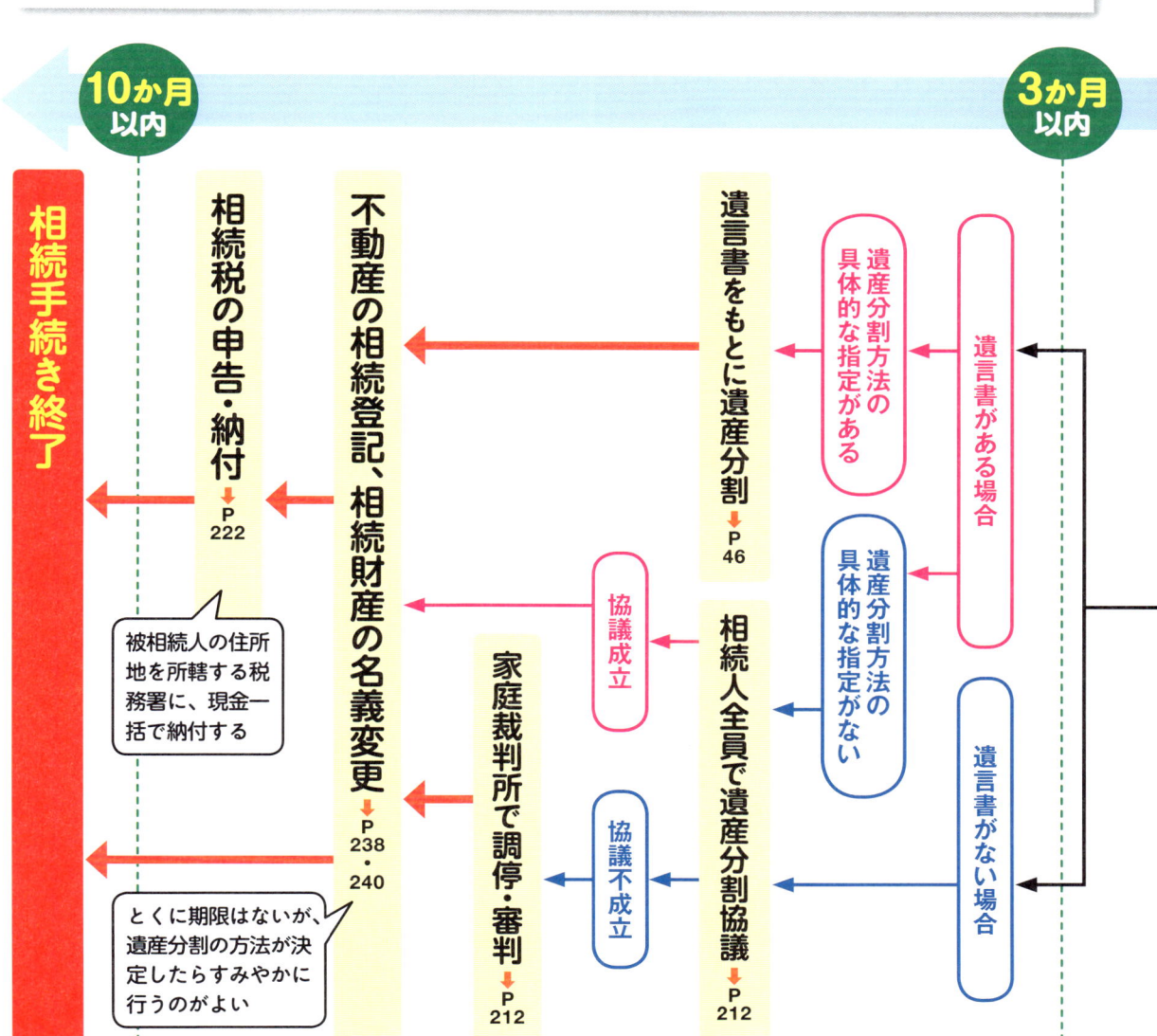

「相続」早わかり 3

だれが、どれだけ相続できる？

相続人になれるのは、民法で定められた「一定の親族」です。民法では、相続できる割合も定められています。だれが、どれくらい相続できるのかをおさえましょう。

➡ 詳しい内容は **P38、42**

相続人になれる「一定の親族」とは？

一定の親族

妻または夫（配偶者相続人）

配偶者は、どんな場合でも相続できる。ただし、戸籍上の配偶者にかぎる。

常に相続人になれる

子ども（血族相続人 第1順位）

子どもも常に相続人になる。嫁いだ娘や先妻との子どもなども相続人になれる。子どもが亡くなっているときは、子どもの子（孫）が相続できる（代襲相続）。

常に相続人になれる

▼ 第1順位の人がいなければ……

親（血族相続人 第2順位）

第1順位の相続人がいない場合は、親が相続人となる。父母が2人とも他界している場合は、祖父母が相続する。

▼ 第2順位の人がいなければ……

兄弟姉妹（血族相続人 第3順位）

第2順位の相続人がいない場合、兄弟姉妹が相続人になる。兄弟姉妹が亡くなっている場合は、その子ども（甥や姪）が相続する。

相続人に関するおもなルール

1 配偶者は常に相続人になるが、それ以外の親族は、①子→②親→③兄弟姉妹の順で相続する。

2 離婚した配偶者は相続人になれないが、その配偶者との子どもは相続人になる。

3 子どもが亡くなっているときは、その子ども（孫）が代わりの相続人（代襲相続人）となる。➡P38

＊相続人以外に財産を渡したいときは、遺贈や生前贈与で渡す方法がある ➡P3

遺産はどのように分けるのか？

➡ 遺産の分け方のポイント

① **遺言**があれば遺言にしたがって分ける

② 遺言がなければ、相続人同士の**話し合い**で分け方を決める

③ 民法では、遺産の分け方の目安として、**法定相続分**を定めている

④ 法定相続分は、**相続人の組み合わせ**によって割合が異なる ➡下図

➡ チェック！法定相続人＆法定相続分チャート

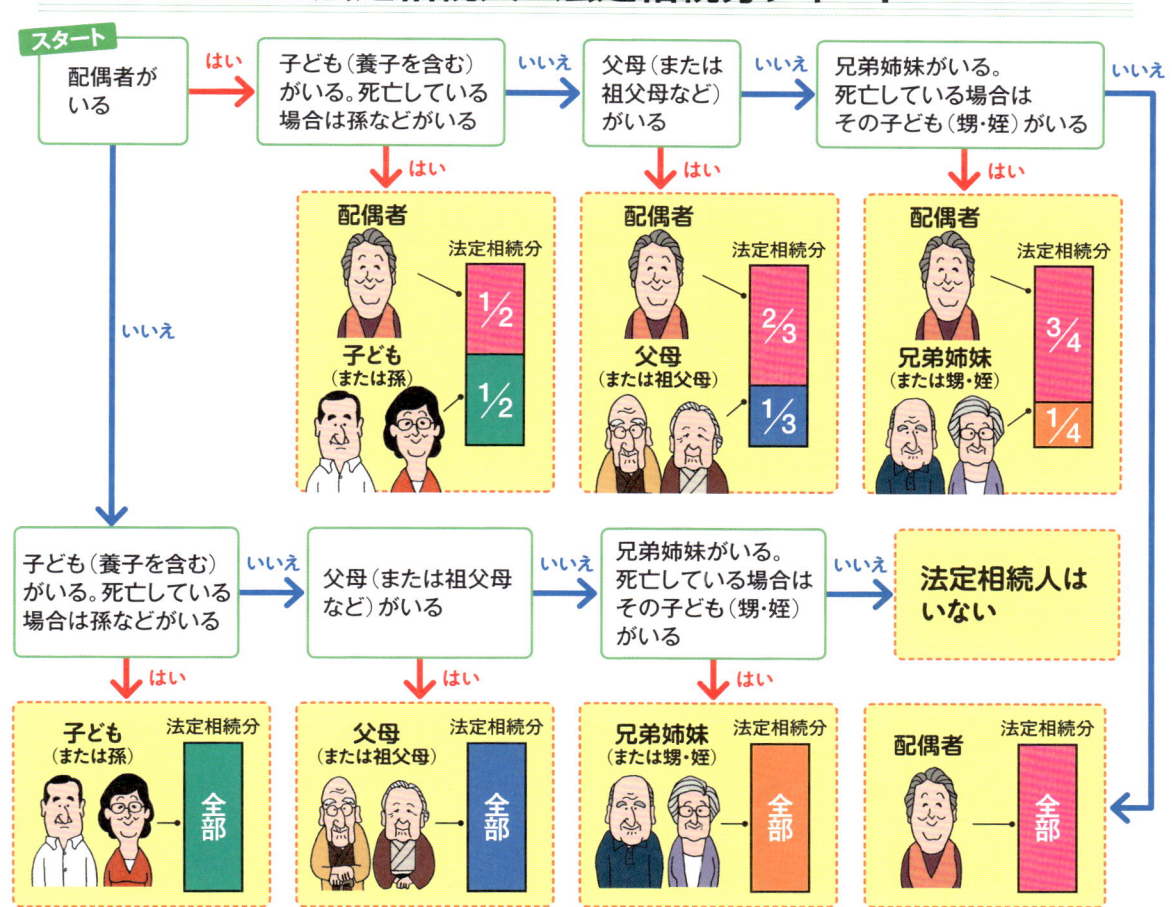

＊法定相続分は、子どもなどが複数いる場合は、その人数で等分する

法定相続人と相続割合を書き込んでみよう

7ページの法定相続人&法定相続分チャートの結果を踏まえて、下記の家系図の空白部分に法定相続人の名前、（　／　）に法定相続割合を書き込み、相続対策や遺産分割の際の資料にしてください。

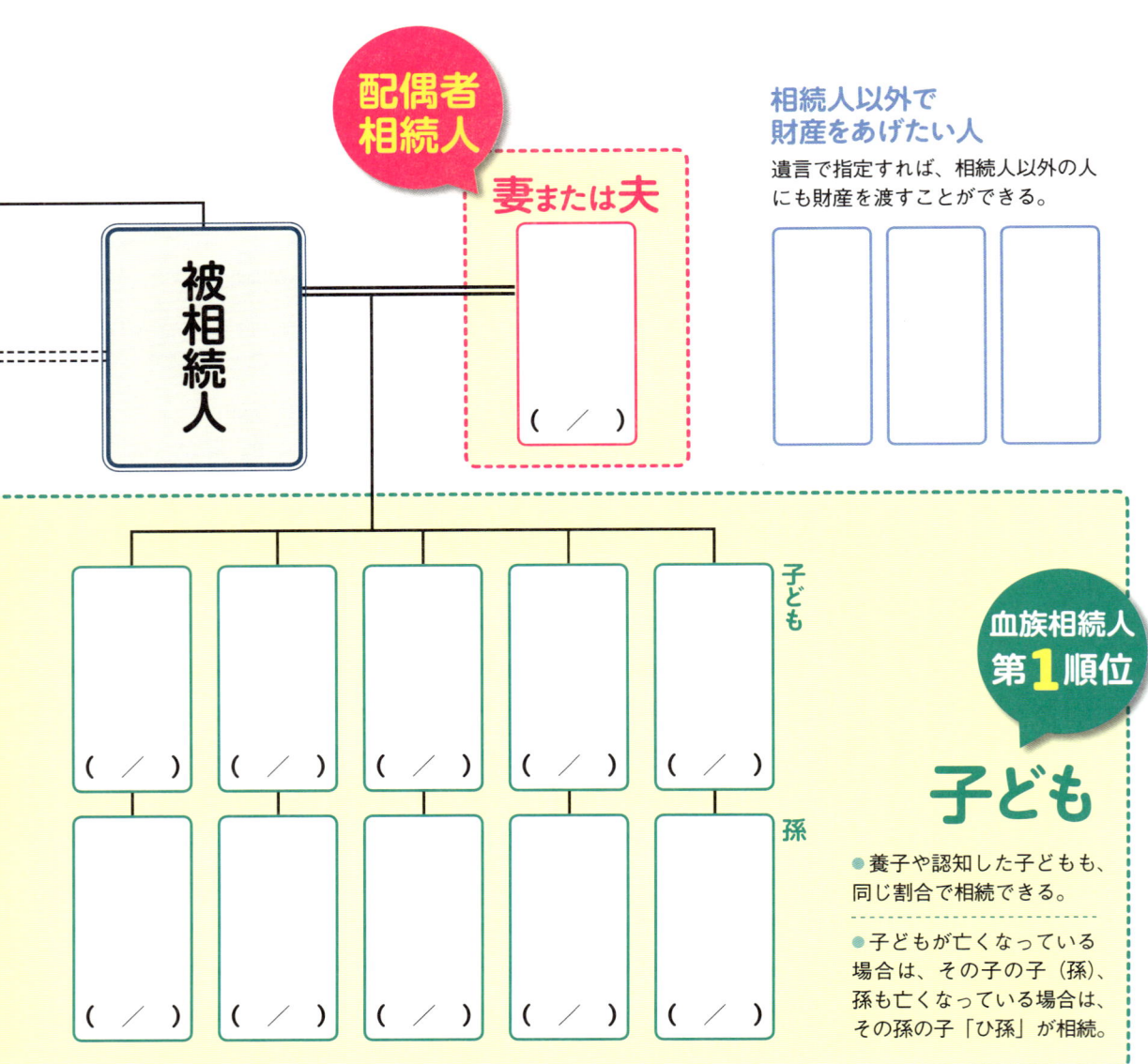

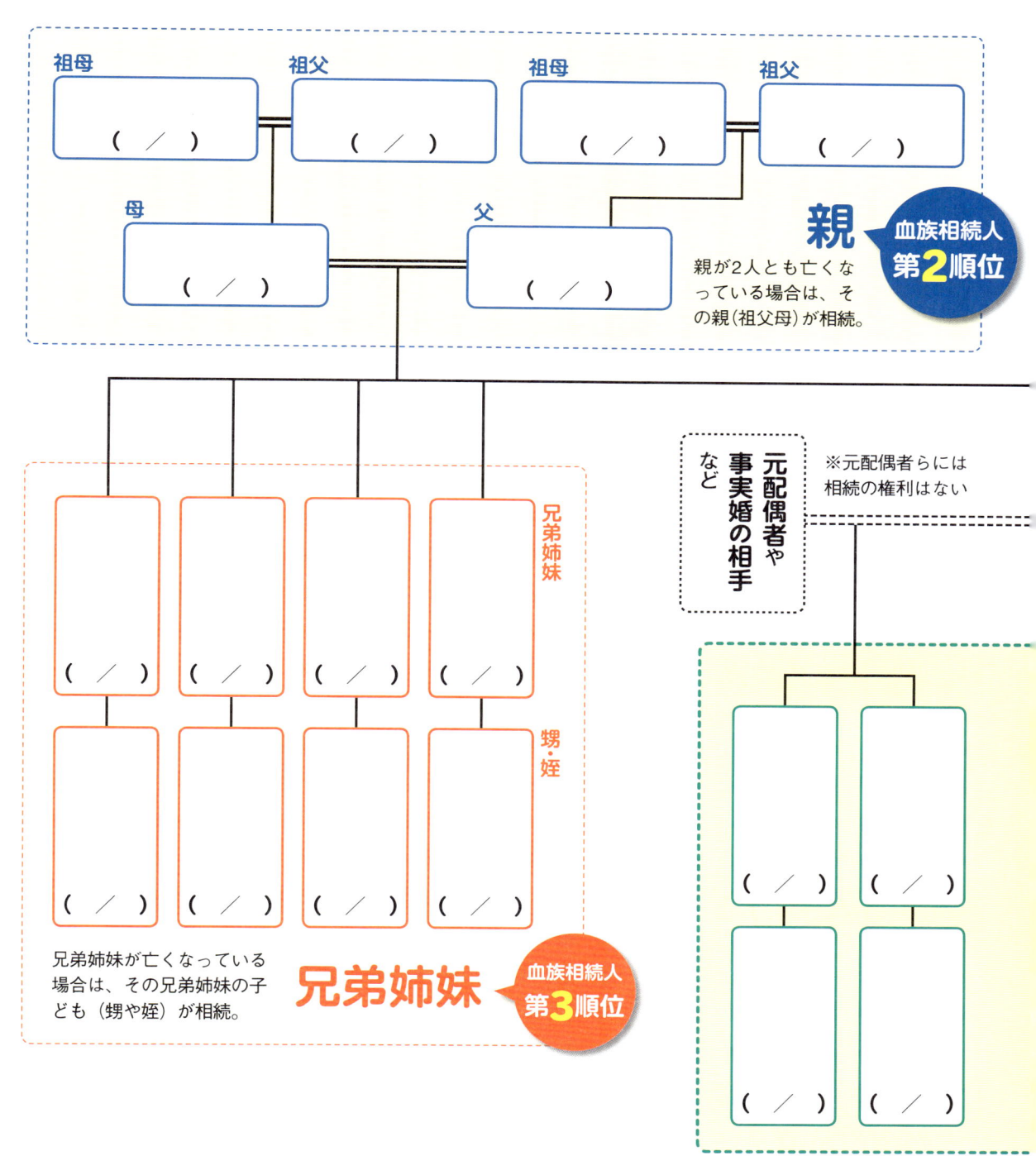

「相続」早わかり 4

相続税はどれくらいかかるのか

相続税には基礎控除額や特例があり、実際に相続税を払う人はそれほど多くありません。どれくらいの財産があると相続税がかかるかを知っておきましょう。

➡ 詳しい内容は2章

だれもが相続税を納めるわけではない
「基礎控除額(非課税枠)とさまざまな特例」

相続税の特徴 1 基礎控除額がある

基礎控除額(遺産総額から差し引ける額)
3,000万円 + 600万円 × 法定相続人の数

たとえば、法定相続人が3人の場合は、遺産が4,800万円を超えないかぎり、相続税はかからない。

相続税の特徴 2 さまざまな特例がある

● **配偶者の税額軽減** ▸おもな特例①
配偶者が取得した財産額が、法定相続分以下、または1億6,000万円以下であれば、相続税はかからない。

● **小規模宅地等の特例** ▸おもな特例②
自宅の土地評価額が8割引きになる(330㎡まで。事業用地を合わせると最大730㎡まで)。

1億円を相続する場合の相続税額

法定相続人が法定相続分で分け、配偶者は配偶者の税額軽減の適用を受けた場合

ケース1　配偶者と子ども2人が相続

妻: 相続額 5,000万円／相続税額 315万円
　　配偶者の税額軽減により妻は納税額は0円になる
被相続人: 夫
子ども: 相続額 2,500万円／相続税額 157.5万円
子ども: 相続額 2,500万円／相続税額 157.5万円

総額 315万円

ケース2　子ども2人が相続

故人: 夫
被相続人: 妻
子ども: 相続額 5,000万円／相続税額 385万円
子ども: 相続額 5,000万円／相続税額 385万円

総額 770万円

相続税額を早見表でチェック！

相続人が配偶者と子どもの場合
（単位：円）

課税価格	子ども1人	子ども2人	子ども3人	子ども4人
5,000万	40万	10万	0	0
7,500万	198万	144万	106万	75万
1億	385万	315万	262万	225万
1億5,000万	920万	748万	665万	587万
2億	1,670万	1,350万	1,217万	1,125万
2億5,000万	2,460万	1,985万	1,800万	1,687万
3億	3,460万	2,860万	2,540万	2,350万
3億5,000万	4,460万	3,735万	3,290万	3,100万
4億	5,460万	4,610万	4,155万	3,850万
4億5,000万	6,480万	5,493万	5,030万	4,600万
5億	7,605万	6,555万	5,962万	5,500万

相続人が子どもだけの場合
（単位：円）

課税価格	子ども1人	子ども2人	子ども3人	子ども4人
5,000万	160万	80万	20万	0
7,500万	580万	395万	270万	210万
1億	1,220万	770万	630万	490万
1億5,000万	2,860万	1,840万	1,440万	1,240万
2億	4,860万	3,340万	2,460万	2,120万
2億5,000万	6,930万	4,920万	3,960万	3,120万
3億	9,180万	6,920万	5,460万	4,580万
3億5,000万	1億1,500万	8,920万	6,980万	6,080万
4億	1億4,000万	1億920万	8,980万	7,580万
4億5,000万	1億6,500万	1億2,960万	1億980万	9,080万
5億	1億9,000万	1億5,210万	1億2,980万	1億1,040万

表の見方

- 相続税額は、法定相続人が法定相続分どおりに相続し、配偶者の税額軽減を利用した場合の税額の合計
- 上の表は、配偶者の税額軽減により、配偶者の納税額はゼロ
- 課税価格とは、基礎控除額を引く前の正味の遺産額（相続財産の額－債務控除額）
- 税額は万円未満を四捨五入しているので、実際の相続税とは若干の相違がある

POINT

「法定相続人の数」が多いと、その分、基礎控除額が増えるため、遺産の総額が同じ5,000万円でも、相続税額には差が生じる。

「相続」早わかり 5

相続対策は大きく3つある

相続でもめる人が増えています。相続トラブルは資産家だけでの問題ではありません。「争族」にならないようにするための対策をおさえましょう。

➡ 詳しい内容は P122、P148、P150

相続トラブルが増えている！

● 遺産分割事件（家事審判・調停）の新受件数の推移

1992年：9,762件
1997年：10,298件
2002年：11,223件
2007年：12,265件
2012年：15,286件

20年で1.5倍以上増加！

遺産の分割方法でもめ、家庭裁判所に持ち込まれた件数の推移は年々増加中。遺産争いでもめれば、家庭裁判所の調停や審判で解決を図ることになる。

最高裁判所「司法統計年報（家事事件編）」より作成

もめている人の多くは遺産が5,000万円以下のケース

● 遺産価値別　遺産分割の認容・調停成立件数

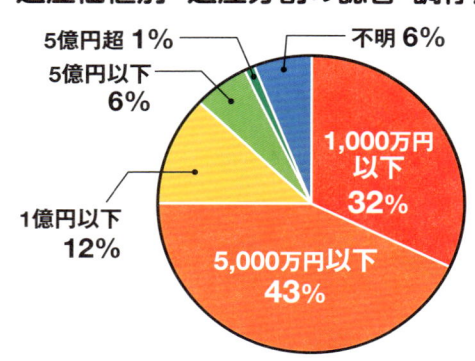

- 5億円超 1%
- 5億円以下 6%
- 1億円以下 12%
- 5,000万円以下 43%
- 1,000万円以下 32%
- 不明 6%

家庭裁判所の遺産分割による紛争は、遺産が5,000万円以下の場合だけで75％。「もめるほど財産がないから大丈夫」とはいえない。

最高裁判所「司法統計年報（家事事件編）」より作成

対策の基本は「遺産分割」「納税」「節税」の3つ！

 **基本1　遺産分割対策** ▶▶ もめないための対策

何も対策をとらずに亡くなると、相続人同士で財産の分け方を決めることになり、もめる原因に。大事な家族が「争族」とならないように、だれに何を残したいのか、どうすれば円満に遺産分割できるのかを生前に考えて、各相続人の事情を考慮した遺言を残しておきたい。

 **基本2　納税資金対策** ▶▶ 期限どおりに相続税を納めるための対策

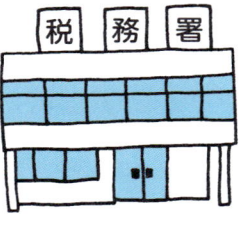

相続税は現金一括払いが原則。相続財産が不動産ばかりで換金性の高い財産が少ないと、相続財産は高額でも、相続税を納付できない事態になりかねない。不動産などの換金しにくい財産は売却する、生命保険金で納税資金を準備しておくなどの工夫が必要になる。

 **基本3　節税対策** ▶▶ 相続税を減らす対策

相続税の負担を減らすためには、相続財産を減らす工夫や、財産の評価額を下げる工夫をする。具体的には生前贈与や資産の組換えなど。いくら税額を減らせても、納税資金や生活費に必要な現金を極端に減らしてしまう節税はNG。

「相続」早わかり 6

相続対策に有効な「遺言」と「生前贈与」

相続対策にはさまざまな方法がありますが、代表的な方法は「遺言の作成」と「生前贈与」です。それぞれのメリット、デメリットを知り有効な対策をしましょう。

➡ 詳しい内容は **P128〜145、152〜165**

遺言があると、被相続人の意思を相続に反映できる

➡ 遺言を作成するメリット

1. 被相続人が財産の配分を決められる
2. 相続人同士の相続トラブルを予防、または最小限にできる
3. 相続人の遺産分割協議（話し合い）の手間が省ける
4. 相続人以外の人へも財産を渡せる

ただし、ここに注意！

- 遺留分（➡P52）を侵害した内容だと、逆にトラブルの元に
- 遺言の内容があいまいだったり、不足があったりすると、結局は遺産分割協議を行わなければならない

➡ 遺言の種類は大きく2つ

自筆証書遺言

全文を本人が自筆で作成する（財産目録以外、パソコンは不可）。費用がほとんどかからず手軽な反面、形式の不備により無効になることもある。

公正証書遺言

本人が公証役場へ行き、証人2人以上の立会いのもと、口述したものを公証人が筆記する。様式の不備による無効の恐れはほぼないが、費用はそれなりにかかる。

生前贈与をすることで相続税を節税できる

➡ 生前贈与を行うメリット

① 贈与した分、相続財産が減るので、相続税の節税になる

② 被相続人が渡したい人に確実に渡せる

③ 受け取る側にとっても必要な時期にもらえる

④ 相続人以外の人へも財産を渡せる

ただし、ここに注意！

- 贈与税には年間110万円までの基礎控除額があるが、税率は相続税より高い
- お互いの合意がないと贈与と認められない。「名義預金」による贈与はNG

ポイント 年間110万円以下なら無税で贈与できる！

贈与税の基礎控除額 ➡ もらう人1人あたり年間110万円

例
- 1年目 110万円
- 2年目 110万円
- 10年目 110万円

贈与者（あげる人） → 受贈者（もらう人）

- 1人の子どもに基礎控除額内で10年間贈与すると
  110万円 × 10年 = **1,100万円**

  10年かけて、無税で1,100万円を贈与できる

- 3人の子どもに同じ条件で贈与すると
  110万円 × 10年 × 3人 = **3,300万円**

  10年かけて、無税で3,300万円を贈与できる

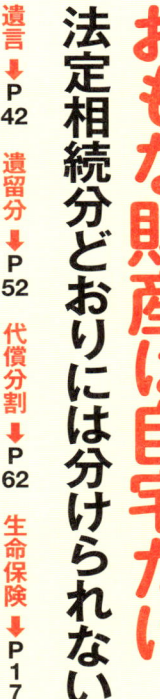

おもな財産は自宅だけ。法定相続分どおりには分けられない！

よくある相続トラブル ケース **1**

遺言 ➡ P42
遺留分 ➡ P52
代償分割 ➡ P62
生命保険 ➡ P174

「おもな財産は自宅だけ」という相続はもめやすい

実家で親（被相続人）と同居していた長男は、親が亡くなれば自分が家を引き継ぐのが当然だと思っていました。しかし、子ども3人で相続する場合、法定相続分は3分の1ずつ。長女と次女は正当な権利を主張しています。

しかし、現金や預貯金と違って不動産は分けにくい財産です。売却して分ける方法もありますが、長年その家に住んでいる長男家族が、家を出て自宅を売却するのは難しいでしょう。

対策は？
父親が遺言を残すべきだった

このケースの場合、まず父親に遺言を作成してもらうべきでした。「自宅を長男に相続させる」という遺言があれば、長男

被相続人　**故人**

自宅（建物＋宅地） 3,000万円
そのほか 1,500万円
相続財産 合計4,500万円

父 ─ 母

- 長男（父と同居）：「自宅は同居していた俺がもらっていいよな」
- 長女：「3分の1ずつ平等に分けるべきよ？」
- 次女：「家を売って3人で分ければいいじゃない？」

長男の主張どおりに分けると → 3,000万円 | 750万円 | 750万円

長女・次女の主張どおりに分けると → 1,500万円 | 1,500万円 | 1,500万円

16

チェック！ こんなケースは遺言が必要

- ☐ 自宅以外の財産がほとんどない
- ☐ 特定の子どもに財産を多く残したい
- ☐ 相続人が多い
- ☐ 相続人同士が不仲
- ☐ 配偶者はいるが、子どもがいない
- ☐ 事実婚をしている
- ☐ 再婚した配偶者に連れ子がいる
- ☐ 相続人がいない
- ☐ 特定の親族に介護してもらっている
- ☐ 生前に特定の子どもだけに多額の援助をしている
- ☐ 事業を継ぐ子どもに財産の多くを残したい
- ☐ 暴力をふるう子どもに財産を渡したくない
- ☐ かわいがっているペットの将来が心配だ
- ☐ 前の配偶者との間に子どもがいる
- ☐ 相続人以外に財産を渡したい

は問題なく自宅を相続できたのです。法定相続分は、遺言がない場合に分け方の目安となるものであり、遺言があれば、遺言が尊重されるからです。

ただし、相続人には、どんな遺言があったとしても、最低限保証される相続割合（遺留分）があります。遺言を作成する際には、この遺留分に十分配慮することが重要です。

生命保険を活用して代償金を用意する方法も

特定の相続人が自宅を相続する場合、相続人の1人が自宅を相続する代わりに、ほかの相続人には、相続分に応じた額を金銭（代償金）で支払う方法があります（代償分割）。

自宅を取得する相続人に資金力がない場合は、被相続人が生前に、その相続人を受取人とする生命保険に加入して、生命保険金を代償金の原資にする方法もあります。

よくある相続トラブル ケース2

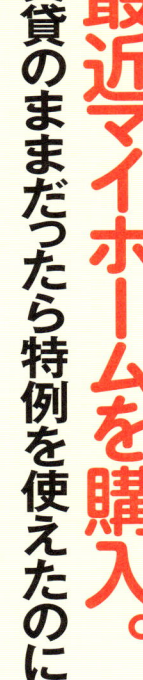

最近マイホームを購入。賃貸のままだったら特例を使えたのに…

小規模宅地等の特例 ➡ P88・166

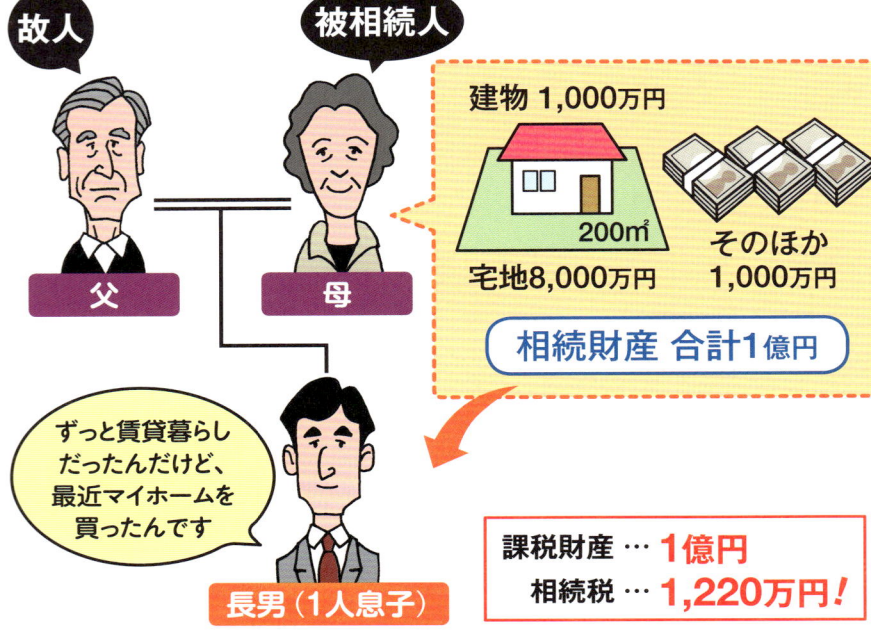

故人 父 ― **被相続人** 母

建物 1,000万円
宅地 8,000万円（200㎡）
そのほか 1,000万円

相続財産 合計1億円

長男（1人息子）
「ずっと賃貸暮らしだったんだけど、最近マイホームを買ったんです」

課税財産 … **1億円**
相続税 … **1,220万円**！

――― 後日 ―――

「えっ!?　賃貸のままだったら小規模宅地等の特例で宅地評価額が80％も下がった!?」

特例が適用されれば、宅地の評価額は **80％引きで1,600万円** だった！

課税財産 … **3,600万円**
相続税 … **0円**！

小規模宅地等の特例は利用要件がちょっと複雑

小規模宅地等の特例とは、居住用の宅地や事業用の宅地を相続するときに、一定の要件を満たせば、評価額を80％または50％減額できる制度です。適用できる面積には限度があり、居住用宅地は330㎡までです。

この特例を使うにはいくつかの要件があります。まずこの特例を適用できる「人」は、次の3パターンです。

① 配偶者
② 同居親族
③ 右記の①②がいない場合は、相続開始前3年間以上賃貸暮らしの別居親族

このケースの場合、相続人は長男1人だけなので、賃貸住まいのままであれば③の別居親族に、母親の自宅に引っ越していれば、②の同居親族に該当しました。特例の適用を受けるには、ほかの要件も満たす必要があり

チェック！

使えると使えないとでは大違い！
小規模宅地等の特例（居住用）を使える人とは？

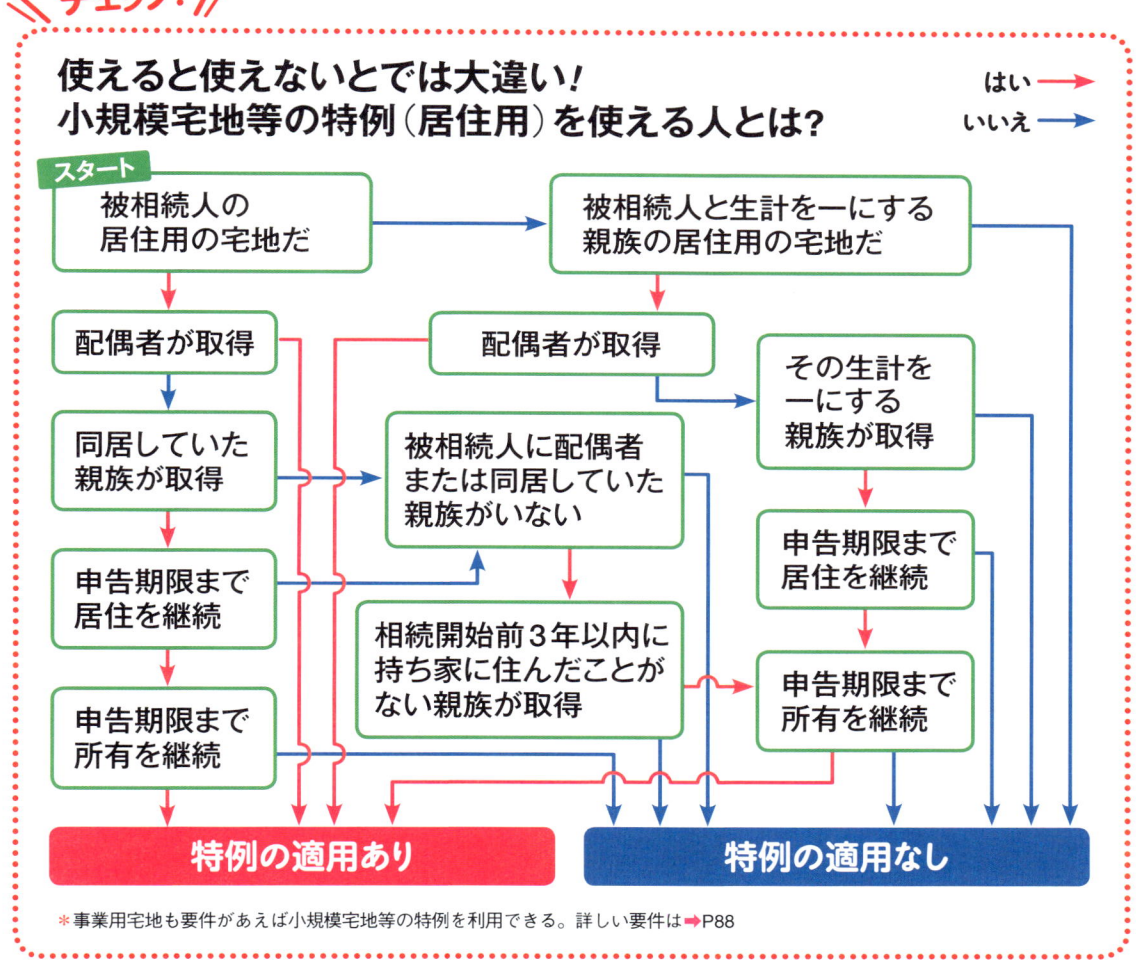

＊事業用宅地も要件があえば小規模宅地等の特例を利用できる。詳しい要件は➡P88

ますが（⬇上図）、もしすべての要件にあてはまっていれば、相続した宅地の評価額は8000万円から1600万円に減額され、ほかの相続財産を含めても課税財産は基礎控除額内でおさまりました。つまり、納付すべき相続税額は0円だったのです。

対策は？

住まいをどのようにするかは、日々の暮らしに大きく影響します。節税のためだけに引っ越したり、マイホームの買い時を逃すのは好ましくないこともあるでしょう。しかし、特例の存在や要件を知っていれば、その点も考慮した選択ができます。

相続税には、ほかにも税額を軽減できるさまざまな特例がありますが、それぞれ細かな要件があります。相続税がかかりそうな場合は、相続税の特例についてよく調べることが大事です。

19

よくある相続トラブル ケース3

嫁は相続の部外者!? 介護の苦労は報われない?

遺贈 ➡ P48
寄与分 ➡ P58
生前贈与 ➡ P152

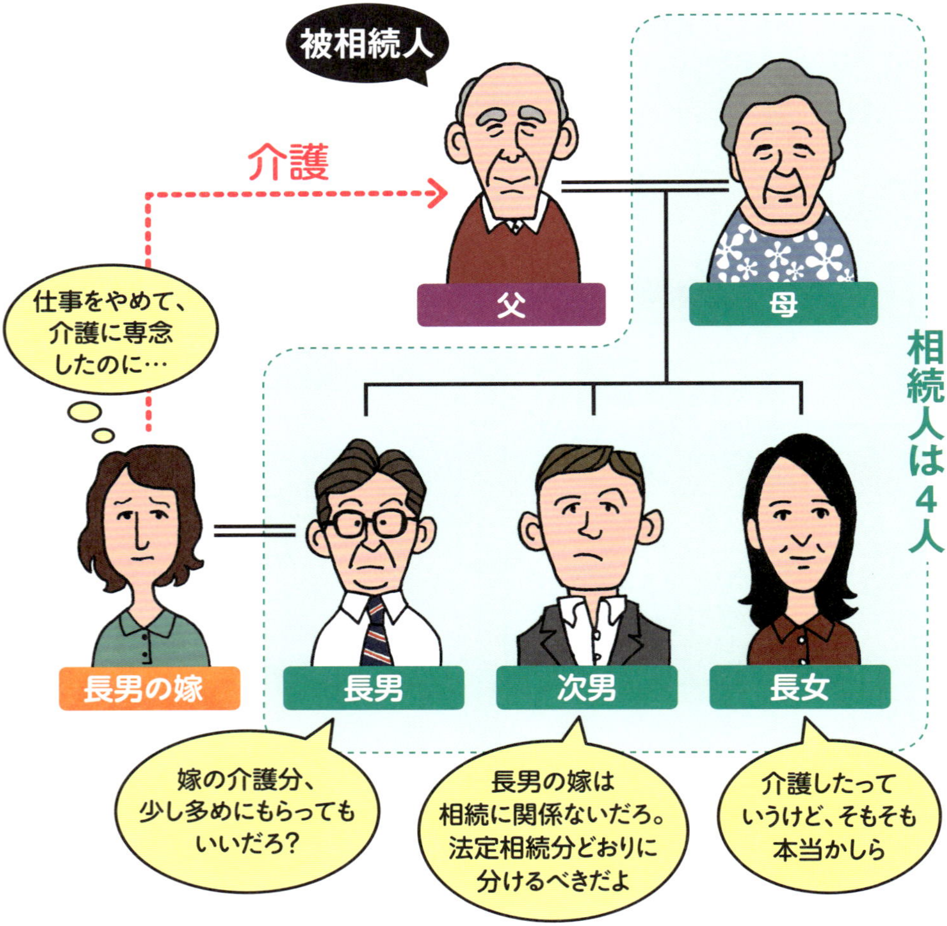

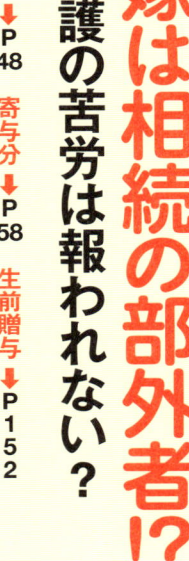

被相続人：父
介護：長男の嫁 →父
相続人は4人：長男、次男、長女、母

- 長男の嫁：「仕事をやめて、介護に専念したのに…」
- 長男：「嫁の介護分、少し多めにもらってもいいだろ?」
- 次男：「長男の嫁は相続に関係ないだろ。法定相続分どおりに分けるべきだよ」
- 長女：「介護したっていうけど、そもそも本当かしら」

特別な貢献をしても相続人以外は認められない

民法では、介護などによる「特別の寄与」があった場合に、法定相続分とは別枠で相続分を上乗せできる「寄与分」を認めています。しかし、寄与分が認められるのは、原則として相続人だけ。「長男の嫁」は、寄与分の主張ができません。

対策は?
遺贈や生前贈与で財産を渡す

遺言があれば、相続人以外へも財産を渡せます。もし長男の嫁の献身的な介護に報いたいと思うなら、被相続人は遺言（遺贈）、あるいは生前贈与で財産を渡すとよいでしょう。

なお、介護をしていたのが相続人であっても、寄与分の主張は認められにくいもの。遺言や生前贈与を検討しましょう。

＊2019年7月1日より、相続人以外の親族も、寄与分として相続人に金銭の支払を請求できるようになります

よくある相続トラブル ケース4

サプライズ預金が相続財産!?
生前対策のつもりだったのに…

生前贈与、名義預金 ➡ P152

被相続人 父: 孫の教育費のためにこっそり贈与しておこう　年間50万円×孫4人×10年＝2,000万円

父 — 母
├ 長男
│　├ 孫A（孫A名義）
│　└ 孫B（孫B名義）
└ 長女
　　├ 孫C（孫C名義）
　　└ 孫D（孫D名義）

相続時

ちょっと待った！ これは贈与財産ではありません。**相続財産です！修正申告してください！**

贈与の原則を知らなかったばかりに…

生前贈与によって財産を移転することで、相続税を節税することができます（➡P15）。

しかし、贈与は「あげる」「もらう」というお互いの合意があってはじめて成立します。そのため、贈与された孫たちが預金の存在を知らない場合、贈与とされず被相続人の相続財産だとされてしまいます。

対策は？
こっそりではなく、堂々と渡すこと

はじめから「あげる」「もらう」という約束をして贈与し、契約書を交わすのがもっとも効果的です。孫が未成年でも契約は有効ですが、意思無能力者の場合は、その子の親が法定代理人として契約書に署名・押印します。

チェック！ あなたに必要な相続対策は？

相続対策は、「遺産分割対策」「納税資金対策」「節税対策」の3つ。どの対策が必要なのかを確認しましょう。

1 「遺産分割対策」は必要？

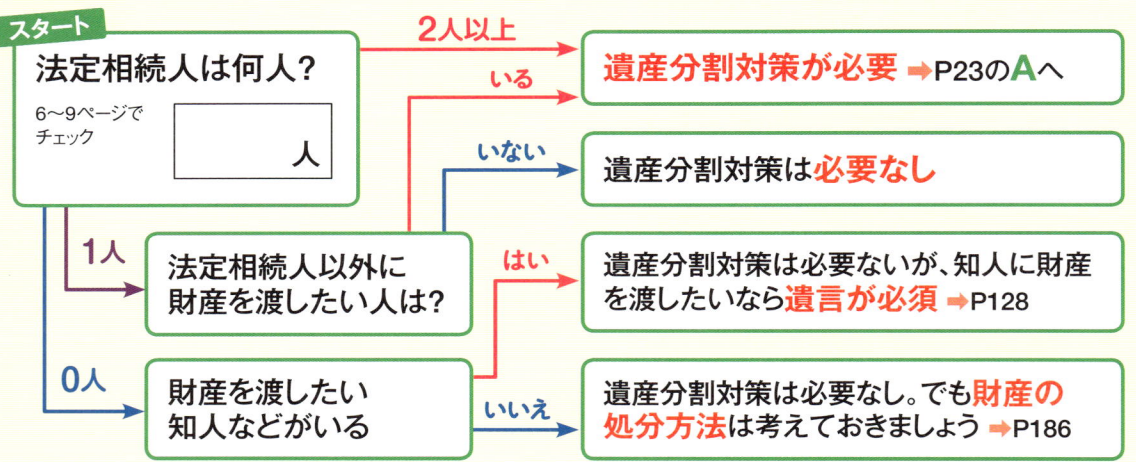

2 「納税資金対策」「節税対策」は必要？

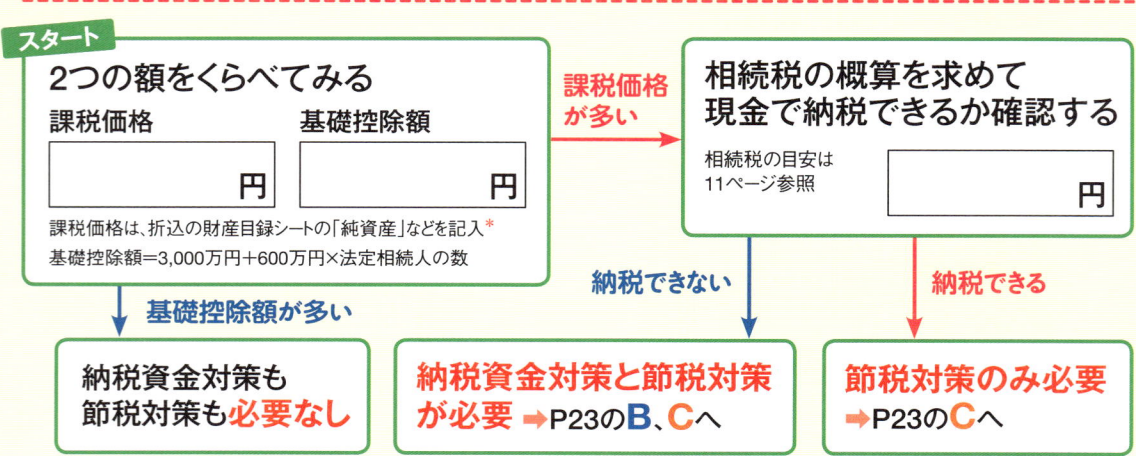

＊実際の課税価格には一部の贈与財産なども含まれます（➡P106）。また、土地などは時価よりも低い評価額で計算します（➡P80）

相続のための3つの対策

A あなたがするべき遺産分割対策は？

★ **基本の対策**
- ▶家族で相続について話し合う ➡P124
- ▶遺言を作成する ➡P128
  ※とくに遺言が必要なケースは17ページ
- ▶遺産を分けやすいよう、不要な財産は売却して、預貯金に換えておく ➡P148

★ **おもな財産が自宅だけの人**
- ▶生命保険金で代償金を確保する ➡P174

B あなたにできる納税資金対策は？

★ **財産を手放したくない人**
- ▶生命保険金で資金を確保する ➡P174
- ▶分割で支払う（延納） ➡P118
- ▶銀行で納税資金を借りる

★ **財産を手放してもいい人**
- ▶タイミングを見て、なるべく有利な条件で売却する
- ▶不動産などで納める（物納） ➡P118

C あなたにできる節税対策は？

★ **預貯金が多い人**
- ▶税負担の少ない生前贈与で相続財産を減らす ➡P152〜163

★ **生命保険に加入していない人**
- ▶生命保険への加入または見直しで、非課税枠を最大限に利用する ➡P174

★ **使っていない土地がある人**
- ▶土地を活用してアパートなどの賃貸経営をする ➡P178

★ **自分が入るお墓を準備していない人**
- ▶相続後の購入より、生前の購入が得 ➡P182

★ **住宅地に広大な土地を所有している人**
- ▶「広大地」の適用で、土地の評価額が下がる可能性あり ➡P170

★ **自宅や事業用の土地を所有している人**
- ▶「小規模宅地等の特例」の適用で、土地の評価額が一定面積まで50％または80％減額の可能性あり ➡P88、166

★ **配偶者がいる人**
- ▶「配偶者の税額軽減」の適用 ➡P76、114
- ▶「贈与税の配偶者控除」の利用で、自宅の贈与は2,110万円まで非課税 ➡P158

折込付録 相続対策シートの記入例と使い方

折込に遺産分割や相続税のことを考えるためのシートをつけました。記入例を参考に、活用してください。

- プラスの財産とマイナスの財産を区別して、財産の種類ごとに記入
- 財産の種類と金額を記入。借金などマイナスの財産も記入
- 不動産は所在地や面積などを記入
- できるかぎり時価で記入（➡P80）。わからなければだいたいの金額でOK

資産（プラスの財産）

	種類	内容	評価額
不動産	自宅敷地	船橋市○○3丁目4番5号　300㎡	40,000,000 円
	自宅家屋	船橋市○○3丁目4番5号　1F100㎡　2F50㎡	10,000,000 円
	山林	○○郡○○町○○123番地　20,000㎡	4,000,000 円
預貯金	普通預金	○○銀行○○支店　　口座番号012345	2,000,000 円
	定期預金	○○信用金庫○○支店　　口座番号987654	4,000,000 円
	定期預金	○○信用金庫○○支店　　口座番号987654	10,000,000 円
			円
有価証券	上場株式	○○工業1000株　　○○証券○○支店	5,000,000 円
	上場株式	○○食品2000株　　○○証券○○支店	5,000,000 円
	投資信託	○○ファンド　500万口　　○○証券○○支店	20,000,000 円
保険	終身保険	○○生命　受取人妻　証券番号0123456789	18,000,000 円
	終身保険	○○生命　受取人長男　証券番号9876543210	12,000,000 円
			円
そのほか	ゴルフ会員権	○○カントリー	1,000,000 円
	自動車	T社○○　○年式　○年に購入	500,000 円
	美術品	絵画5点	1,000,000 円
		資産の合計	132,500,000 円

- 金融商品は、口座（証券）番号や銘柄、取引金融機関などを記入
- ゴルフ会員権や美術品など、財産価値のあるものはすべて記入（➡P102）

負債（マイナスの財産）

種類	内容	評価額
借入金	○○カードから借入れ　金利5.9%　1回払い	200,000 円
		円
		円
	負債の合計	200,000 円

- 負債ももれなく記入

資産の合計　132,500,000 円 － 負債の合計　200,000 円 ＝ 純資産　132,300,000 円

2 割シート

財産目録シートから種類別に合計金額を記入

財産をだれにどのように分けたいかを書きましょう。生前に自分で使う分も書いておきましょう。

	種類	金額	A 名前 山崎良子	B 名前 山崎隆一	C 名前 青木幸子	D 名前	自分で生前に使う分
不動産	自宅土地	40,000,000円	40,000,000円	円	円	円	円
不動産	自宅家屋	10,000,000円	10,000,000円	円	円	円	円
不動産	山林	4,000,000円	円	4,000,000円	円	円	円
金融資産	預貯金	16,000,000円	2,000,000円	2,000,000円	円	円	12,000,000円
金融資産	有価証券	30,000,000円	10,000,000円	15,000,000円	5,000,000円	円	円
金融資産	保険	30,000,000円	18,000,000円	12,000,000円	円	円	円
そのほかの財産	ゴルフ会員権	1,000,000円	円	1,000,000円	円	円	円
そのほかの財産	自動車	500,000円	円	円	円	円	500,000円
そのほかの財産	美術品	1,000,000円	円	1,000,000円	円	円	円
	資産合計	132,500,000円	80,000,000円	35,000,000円	5,000,000円	円	12,500,000円
	負債	▲200,000円	円	円	円	円	▲200,000円
	差引合計	132,300,000円	80,000,000円	35,000,000円	5,000,000円	円	12,300,000円

- 相続人など財産を渡す人の名前
- 自分で使う分も書いておく
- だれに何を残すのか財産を振り分ける。この例は、長女の生前贈与を踏まえた割合になっている

3 贈与記録シート

生前贈与がある場合は、いつ、だれに、何をあげたかを書いておきましょう。

種類	受け取った人	贈与日など	贈与額
土地	長女	○年○月○日　相続時精算課税	30,000,000円
現金	長男	○年○月○日　暦年課税	1,000,000円
現金	長男	○年○月○日　〃	1,000,000円
			円
		合計	32,000,000円

生前贈与は遺産分割や相続税の計算に関係するので、すべて記録しておく

4 相続税計算シート

相続税は4つのステップで計算できます。相続税額を計算してみましょう。

ステップ1 財産取得者それぞれの課税価格の計算

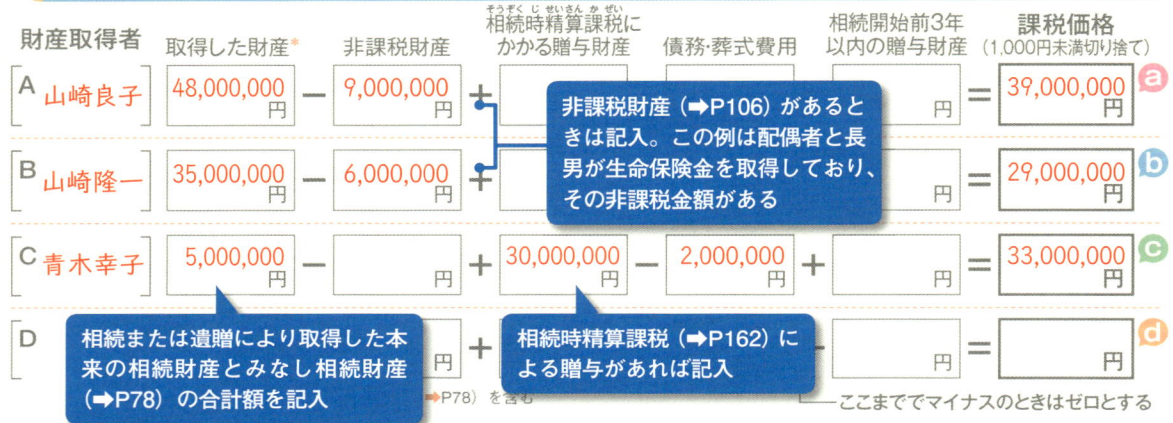

ステップ2 課税遺産総額の計算

ステップ3 相続税の総額の計算

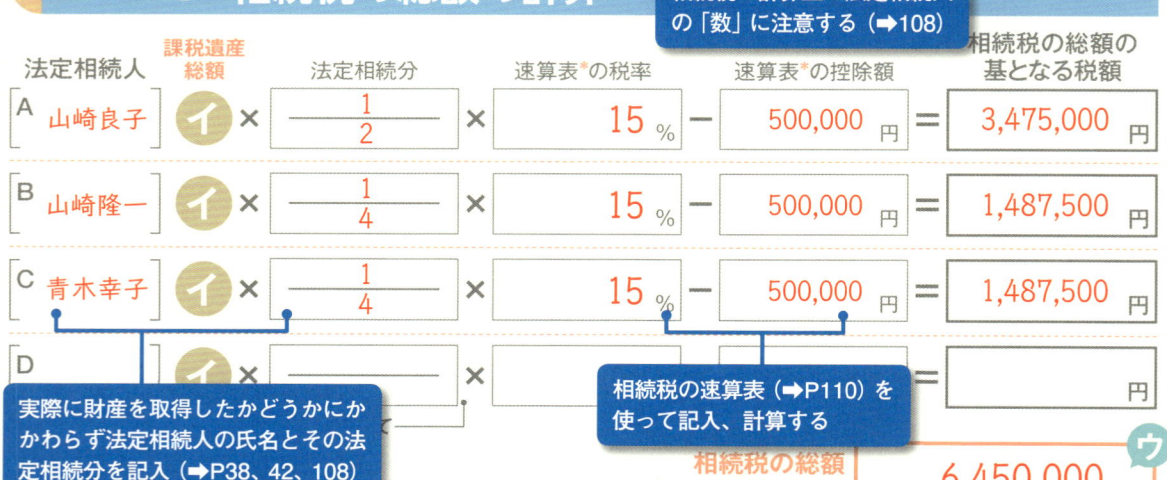

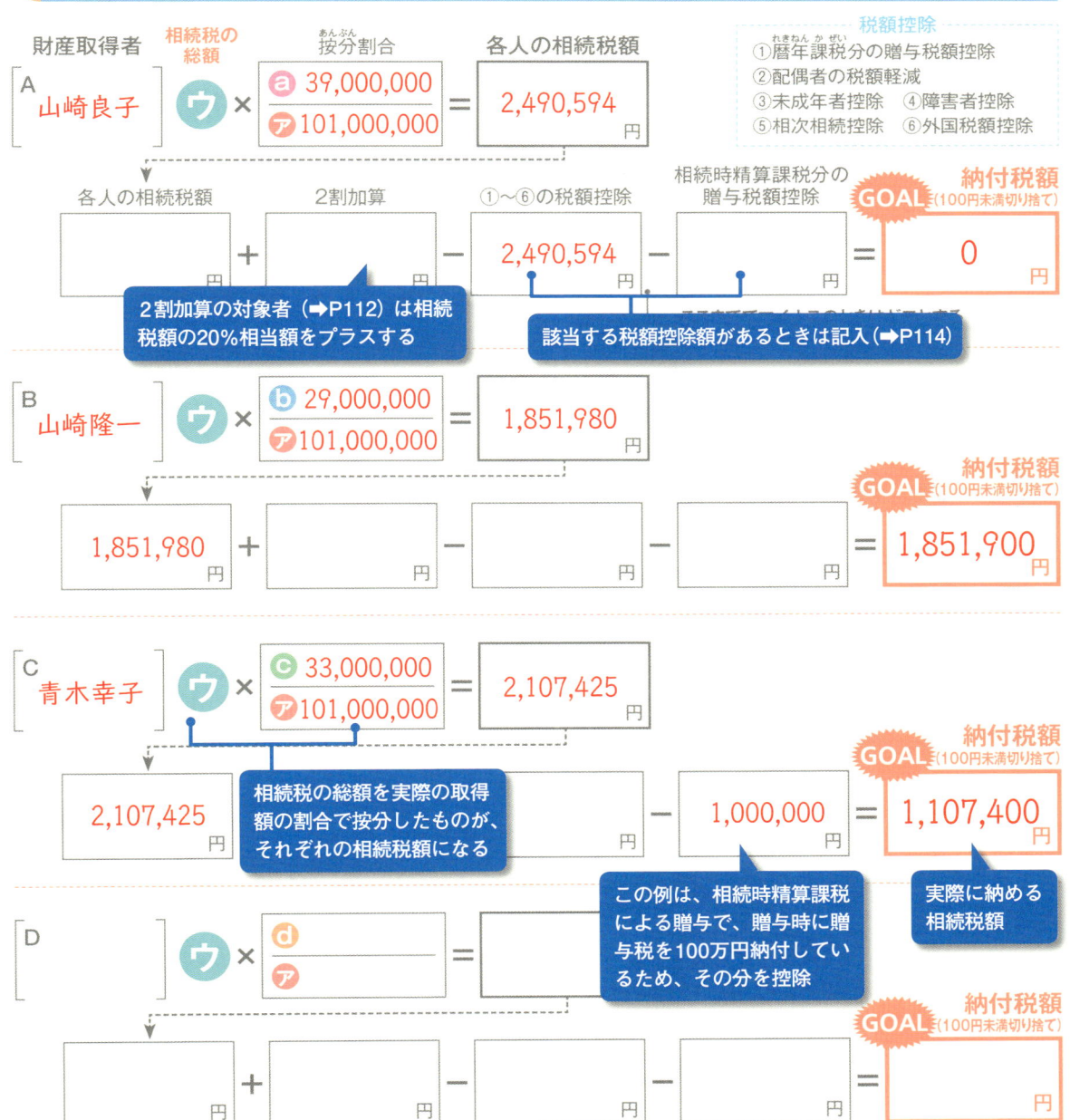

もくじ

折込 書き込み式 相続対策シート

1 財産目録シート
2 遺産分割シート
3 贈与記録シート
4 相続税計算シート

巻頭特集

「相続」早わかり 2〜15

1 そもそも「相続」とはどういうものか ……2
2 遺産相続の流れをおさえよう ……4
3 だれが、どれだけ相続できる？ ……6
　↓ 法定相続人と相続割合を書き込んでみよう ……8
4 相続税はどれくらいかかるのか ……10
5 相続対策は大きく3つある ……12
6 相続対策に有効な「遺言」と「生前贈与」 ……14

よくある相続トラブル 16〜21

ケース1 おもな財産は自宅だけ。
法定相続分どおりには分けられない！ ……16

ケース2 最近マイホームを購入。
賃貸のままだったら特例を使えたのに… ……18

ケース3 嫁は相続の部外者!?
介護の苦労は報われない？ ……20

ケース4 サプライズ預金が相続財産!?
生前対策のつもりだったのに… ……21

チェック！ あなたに必要な相続対策は？ ……22

相続対策シートの記入例と使い方 ……24

1章 相続の基本ルール 33〜72

相続の基本
「相続」とはどういうことなのか ……34

相続財産
相続ではどんな財産を引き継ぐのか ……36

法定相続人
相続できるのはだれなのか ……38

法定相続分
相続の割合はどのように決めるのか ……42

遺言
法定相続分よりも遺言の内容が優先する ……46

28

- 遺贈　相続人以外に財産を残すには遺言が必要 …… 48
- 死因贈与　生前に契約して死亡時に財産を渡す方法 …… 50
- 遺留分　相続人には最低限の保障がある …… 52
- 特別受益　生前贈与で相続分が減ることもある …… 56
- 寄与分　故人への貢献で相続分が増えることもある …… 58
- 遺産の分割方法　分割しにくい財産をどう分けるか …… 62
- 相続放棄　相続するかしないかは相続人が決める …… 64
- 相続人の廃除　相続人としての権利が奪われることもある …… 68
- 祭祀財産　お墓の相続は「相続財産」とは別扱いになる …… 70
- column 「相続」の相談相手 …… 72

2章 相続税の基本と計算方法　73〜120

- 相続税の基本　「相続税」とはどういう税金なのか …… 74
- 基礎控除額と特例　相続税を減らせる制度がある …… 76
- 課税財産　相続税がかかる財産、かからない財産 …… 78
- 財産評価　それぞれの財産の評価額を求める …… 80
- 土地の評価
  - ① 宅地の評価方法は2とおりある …… 82
  - ② 小規模宅地等の特例を適用できるかどうか …… 88
  - ③ 農地や山林は場所によって評価方法が異なる …… 90
  - ④ 借地や貸宅地はどのように評価するのか …… 92
- 家屋の評価　自用家屋や貸家の評価方法 …… 94
- 金融資産の評価
  - ① 上場株式、非上場株式の評価方法 …… 96
  - ② 預貯金、公社債、投資信託などの評価方法 …… 98

3章 生前対策と遺言の基礎知識 121〜146

- 保険金などの評価
  - 生命保険金、個人年金などの評価方法 …… 100
- そのほかの評価
  - 家財、美術品、ゴルフ会員権などの評価方法 …… 102
- 相続税の計算の流れ
  - 相続税は4つのステップで計算 …… 104
- 相続税の計算方法
  - ステップ1 各人の課税価格を計算する …… 106
  - ステップ2 課税遺産総額を計算する …… 108
  - ステップ3 相続税の総額を計算する …… 110
  - ステップ4 各人の納付税額を計算する …… 112
  - ↓相続税の計算の4ステップをおさらいしよう …… 116
- 相続税の納付
  - 相続税は現金一括で納めるのが原則 …… 118

- 財産の把握
  - まずは財産リストを作成する …… 126
- 遺言の基本
  - 「争族」を防ぐためには遺言が効果的 …… 128
- 遺言の種類
  - 自筆証書遺言と公正証書遺言の特徴を知る …… 132
- 遺言の作成
  - ① 自筆証書遺言の作成ルールと注意点 …… 134
  - ② 公正証書遺言の作成手順と必要な費用 …… 138
  - ↓ケース別遺言文例集 …… 142
- column 「エンディングノート」の活用法 …… 146

4章 賢い節税と納税のしかた 147〜190

- 相続税対策の基本
  - 相続税よりも納税資金の確保を優先する …… 148
- 節税対策の基本
  - 相続税の節税の考え方とおもな方法 …… 150
- 生前贈与
  - ① 暦年課税による生前贈与を活用する …… 152

- 生前対策の基本
  - ① 生前にしておきたい相続対策 …… 122
  - ② 家族いっしょに今後の生活と相続を考える …… 124

② 配偶者控除を適用して自宅を贈与する ……158
③ 孫に対して教育費などを贈与する ……160
④ 多額の贈与なら相続時精算課税も検討を ……162

贈与税の申告
贈与を受けた人が申告・納付する ……164

土地の評価減
① 小規模宅地等の特例を活用して節税する ……166
　↓ 小規模宅地等の特例にまつわるQ&A ……168
② 評価を大幅に下げられる広大地評価 ……170
③ 土地の形状や分割方法で評価額を下げる ……172

生命保険
さまざまな活用法がある生命保険 ……174

土地活用
アパートや駐車場経営で節税する ……178

養子縁組
養子縁組で法定相続人を増やす方法も ……180

そのほかの対策
お墓の購入やリフォーム、整地で節税 ……182

二次相続
次の相続を踏まえて特例を使う ……184

独身者の相続
できるだけ生前に準備をしておく ……186

事業承継
事業承継が必要な人の相続対策 ……188

column 税務調査って本当に来るの？ ……190

5章 相続開始後の手続き 191〜251

スケジュール
相続手続きの期限と流れをおさえる ……192

死亡届
死亡直後の役所などへの届け出 ……194

銀行口座
死亡後の銀行口座と諸手続き ……198

遺言書の確認
遺言書の有無を確認し、検認を受ける ……200

相続人の確定
① 戸籍を調べて、相続人を確定する ……204
② 未成年者や行方不明者がいる場合 ……206

財産調査
プラスの財産もマイナスの財産もすべて調べる ……208

相続放棄・承認
相続するかしないかを最終決断する ……… 210

遺産分割協議
相続財産の分割方法を話し合う ……… 212

↓ 遺産分割協議にまつわるQ&A ……… 216

準確定申告
故人に代わり所得税の申告を行う ……… 218

相続税の申告
① 10か月以内に相続税の申告と納付を行う ……… 222

↓ 相続税の申告書の記入例 ……… 226

② 誤りがあれば修正申告や更正の請求を ……… 234

遺留分減殺請求
遺留分を取り戻すには明確な意思表示を ……… 236

名義変更
① 不動産の相続登記はすみやかに行う ……… 238

② 株式や自動車、ゴルフ会員権などの名義変更 ……… 240

保険金の請求
死亡保険金を受け取る手続き ……… 242

社会保険
① 健康保険証の返還と葬祭費の請求 ……… 244

② 公的年金の手続きと遺族年金の請求 ……… 246

↓ 相続に関連する手続き一覧 ……… 250

さくいん ……… 252

※本書の制作にあたり、民法に関する内容は、桐生貴央弁護士に助言をいただきました。
※本書の内容は、とくに明記のないかぎり、2019年4月25日現在の情報・法令等に基づき、構成されています。

32

1章
相続の基本ルール

「そもそも相続とはどういうものか」「だれが、何を、どれくらい相続できるのか」、また「遺留分」「特別受益」「寄与分」とは──。ここでは、最低限知っておきたい相続の基本的なルールを紹介します。

相続の基本

「相続」とはどういうことなのか

> **重要** 財産を残して亡くなった人を**被相続人**という
> **重要** 被相続人の財産を引き継ぐ人を**相続人**という
> **重要** 「相続」は、被相続人の**死亡と同時**に始まる

死亡と同時に相続はスタートする

相続とは、故人が所有していた財産を、法律で定める一定の親族が引き継ぐことをいいます。このときの故人を**被相続人**、相続により財産を引き継ぐ人を**相続人**といいます。また、被相続人から相続人に引き継がれる財産を**相続財産**または**遺産**と呼んでいます。

財産は、**被相続人が亡くなると相続人に相続**されます（**相続の開始**という）。たとえば亡くなった父親名義の家や預金、また身の回りの家具や洋服などはすべて、父親の死亡と同時に相続人のものとなります。

とはいえ、これはあくまで法律上の話です。相続開始時において不動産や預金は故人の名義のままなので、実際に財産を自由に使えるようにするためには、相続人が名義変更などの手続きを行ってからになります（➡P238〜241）。

遺産分割のポイントは遺言の有無

相続人が1人であれば、その人がすべての財産を引き継ぐため、名義変更までの手続きは比較的スムーズですが、相続人が複数いると、①**だれが**、②**何を**、③**どれだけ引き継ぐのか**を決めてからでないと、名義変更の手続きができません。複数の人で相続する場合、被相続人の財産は、いったん**相続人全員の共有**となります。この共有状態の財産を具体的に分ける ことを**遺産分割**といい、遺言があれば遺言にしたがい、遺言がなければ、原則として相続人同士の話し合いによって、遺産分割を行います。

遺言は法律上も尊重される

遺言とは、被相続人の生前の意思を尊重し、死後にその意思を実現させるための制度です。死を前に家族などへ思いをつづる遺書とは違い、法律によって定められた形式で書面化して残します。

遺言に書かれた内容は法律上も尊重されます（➡P128）。また、遺言があれば、法で定められた相続人以外にも財産を渡すことができます（**遺贈**➡P48）。

なお、相続ということ、**相続税**について不安を抱く人も多いですが、相続税は一定の基礎控除額（非課税枠）があるため、相続により必ずしも納税義務が生じるわけではありません（➡P76）。

34

相続を理解するためのポイント

ポイント1 「相続財産(遺産)」

そもそも何を相続するのか?

相続財産とは、被相続人が所有していた財産的価値のあるものすべてを指す。現金や不動産などのプラスの財産のほかに、借金などのマイナスの財産も含まれる。
➡P36

人が死亡すると、遺産は相続人のものとなる

被相続人

ポイント2 「相続人」

だれが財産を引き継ぐのか?

相続人になれる人は法律で定められているが(法定相続人)、遺言を残すことで、法定相続人以外にも財産を渡すことができる。
➡P38、48

相続人

ポイント3 「遺産分割」

遺産をどのように分けるのか?

相続人が複数いる場合、だれが何をどれくらいの割合で遺産を引き継ぐかを決める必要がある。遺言の有無によって、分け方も変わる。
➡P42、46

相続人A　相続人B　相続人C

ポイント4 「相続税」

相続税がかかるのかかからないのか?

すべての人が相続税を払うわけではない。➡2章

相続財産が、相続税の基礎控除額を超える場合は、相続税がかかる可能性がある。

基礎控除額 = 3,000万円 + 600万円 × 法定相続人の数

相続財産

相続ではどんな財産を引き継ぐのか

- **重要** 被相続人の財産上の**権利・義務をすべて受け継ぐ**
- **重要** **借地権や著作権**など形のないものも相続財産に含まれる
- **注意** 借金や未払金などの**マイナスの財産も相続**する

相続の対象

相続では、**被相続人の財産上の権利・義務を包括的に引き継ぎます。**「包括的」とは、「いっさいがっさいまとめて」という意味です。現金や預貯金、株式、不動産、貴金属、自動車といった目に見えるものだけでなく、借地権、著作権といった**財産的価値のある権利も相続の対象**になります。

また、プラスの財産ばかりではなく、**マイナスの財産も引き継ぎます。**各種の借入金やローン、クレジットカードの未払金、また被相続人が病院で死亡した場合はそれまでの医療費や入院費用の未払金なども相続の対象です。そのほか知人の借金などの連帯保証人になっている場合は、連帯保証人という地位も引き継ぐことになります。

ただし、一定の手続きを踏んで、相続自体を放棄することは可能です（→P64）。

相続財産にならないものとは？

原則として、被相続人のすべての財産上の権利・義務が、相続人に引き継がれるのが相続ですが、その人個人のみが持つ**一身専属権**は、相続の対象になりません。

一身専属権とは、**運転免許や医師免許、生活保護受給権**などです。一身専属権は、本人の死亡により消滅の対象です。そのほか知人の借金などします。

また、相続財産かどうか迷うものに**生命保険金**がありますが、生命保険金は「受取人」固有の財産です。

そのため、**受取人が被相続人自身である場合は相続財産**となり、相続人は「生命保険金に関する権利」を引き継ぎます。

一方、**受取人が被相続人以外である場合は、相続財産ではないため、遺産分割の対象となりません。**

被相続人が保険料を支払って、自分が死亡したときに妻が保険金を受け取る生命保険に加入していた場合、その保険金はすべて妻固有の財産となり、遺産分割をする必要はありません。

しかし、相続税法上は、相続で受け取った財産であるとみなされ（**みなし財産**という）、一定額を超えると相続税の対象になるので注意してください（→P78）。

なお、墓地や墓石、仏具などの**祭祀（さいし）財産**は一般の相続財産とは区別され、**遺産分割の対象ではなく、相続税もかかりません**（→P70）。

相続財産として引き継ぐもの・引き継がないもの

◯ 引き継ぐもの

プラスの財産		
	土地および土地に関する権利	宅地、農地、山林、原野、牧場、雑種地、借地権、地上権、賃借権、温泉権など
	家屋および家屋に関する権利	家屋、庭園設備、倉庫、駐車場、借家権など
	金融資産	現金、預貯金、株式、公社債、投資信託など
	動産	家財道具、貴金属、書画骨董品、自動車など
	無体財産権	特許権、著作権、商標権、電話加入権など
	事業用・農業用の財産	機械、商品、原材料、農産物、牛馬、売掛金など
	その他	ゴルフ会員権、生命保険契約に関する権利、未収配当金、貸付金、未収金（地代、家賃など）、損害賠償請求権など

マイナスの財産		
	借金	借入金、住宅ローン
	保証債務	保証人や連帯保証人としての地位
	公租公課	滞納している所得税、固定資産税など
	その他	クレジットカードの未決済分、治療・入院などの医療費未払分、買掛金、損害賠償などの債務など

POINT!
プラスの財産もマイナスの財産もすべて引き継ぐ

✕ 引き継がないもの

- 弁護士などの士業資格
- 運転免許
- 医師免許
- 扶養請求権
- 生活保護受給権
- 親権者の地位
- 雇用契約上の地位
  （その会社で働く権利、職業身分など）

POINT!
その人にしか行使できない資格や権利（一身専属権）は引き継がない

ココに注目！
住宅ローンは保険会社が肩代わりしてくれるケースが多い

　住宅ローンは、相続人が引き継がなければならない「マイナスの財産」です。ただし、団体信用生命保険または生命保険付きのローンに加入していれば、ローン支払者の死亡と同時に残りの支払義務はなくなります。遺族に代わって保険会社がローンの残高分を支払うからです。団体信用生命保険の加入率は、銀行の住宅ローンであればほぼ100％、任意加入の住宅金融支援機構のローンでも90％を超えています。
　なお、団体信用生命保険は、返済途中での加入はできません。不安がある場合は、生命保険の死亡保障を厚くしておくなどの対策をとりましょう。

法定相続人

相続できるのはだれなのか

重要 被相続人の配偶者と子どもは常に相続人になる

重要 子どもが死亡している場合は孫が代襲相続する

注意 子や孫がいない場合は、親→兄弟姉妹の順で相続人の権利が移る

相続できるのは一定範囲の親族のみ

被相続人の財産をだれが引き継ぐかは、遺言があるかどうかで変わってきます。遺言があれば、原則として、その内容にしたがって財産を分けることになります（→P46）。

遺言がない場合は、民法に定められたルールによって相続人が決まります。民法上、被相続人の財産を相続できる権利がある人を法定相続人といいます。

相続人になれる人は一定範囲の親族のみで、具体的には、次の人たちになります。

① 配偶者
② 子どもなどの直系卑属（ひぞく）
③ 親などの直系尊属（そんぞく）
④ 兄弟姉妹（場合によっては甥や姪）

①を配偶者相続人、②～④を血族相続人といいます。また、卑属とは被相続人の子どもや孫など下の世代のこと、尊属とは親や祖父母など上の世代のことをいいます。被相続人のおじやおば、いとこは、相続人にはなれません（遺言によって財産を渡すことは可能）。

相続人には優先順位がある

前述の①～④の人たちがすべて法定相続人の範囲ですが、すべての人が相続人になるわけではありません。配偶者相続人、すなわち夫また妻は常に相続人になりますが、血族相続人は順位があり、最上位の者だけが相続人になります。

血族相続人の順位は、次のとおりです。

● 第1順位…子ども
● 第2順位…直系尊属
● 第3順位…兄弟姉妹

つまり、被相続人に子どもがいる場合には、配偶者と子どもだけが相続人になります。子どもがいない場合には、第2順位の親などに相続の権利が移り、親などもいないときにはじめて、第3順位の兄弟姉妹に相続の権利が移ることになります。

胎児や養子、非嫡出子も法定相続人になる

妻が妊娠中に夫が亡くなってしまうなど、子どもが胎児のときに相続が発生するケースもあります。この場合、その後、死産にならなければその子どもは相続人になります。養子については実子同様の相続権があります。ただし、養子の人数が多い場合、相続税の計算上では一部の養子を法定相続人の「数」に含め

法定相続人の範囲と順位

第2順位（親など）
- 父
- 母

父母が2人とも亡くなっているときは、その分を祖父母へ

常に相続人
ただし法律上の配偶者にかぎる
- 配偶者
- 被相続人

第3順位（兄弟姉妹など）
- 妹
- 兄
- 兄の配偶者

兄弟姉妹が亡くなっている場合は、甥・姪が代襲相続
- 甥・姪

- 子ども
- 子ども
- 子どもの配偶者

子どもは常に相続人

子どもが亡くなっている場合は孫に代襲相続
- 孫
- 孫の配偶者

孫も亡くなっている場合は何代でも代襲相続される
- ひ孫

第1順位（子どもなど）

法定相続人に関するルール

ルール1
配偶者と、子どもなどの第1順位の人は常に相続人になる。

ルール2
第1順位の人がいないときは第2順位の人、第2順位の人がいないときは第3順位の人が相続人となる。

ルール3
被相続人より先に法定相続人が死亡している場合、第1・第3順位はその子どもが代わりに相続し（代襲相続）、第2順位は祖父母に相続権が移る。

ないことになっています（→P108）。これは養子を増やすことで課税を逃れようとするケースが横行したためです。とはいえ、これはあくまでも相続税の計算上の話です。養子が何人いても、子どもとして被相続人の財産を相続できます。

また、婚姻関係のない相手との間にできた子ども（非嫡出子）については、婚姻関係に関係なく相続できます。認知は、被相続人が生前に行っている場合はもちろん、遺言による認知でもかまいません。

孫が代わりに相続することもある

相続による財産移転は、親から子へ、子から孫へと直系の親族によって代々受け継がれていくのが基本です。しかし、不幸にして親よりも先に子どもが亡くなっているケースもあります。

この場合、その亡くなった子どもに子どもがいる場合、つまり被相続人にとっての孫がいる場合には、その孫が代わりに相続します。これを**代襲相続**といい、代わりに相続する人を**代襲相続人**といいます。

代襲相続は、子どもと兄弟姉妹のみに認められています。ただし、子どもの代襲相続は、孫もいなければひ孫というように、直系卑属がいるかぎり続きますが、兄弟姉妹の代襲は、兄弟姉妹の子ども（甥・姪）の1代かぎりです。

なお、第3順位までたどっても相続人がおらず、遺言もない場合は、特別受益者の財産分与請求がなければ財産は国庫に移されます。

配偶者相続人の 落とし穴!

事実婚の夫や妻は相続人になれない！

近年では婚姻届を出さずに同居している事実婚の夫婦も増えています。事実婚でも、一定の条件を満たせば遺族年金がもらえるなど、昔にくらべると社会的な権利が認められるようになってきています。

しかし、民法ではこうした内縁の妻や夫は配偶者として認めておらず、相続人になることはできません。ただし、法律上の婚姻関係のない男女の間に生まれた子ども（非嫡出子）でも、認知された子どもであれば相続の権利があります。

あなたの財産を相続できる人・できない人

	相続できる人	相続できない人
配偶者	●法律上の妻や夫	●内縁の妻や夫
子ども	●実子（嫡出子、非嫡出子） ●他家に普通養子*1に行った子 ●胎児（死産の場合は除く）	●義理の子（婿、嫁） ●配偶者の連れ子 ●他家に特別養子*1に行った子
親	●実父母　●養父母	●義理の父母（舅、姑）
兄弟姉妹	●兄弟姉妹 ●半血兄弟姉妹*2	●義理の兄弟姉妹

*1 普通養子は実親とも法律上の親子関係が継続される養子。特別養子は実親との親子関係が切れ、養親とだけの親子関係になる養子
*2 父母の一方のみが同じ兄弟姉妹のこと

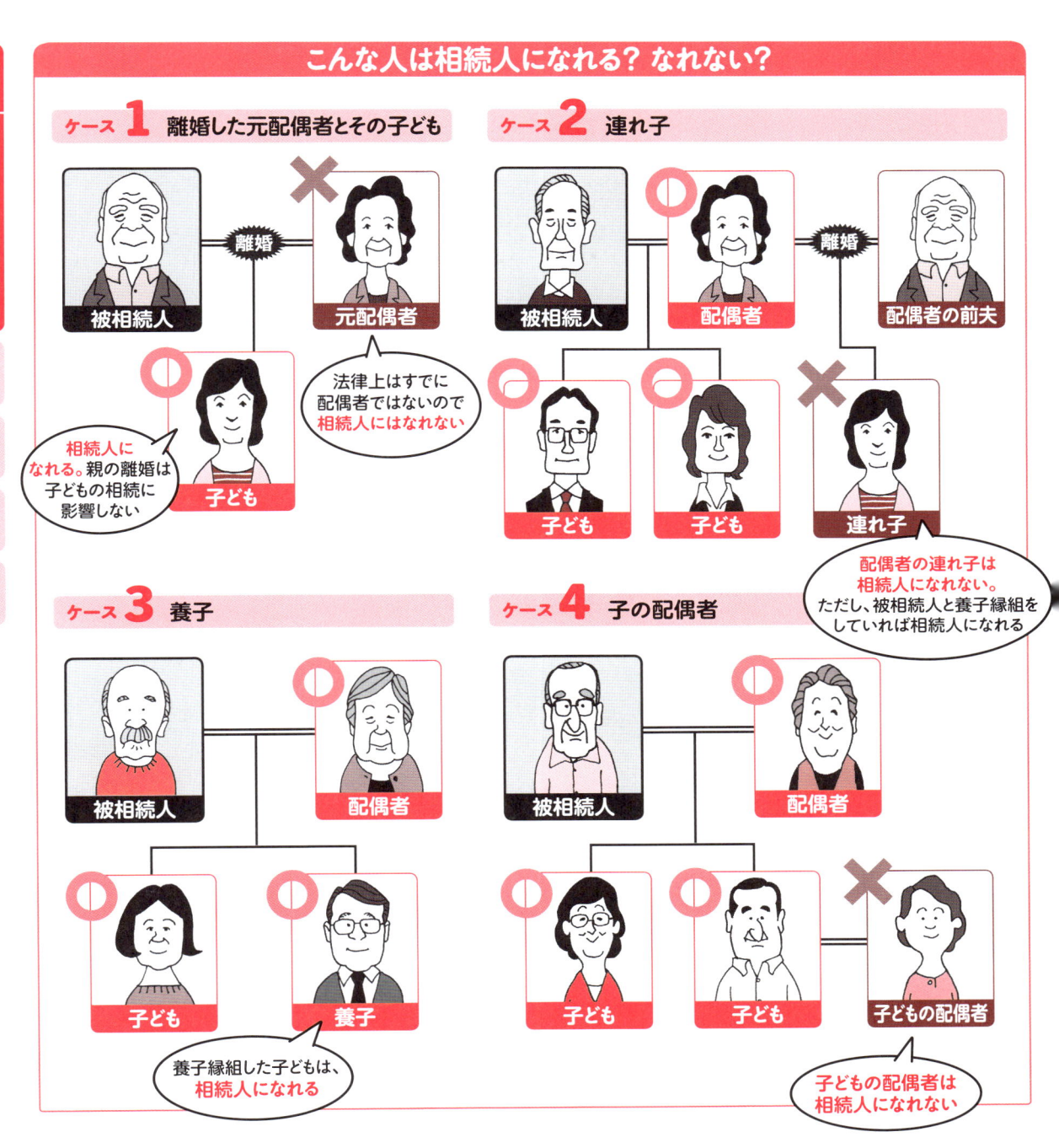

こんな人は相続人になれる？ なれない？

1章 相続の基本ルール

ケース1　離婚した元配偶者とその子ども

被相続人 ― 離婚 ― 元配偶者 ✕
　｜
子ども 〇

> 法律上はすでに配偶者ではないので**相続人にはなれない**

> **相続人になれる**。親の離婚は子どもの相続に影響しない

ケース2　連れ子

被相続人 ― 配偶者 〇 ― 離婚 ― 配偶者の前夫
　　　　　　｜
子ども 〇　　子ども 〇　　連れ子 ✕

> **配偶者の連れ子は相続人になれない**。ただし、被相続人と養子縁組をしていれば相続人になれる

ケース3　養子

被相続人 ― 配偶者 〇
　　｜
子ども 〇　　養子 〇

> 養子縁組した子どもは、**相続人になれる**

ケース4　子の配偶者

被相続人 ― 配偶者 〇
　　｜
子ども 〇　　子ども ― 子どもの配偶者 ✕

> **子どもの配偶者は相続人になれない**

41

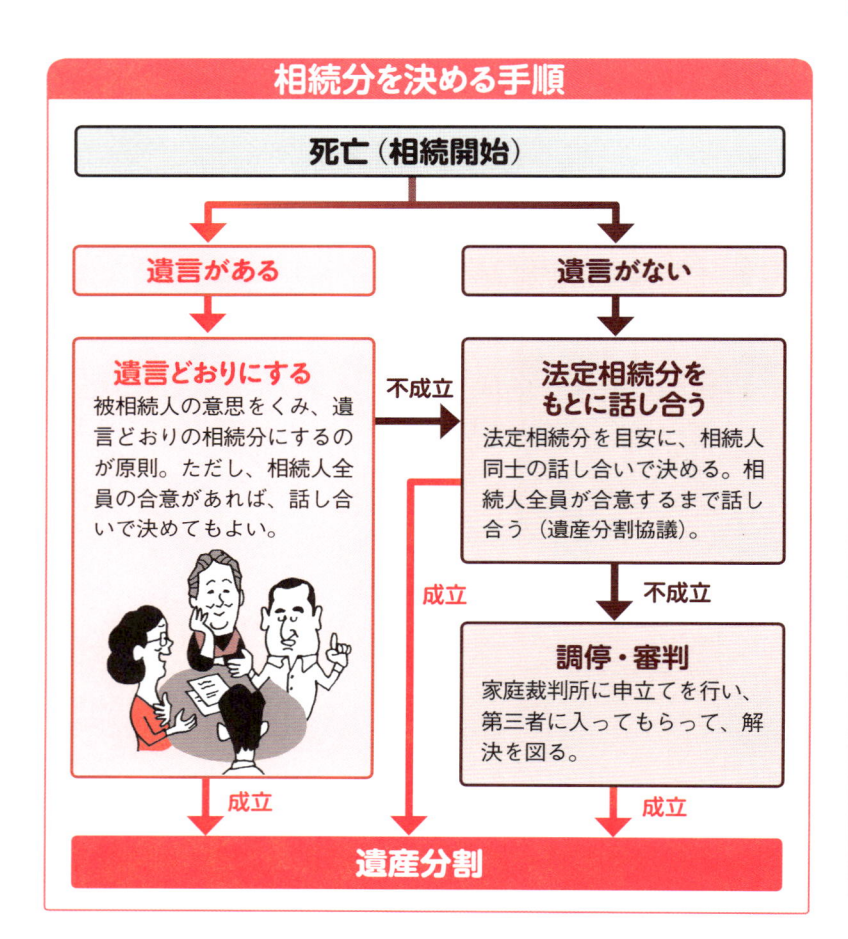

法定相続分

相続の割合はどのように決めるのか

- **重要** 遺言がある場合は、**遺言にしたがって分けるのが原則**
- **重要** 遺言がない場合は、**相続人同士の話し合いで**相続割合を決める
- **重要** **法定相続分**は話し合いの**目安**となる

相続分を決める手順

```
死亡（相続開始）
  ├─ 遺言がある → 遺言どおりにする
  │    被相続人の意思をくみ、遺言どおりの相続分にするのが原則。ただし、相続人全員の合意があれば、話し合いで決めてもよい。
  │    → 成立 → 遺産分割
  │    → 不成立 → 法定相続分をもとに話し合う
  └─ 遺言がない → 法定相続分をもとに話し合う
       法定相続分を目安に、相続人同士の話し合いで決める。相続人全員が合意するまで話し合う（遺産分割協議）。
       → 成立 → 遺産分割
       → 不成立 → 調停・審判
            家庭裁判所に申立てを行い、第三者に入ってもらって、解決を図る。
            → 成立 → 遺産分割
```

遺言があるかないかで相続割合が変わってくる

相続人が確定したら、だれがどの財産をどんな割合で相続するかを決めなくてはなりません。

財産をどう分けるかは、遺言があるかどうかで変わります。遺言があれば、その内容に基づいて財産を分け（→P46）、遺言がなければ相続人同士の話し合いによって分けます。この話し合いを**遺産分割協議**といい、相続する割合のことを**相続分**といいます。

しかし、話し合いで相続分を決めるのは、なかなか難しいのが現実です。不公平のないように分けるといっても、相続人によって価値観や経済事情、被相続人との関係などが異なるため、全員が納得するように分けるのは容易ではないからです。

そこで、民法には、だれがどのような割合で相続できるのかという、相続分の目安が定められています。この相続分の目安のことを、**法定相続分**といいます。

法定相続分の割合

配偶者のみ
配偶者 全部
配偶者が1人ですべて相続する。

配偶者と子ども
子ども 1/2 ／ 配偶者 1/2
子どもが複数いれば、2分の1を子どもの数で等分。

配偶者と親
親 1/3 ／ 配偶者 2/3
両親ともに健在の場合は、3分の1を父母2人で等分。

配偶者と兄弟姉妹
兄弟姉妹 1/4 ／ 配偶者 3/4
兄弟姉妹が複数いれば、4分の1を兄弟姉妹の数で等分。

子どものみ
子ども 全部
子どもが複数いれば、子どもの数で等分。

親のみ
親 全部
両親ともに健在の場合は父母で2分の1ずつ。

兄弟姉妹のみ
兄弟姉妹 全部
兄弟姉妹が複数いれば、兄弟姉妹の数で等分。

POINT! 代襲相続人の場合も、同じ相続分をもらえる

法定相続分はあくまでも目安

法定相続分は、血族相続人である上図のとおりです。

ただし、血族相続人である**子どもや親、兄弟姉妹の場合は、同順位の相続人の数によって相続分が変わります**。たとえば、相続人が配偶者と子ども1人の場合は、配偶者が2分の1、子どもも2分の1ですが、子どもが2人いる場合は、子どもが相続する2分の1を等分した4分の1が、子ども1人当たりの相続分です。

ただし、**これらはあくまでも目安**。法定相続分は、相続人の公平さを保つために定められたものではありますが、一方で画一的な面があり、個別の事情には合わないこともあります。ですから、相続人全員が納得していれば、**法定相続分どおりに相続しなくてもかまわない**のです。

なお、何度話し合いをしても相続分が決まらない場合には、家庭裁判所へ調停を申し立て、第三者を介して、遺産分割協議を進めることになります（→P212）。

法定相続分の計算例

ケース3 前妻との間に子どもがいる

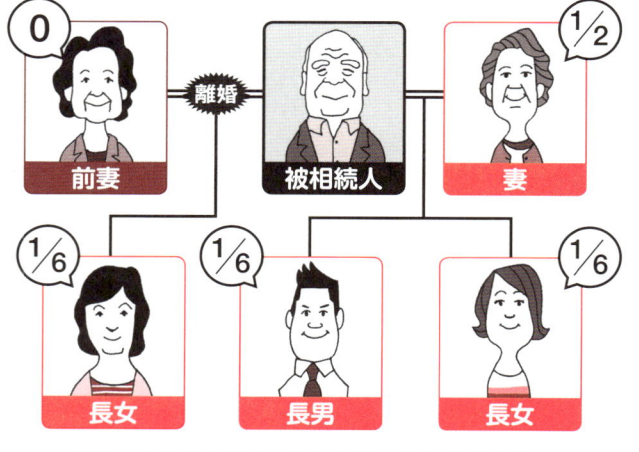

- 前妻: 0
- 被相続人 — 離婚 — 前妻
- 妻: 1/2
- 長女: 1/6
- 長男: 1/6
- 長女: 1/6

前妻との子どもには、現在の妻との子ども同様の相続分がある。

ケース1 妻と子どもが相続する

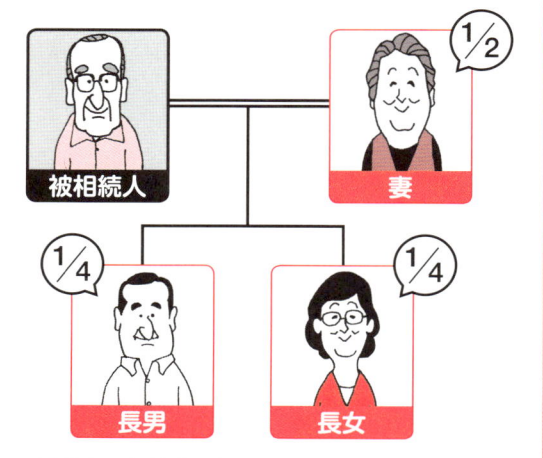

- 被相続人
- 妻: 1/2
- 長男: 1/4
- 長女: 1/4

子どもの相続分2分の1を兄弟姉妹で等分する。

ケース4 孫が代襲相続する

本来、長男が相続するはずだった4分の1を孫Aが相続する。

- 被相続人
- 妻: 1/2
- 長男（故人）
- 長女: 1/4
- 孫A: 1/4
- 孫B: 0

ケース2 連れ子がいる

- 被相続人
- 妻: 1/2
- 前夫（離婚）
- 長男: 1/4（1/6）
- 長女: 1/4（1/6）
- 連れ子: 0（1/6）

養子縁組していない連れ子は0。養子縁組していれば、ほかの兄弟と等分するので、（　）内の割合になる。

ココに注目！
民法の改正で非嫡出子も相続分は同じに

従来、婚姻関係のない相手との間に生まれた子ども（非嫡出子）については、相続分の割合が婚姻関係のある子ども（嫡出子）の1/2とされてきましたが、「同じ子どもなのに平等ではない」という意見もあり、長年法廷で争われてきました。

2013年9月4日の最高裁判所の違憲判決を受け、2013年12月5日には民法の一部を改正する法律が成立（2013年9月5日以降の相続に適用）。現在は、非嫡出子も嫡出子も法定相続分は同等です。

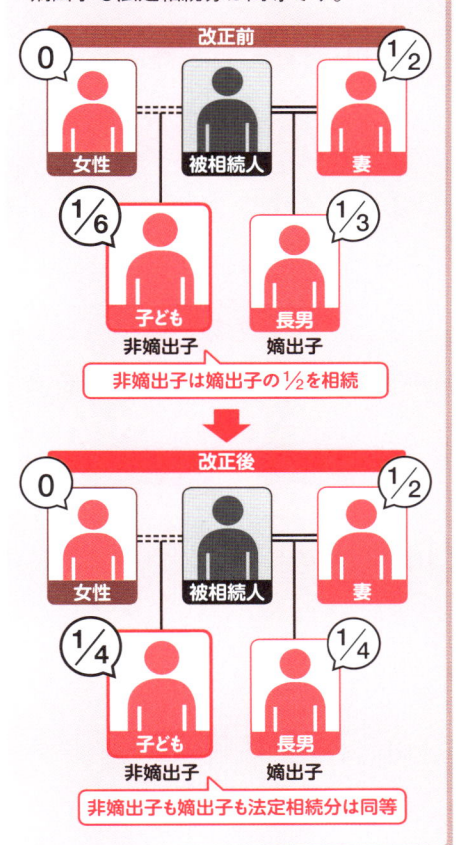

改正前
- 女性：0
- 被相続人
- 妻：1/2
- 子ども（非嫡出子）：1/6
- 長男（嫡出子）：1/3

非嫡出子は嫡出子の1/2を相続

改正後
- 女性：0
- 被相続人
- 妻：1/2
- 子ども（非嫡出子）：1/4
- 長男（嫡出子）：1/4

非嫡出子も嫡出子も法定相続分は同等

ケース5　甥・姪が代襲相続する

- 父（故人）
- 母（故人）
- 妻：3/4
- 被相続人
- 兄（故人）
- 妹：1/8
- 甥：1/8

本来、兄が相続するはずだった8分の1を甥が相続。

ケース6　孫を養子にしている

- 被相続人
- 妻：1/2
- 養子：1/6
- 長男（故人）
- 長女：1/6
- 孫：1/6

（養子と孫は同一人物　このケースの孫と養子は同一人物なので、結果的に1人で1/3を相続する）

孫を養子にしたあと、孫の親（長男）が自分よりも先に死亡した場合、この孫は、養子としての相続分と、長男の代襲相続分の両方を受け取れる。

遺言

法定相続分よりも遺言の内容が優先する

重要 遺言には**法的効力**がある

注意 遺言どおりに相続しない場合は、**相続人全員の合意**が必要

ます。

そもそも自分の財産をどう処分するかは、本人の自由であるはずです。遺産についてもそれは同じで、**遺言によって故人の意思が表明されれば、その内容を尊重するのが原則**です。法定相続分よりも遺言による相続が優先されるのはこのためです。

しかし、遺言の内容に納得できないときには、**相続人全員の合意があれば、遺産の分け方を変えることも可能**です。逆にいえば、1人でも合意しない者がいれば、遺言が優先されます。また、遺贈がある場合も、遺言は優先されます。相続は多数決では決まらないのです。

遺言で法定相続分と異なる指定ができる

法定相続分よりも優先されるのが、**遺言による相続**です。遺言とは、故人の生前における意思を表したものであり、それを書面にしたのが**遺言書**です。

遺言書に何を書くかはその人の自由ですが、一定の内容については法的効力を持ちます。これを**遺言事項**といいます。

どんな内容が法的効力を持つかは**民法**で具体的に定められています。法的効力を持つのは、①**相続に関すること**、②**相続以外の財産処分に関すること**、③**身分に関すること**などです（→P47）。

たとえば、①の相続に関することとしては、法定相続分とは違う割合の相続分を指定できます。妻と子ども1人が相続人の場合、法定相続分どおりだと相続分は2分の1ずつですが、「妻に3分の2、子に3分の1」という遺言を残せば、その割合になります。また、「自宅は妻に、株式は長男に、現金は長女に」のように、だれに何をあげるかを具体的に指定することができます。

②の内容としては、お世話になった知人など**相続人以外に財産を渡す**ことができます。遺言によって相続人以外に財産を渡す場合は、相続ではなく、**遺贈**といいます（→P48）。

③の内容としては、**子どもの認知**や、未成年後見人の指定などができ

遺言でどのように指定するのか

遺言で相続分を指定する場合は、①相続人全員の分を指定する方法と、②一部の相続人の分だけを指定する方法があります。②の場合、指定されなかった相続人については、残りの財産を、法定相続分を目安にして分けるのが基本です。

法的効力を持つおもな遺言の内容（遺言事項）

❶ 相続に関すること
- 法定相続分と異なる相続分の指定
- だれに何をあげるかなど、遺産分割方法の指定
- 相続人の廃除とその取消し ➡P68
- 特別受益の持戻しの免除 ➡P56
- 遺留分減殺方法の指定 ➡P52

❷ 財産の処分に関すること
- 相続人以外の人へ財産を譲る指示（遺贈）➡P48
- 特定団体などへの寄付の意思表明

❸ 身分に関すること
- 婚姻関係にない相手との子どもの認知
- 未成年者の後見人や後見監督人の指定

❹ そのほか
- 祭祀承継者の指定 ➡P70
- 遺言執行者の指定 ➡P134

遺言による指定があるときの相続分の計算例

いずれも相続人は妻と子ども3人。財産評価額は1億円の場合

ケース❶ 法定相続分どおりに分けた場合

妻 1/2	長男 1/6	次男 1/6	三男 1/6
5,000万円	1,666万円	1,666万円	1,666万円

妻が1/2、子どもたちは1/2を等分する

ケース❷ 事業を継ぐ長男に全財産の半分をあげたい

長男 1/2	妻 1/4	次男 1/8	三男 1/8
5,000万円	2,500万円	1,250万円	1,250万円

長男以外は、残りの1/2を法定相続分で分ける

ケース❸ 昔お世話になった知人のAさんに1,000万円を譲りたい

知人A	妻 1/2	長男 1/6	次男 1/6	三男 1/6
1,000万円	4,500万円	1,500万円	1,500万円	1,500万円

知人Aさんへの遺贈分1,000万円を除いた9,000万円を法定相続分で分ける

遺贈

相続人以外に財産を残すには遺言が必要

重要 遺言があれば、だれにでも財産を渡せる

重要 遺言によって特定の人に財産を渡すことを遺贈という

重要 包括遺贈と特定遺贈がある

遺言があればだれにでも財産を渡せる

「相続」は、一定の親族である相続人にしか権利がありません。死後に自分の財産を相続人以外の人にあげたいなら、遺言が必要です。逆にいえば、遺言さえあれば、だれにでも財産を渡すことができるのです。介護をしてもらった息子の嫁や、お世話になった友人にも財産を渡せますし、会社やボランティア団体など、人物以外にも渡せます。

ただし、遺言はただ書面に残せばいいというものではありません。民法に定める一定の方式で遺言を残す必要があります。そうすることで、故人の意思が尊重されます（➡3章）。

遺言によって特定の人に財産を渡すことを遺贈という

遺言によって特定の人に財産を渡すことを遺贈といいます。遺贈によって財産を贈る人を遺贈者、遺贈によって財産をもらう人を受遺者といいます。単に財産を渡すだけでなく、財産を渡す代わりに、受遺者に一定の義務を課す負担付遺贈という方法もあります（➡P50）。

相続人に対しても遺贈は可能ですが、「遺言による遺産分割方法の指定」や、「相続分の指定」とも解釈できるので、あえて遺贈という言葉を使わず「相続」として扱うのが一般的です。

遺贈には特定遺贈と包括遺贈がある

遺贈は、その指定方法の違いにより、①特定遺贈と②包括遺贈に分かれます。

①の特定遺贈は、「Aに自宅を」「Bに○○社の株式を○株」というように、だれに何を渡すかを具体的に指定する方法です。そして、②の包括遺贈は、「Cに財産のすべてを」「Dに財産の3分の1を」というように、相続分の割合を指定する方法です。

包括遺贈を受ける人は、相続人でなくても、相続人と同等の権利・義務を持つことになります。包括遺贈は何をどれだけもらえるかが具体的にはわかりません。そのため遺産分割協議（➡P212）にも参加して相続人と話し合う必要があります。

また、特定遺贈は借金を引き継ぐ義務はありませんが、包括遺贈の場合は、指定された割合に応じてマイナスの財産を引き継ぐ義務があります。ただし、遺贈は、あくまでも故人（遺贈者）の一方的な意思表示なので、もらう人（受遺者）がその遺贈を受けたくなければ、放棄することもできます。

相続・遺贈・贈与の比較

項目	相続	遺贈	贈与
財産の移転方法と成立要件	● 人の死亡によって財産が一定の親族に移転する ● 渡す側、もらう側双方の意思を必要としない	● 遺言によって財産を与えること ● 財産を渡す人の一方的な行為	● 契約に基づいて、生前に移転する ● 財産を渡す側・もらう側双方の合意が必要
財産をもらう人の範囲	相続人（一定の親族）	だれでも（法人などの団体でも可）	
財産の移転時期	相続時		生前（随時）
課税される税金	相続税		贈与税
登録免許税	0.4%	相続人…0.4% 相続人以外…2%	2%
不動産取得税	非課税	相続人…非課税 相続人以外…3% または 4%＊	3% または 4%＊

＊不動産取得税の標準税率は4%。ただし2021年3月31日までは、土地および居住用の家屋は3%

特定遺贈と包括遺贈の違い

項目	特定遺贈	包括遺贈
方法	「□□の土地」「○○の株式」など、与える**財産を特定する**	「全財産の1/4」など、与える**割合を指定する**
債務の引き継ぎ	**引き継がなくてよい**	**指定相続分に応じて引き継ぐ**
遺産分割協議	**参加しなくてよい**	**参加する**
遺贈の放棄	意思表示すれば、**いつでも放棄が可能**	遺贈があることを知ったときから**3か月以内であれば、放棄または限定承認が可能**。家庭裁判所に申述する

なお、放棄する場合、特定遺贈はその意思をほかの相続人などに表明するだけでよいのですが、**包括遺贈は、相続放棄（→P64）同様、3か月以内に家庭裁判所にその旨の申立て**を行う必要があります。

死因贈与

生前に契約して死亡時に財産を渡す方法

重要 死因贈与は**双方の合意**が必要

重要 財産を渡す代わりに**一定の義務を課す**こともできる

お互いの合意のもとに財産を渡す死因贈与

死後に財産を渡す手段として、相続や遺贈のほかに、**死因贈与**という方法もあります。これは、「自分が死んだら娘に1000万円を贈与する」というように、生きているうちに贈与者の死亡を条件とした贈与契約を結ぶ方法です。遺贈が財産を渡す側の一方的な意思であるのに対し、死因贈与は**財産を渡す側とそれをもらう側の双方の合意が必要**です。

死因贈与は、遺贈や生前贈与のように、だれに対しても行えます。双方の合意が必要という点はあくまでも「贈与」ですが、財産を残す人が亡くなった時点で渡すため、**相続税**がかかります。

死因贈与のメリットは、渡す側にとっては財産を渡したい人に確実に渡すことができ、もらう側にとっても事前に何をもらえるかがわかるという点です。

デメリットは、**相続人に不動産を渡す場合、税金面で不利になる**点です。遺贈であれば、第三者への遺贈と相続人への遺贈では、登録免許税と不動産取得税の税率に差があり、相続人への遺贈は優遇されています。

一方、死因贈与は、だれに対する贈与でも同じ税率です（→P51）。

負担付「死因贈与」の効力は負担付「遺贈」よりも強い

たとえば、財産をあげる代わりに自分が死んだら「ペットの世話をしてほしい」「妻の介護をしてほしい」「妻に生活費として毎月10万円ずつ渡してほしい」という場合、①**負担付遺贈**、または②**負担付死因贈与**の方法があります。

①の負担付遺贈では、あげる人からの一方的な意思表示なので、もらう人はその内容を拒否する可能性もあるでしょう。一方、②の死因贈与の場合は、生前に両者の合意のもとに契約しているので、**履行される可能性は遺贈よりも高い**といえます。

死因贈与の場合、遺言は必要ありませんが、双方に合意があったことを証明しなければなりません。口約束だけでなく、契約書を交わし、確定日付印を押してもらう、または公正証書にするなどしておいたほうがよいでしょう。

また、被相続人の死後に、贈与された側が約束した負担を行わなかった場合や、その不履行をほかの相続人が訴えたりする場合にも、契約が交わされたことを証明するための契約書が必要となります。

遺贈と死因贈与の共通点と相違点比較

項目	遺贈	死因贈与
財産をもらう人の範囲	だれでもよい	
課税される税金	相続税	
負担付き	負担（条件）を**つけられる**	
遺留分との関係	遺留分の影響を**受ける**	
双方の合意	**必要ない** 遺贈を受ける人（受遺者）の承諾は必要なく、遺贈者の一方的な意思で財産を渡せる	**必要あり** 贈与を受ける人（受贈者）の承諾が必要。贈与者と受贈者との契約によって可能となる
財産の移転方法	遺贈者が**遺言書**に記す。民法に定められた方式にのっとる必要あり	贈与者と受贈者が**生前に契約**する。契約書の書式に決まりはない
効力の発生時期	遺贈者が**死亡したとき**	**契約したとき**から権利義務が発生する。効力の発生は贈与する人が死亡したとき
撤回	効力が生じるまでは、遺贈する人がいつでも**撤回できる**	撤回できる。ただし、負担付死因贈与契約の場合で、贈与を受ける人が**すでに負担を履行している場合は、撤回できない**
放棄	できる ➡P48	契約につき、**一方的な放棄はできない**
不動産登記と権利保全	**仮登記**はできない。遺贈者の死後に所有権移転登記を行う	贈与者の生前に**仮登記ができる**ので、もらう人は自己の権利を保全できる
登録免許税	相続人 … **0.4%**　　相続人以外 … **2%**	**2%**（だれでも）
不動産取得税	相続人 … **非課税** 相続人以外 … **3%** または **4%**＊	**3%** または **4%**＊（だれでも）

＊不動産取得税の標準税率は4%。ただし2021年3月31日までは、土地および居住用の家屋は3%

遺留分

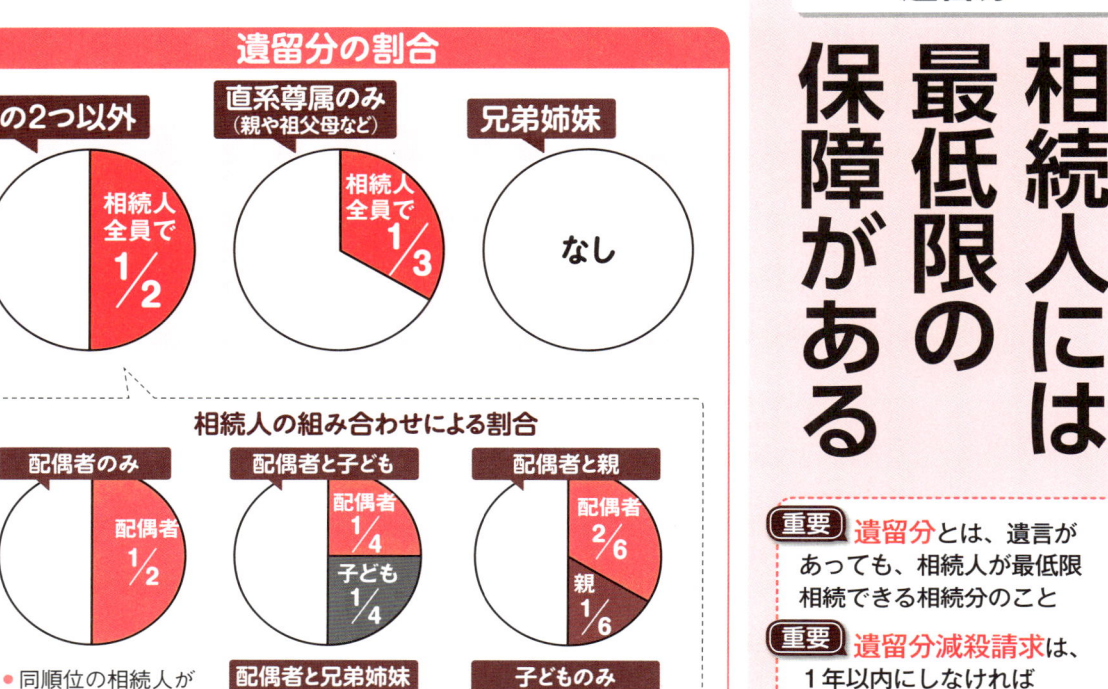

相続人には最低限の保障がある

重要 遺留分とは、遺言があっても、相続人が最低限相続できる相続分のこと

重要 遺留分減殺請求は、1年以内にしなければならない

注意 遺留分は**遺留分減殺請求権**を行使してはじめて取り戻せる

遺留分の割合

右の2つ以外：相続人全員で 1/2

直系尊属のみ（親や祖父母など）：相続人全員で 1/3

兄弟姉妹：なし

相続人の組み合わせによる割合

- **配偶者のみ**：配偶者 1/2
- **配偶者と子ども**：配偶者 1/4、子ども 1/4
- **配偶者と親**：配偶者 2/6、親 1/6
- **配偶者と兄弟姉妹**：配偶者 1/2
- **子どものみ**：子ども 1/2

- 同順位の相続人が複数いる場合は、人数で按分
- 代襲(だいしゅう)相続人にも遺留分があり、同じ遺留分をもらえる

遺言でも100%故人の思いどおりにはできない

財産は、遺言があれば遺言どおりに分けるのが原則です。しかし、たとえ遺言が残されていたとしても、100%故人の思いどおりになるわけではありません。

たとえば、「愛人に全財産を譲る」「長男だけに全財産を譲る」というような極端な内容の遺言は、ほかの相続人は理不尽だと感じるでしょう。残された家族が生活に困ることもありえます。

そこで民法には、**遺留分**(いりゅうぶん)というものがあります。遺留分とは、**相続人が最低限相続できる割合のこと**です。

つまり「全財産を愛人に譲る」というような遺言があっても、相続人は、その愛人から一定の金額を返してもらうことができます。もちろん、相続人の中の1人が遺産を独占する遺言でも同じです。

遺留分は、第3順位の相続人（兄弟姉妹やその甥(おい)・姪(めい)）には認められていませんが、そのほかの相続人の

52

遺留分の計算方法

ステップ1　遺留分計算の基礎となる財産額を計算する

相続の開始時の財産 ＋ **贈与した財産** － **相続した債務** ＝ **遺留分計算の基礎となる財産額**

対象となる贈与財産
- 相続開始前1年以内の贈与
- 当事者が遺留分を侵すことを承知のうえで行われた贈与
- 遺留分を侵すことを承知のうえで行われた売却（2,000万円の不動産を100万円で売却したなど）
- 特別受益（➡P56）にあたる贈与

ステップ2　遺留分の額を計算する

遺留分計算の基礎となる財産額 × **遺留分の割合** × **法定相続分** ＝ **遺留分の額**

計算例 相続人は配偶者と子ども3人。遺留分計算の基礎となる財産額が6,000万円の場合

基礎となる財産額	遺留分の割合	法定相続分		
6,000万円 ×	$\frac{1}{2}$ ×	$\frac{1}{2}$	＝ 1,500万円	……配偶者の遺留分額
6,000万円 ×	$\frac{1}{2}$ ×	$\frac{1}{6}$	＝ 500万円	……子ども1人あたりの遺留分額

侵害された遺留分を取り戻すには？

相続人の実際の相続分が遺留分に満たない状態を**遺留分の侵害**といい、最低限もらえる遺留分を取り戻す権利を**遺留分減殺請求権**といいます。

この権利を使いたい場合は、相続の開始および減殺すべき贈与または遺贈があったと知ったときから1年以内に行使しなければなりません。遺留分を侵害されていることを知らなかった場合でも、相続開始のときから10年経過すれば、遺留分減殺請求権を行使できなくなります。

遺留分減殺請求権の行使のしかたについては、侵害されている側が一方的に意思表示すればよいことになっています。法的には口頭でもかま

場合、基本は**相続人全員で遺産の2分の1**、相続人が父母など直系尊属だけの場合は**相続人全員で3分の1**です。

なお、相続財産だけでなく、生前に贈与された財産も一部遺留分の対象になります。

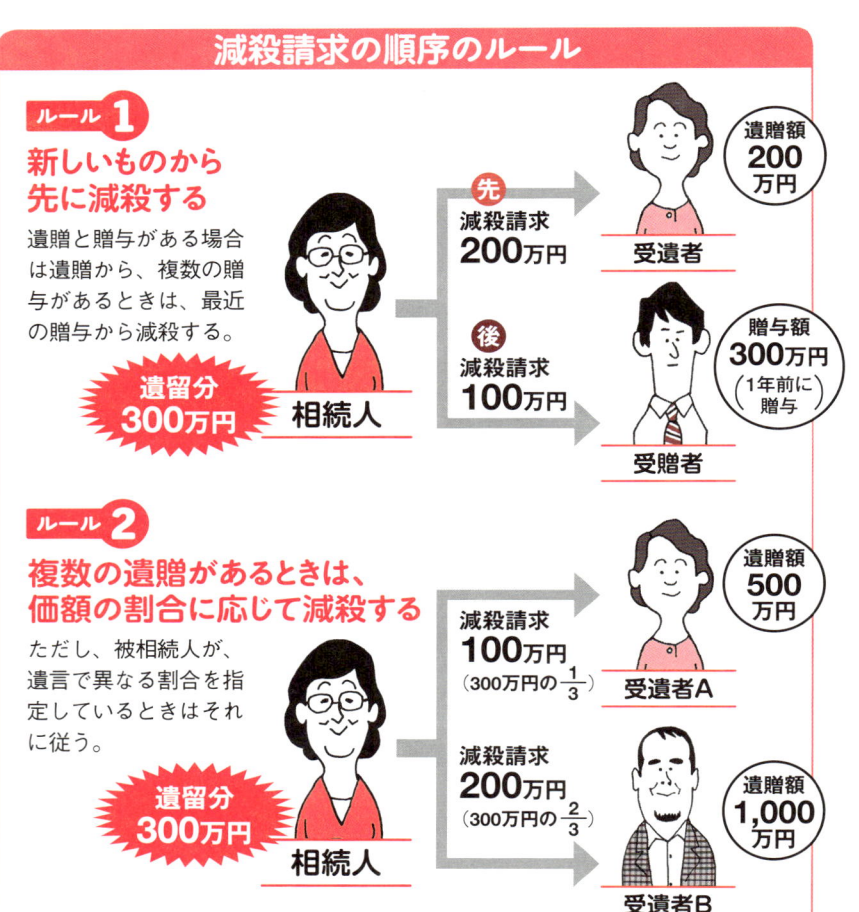

減殺請求の順序のルール

ルール❶ 新しいものから先に減殺する

遺贈と贈与がある場合は遺贈から、複数の贈与があるときは、最近の贈与から減殺する。

- 相続人（遺留分300万円）
  - 先：減殺請求 200万円 → 受遺者（遺贈額200万円）
  - 後：減殺請求 100万円 → 受贈者（贈与額300万円／1年前に贈与）

ルール❷ 複数の遺贈があるときは、価額の割合に応じて減殺する

ただし、被相続人が、遺言で異なる割合を指定しているときはそれに従う。

- 相続人（遺留分300万円）
  - 減殺請求 100万円（300万円の$\frac{1}{3}$）→ 受遺者A（遺贈額500万円）
  - 減殺請求 200万円（300万円の$\frac{2}{3}$）→ 受遺者B（遺贈額1,000万円）

いませんが、のちにきちんと証明できるようにするため**配達証明付き内容証明郵便で通知**するのが賢明です。相手が応じない場合は、家庭裁判所の調停などを利用して解決を図ることになります。

なお、2019年7月1日からは、遺留分を金銭債権化できるようになります。この改定には、遺産が金銭以外だった場合、遺留分侵害の申出により遺産が共有とされ、処分しづらくなることを防ぐ目的があります。

知っ得アドバイス　あらかじめ遺留分を放棄してもらう方法もある

　特定の相続人などに財産の多くを残したいという場合、被相続人が生きているうちに、推定相続人（相続が開始した場合に相続人となる人）に遺留分を放棄してもらう方法があります。

　遺留分の放棄は、家庭裁判所に申立てをして許可を得ます。そのうえで遺言書を作り、相続させる財産と相手を指定しておけば、特定の相続人に確実に財産を残せます。

　とはいえ、推定相続人に遺留分を放棄することに納得してもらえなければ、この方法は使えません。生命保険金による代償金を準備してほかの相続人にある程度の金銭を支払えるようにするなどして遺留分に備える方法もあります（➡P174）。

遺留分の侵害と遺留分減殺請求の例

ケース1 相続人の1人に全財産を渡す遺言がある

- 法定相続人は妻と子ども2人
- 相続時の財産は1億円
- 遺留分計算の基礎となる財産額は1億円

	法定相続分	遺留分
妻	1/2（5,000万円）	1/4（2,500万円）
長男	1/4（2,500万円）	1/8（1,250万円）
次男	1/4（2,500万円）	1/8（1,250万円）

●遺言どおりの相続

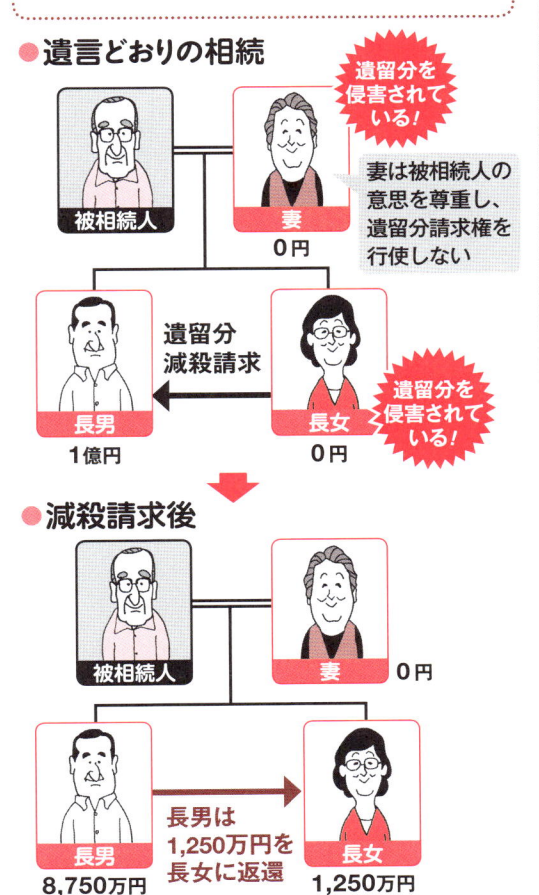

被相続人 ─ 妻　0円（遺留分を侵害されている！　妻は被相続人の意思を尊重し、遺留分請求権を行使しない）

長男　1億円 ←遺留分減殺請求─ 長女　0円（遺留分を侵害されている！）

●減殺請求後

被相続人 ─ 妻　0円

長男　8,750万円 →長男は1,250万円を長女に返還→ 長女　1,250万円

ケース2 知人へ5,000万円遺贈する遺言と、相続人への生前贈与がある

- 法定相続人は子ども2人
- 相続時の財産は6,000万円
- 長男に2,000万円を生前贈与していた
- 遺留分計算の基礎となる財産額は、贈与分を含めて計8,000万円

	法定相続分	遺留分
長男	1/2（4,000万円）	1/4（2,000万円）
次男	1/2（4,000万円）	1/4（2,000万円）

●遺言どおりの相続

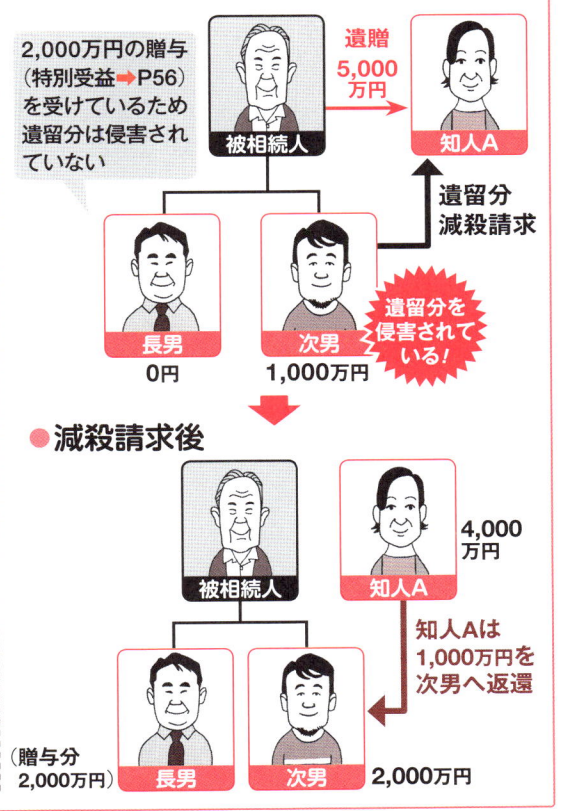

被相続人 →遺贈5,000万円→ 知人A

長男　0円（2,000万円の贈与（特別受益→P56）を受けているため遺留分は侵害されていない）

次男　1,000万円 →遺留分減殺請求→ 知人A（遺留分を侵害されている！）

●減殺請求後

被相続人 ─ 知人A　4,000万円

長男（贈与分2,000万円）　次男　2,000万円

知人Aは1,000万円を次男へ返還

特別受益

生前贈与で相続分が減ることもある

> **重要** 一定の生前贈与は**特別受益**にあたる
> **重要** 特別受益を受けた人は**相続時の取り分が減る**
> **重要** 特別受益は**相続人に対するものだけ**が該当する

婚姻期間20年以上の夫婦間での居住用不動産の遺贈・贈与については、特別受益とみなされなくなります。

特別受益の持戻しをして、相続分がゼロまたはマイナスになった場合、基本的にはもらい過ぎた分を返す必要はありませんが、遺留分を侵害している場合には、その分を返還する可能性も出てきます（➡P52）。

生前の贈与は相続分から差し引く

家族などへ財産を渡す方法は、「相続」や「遺贈」だけではありません。生前に、「**贈与**」という形で子どもに援助をすることもよくあります。

このような**相続人への生前の贈与**は、**遺産の前渡しとみなし、その贈与分も相続財産にプラスして遺産分割を行います**。被相続人の死亡時の財産だけで単純に分割すると、贈与を受けた者と、そうでない者との間における取り分に不公平が生じるからです。これを**特別受益の持戻し**といい、特別な贈与を受けた相続人を**特別受益者**といいます。

ただし、2019年7月1日より、

特別受益にあたる財産は何か？

特別受益にあたるものは、下図のとおりです。**特別受益の持戻しにあたるかいなかなどは含まれません**。ただ、明確な基準はないので、何が特別受益に含まれるかは、用途や金額のほか、各家庭の資産や生活の実態なども含

特別受益にあたるもの

❶ 結婚や養子縁組のための贈与

持参金、嫁入り道具、支度金など。結納金や挙式費用は、原則含まれない。

❷ 生計の資本としての贈与

住宅の購入資金、不動産の贈与、海外留学などの高額な学費、事業の資金援助、事業承継のための株式の贈与など。通常のおこづかいや生活費、学費は含まれない。

❸ 遺贈で取得した財産

遺産分割前の財産の先取りといえるので、相続人への遺贈はすべて特別受益にあたる。

長男隆一に土地Aを相続させる。

めて総合的に判断します。なお、**特別受益は相続人に対するものだけが該当**します。第三者への贈与や遺贈は特別受益にあたりません。

特別受益を考えるうえで注意したいのは、**贈与時の価値ではなく、相続開始時の価値で計算する**ということです。不動産や株式など価格変動の大きい財産を持っている場合、大きく値上がりしていると、相続時の取り分が減ってしまうばかりか、ほかの相続人の遺留分（いりゅうぶん）を侵害してしまう可能性もあります。

また、贈与された不動産や株式を売却していても、現物があるものとして計算します。購入資金を出してもらった住宅をすでに売却してしまった場合も同様です。

特別受益がある場合の相続分の計算例

生前
● 2,000万円の土地を長女に贈与

↓

相続時
● 相続時の所有財産は5,000万円
● 相続人は長男、長女の2人
● 長女に生前贈与した土地が値上がりして現在3,000万円になっていた

1,000万円の上昇分も含める

| 相続開始時の財産 5,000万円 | 長女の土地 3,000万円 |

● 長女への贈与を含め、計8,000万円を2人で法定相続分どおりに分ける

| 長男の相続分 4,000万円 | 長女の相続分 1,000万円 | 長女の土地 3,000万円 |

長男は法定相続分どおり、相続財産の2分の1を相続

3,000万円は生前贈与で相殺されるので、長女が相続時に受け取れるのは1,000万円だけ

知っ得アドバイス 「特別受益の持戻し」は遺言で免除できる

特別受益の持戻しは相続人にとっては公平な制度といえますが、被相続人の立場に立てば、不公平も承知のうえで「特定の相続人に多くの財産をあげたい」という思いがあっても、おかしくはありません。

そこで、被相続人が遺言でその旨を表明すれば、特別受益の持戻しをしないで相続させることもできます。これを「特別受益の持戻しの免除」といいます。遺留分算定の基礎には含まれますが、特別受益についても、遺言により故人の意思が尊重されることになります（遺言の書き方は➡P140）。

寄与分

故人への貢献で相続分が増えることもある

重要 事業や介護による多大な貢献があれば**寄与分**を主張できる

注意 ただし、寄与分の正当性を認めてもらうのは**難しい**

看護や事業援助があれば主張できる

特別受益が生前贈与などを相続分から差し引く制度なのに対し、**寄与分**とは、**相続分を増やすことができる制度**です。寄与分も特別受益も、原則、**相続人のみが対象**です。

生前、**被相続人の財産の維持や増加に特別の貢献をした相続人**には、遺産分割による相続分に加えて、その貢献の度合いに応じた相続分をプラスできます。この増加分が「寄与分」です。

法定相続分に沿って相続を行うと、自営業の親の仕事をずっと無償で手伝ってきた長男と、そうではない次男も同じ割合で財産を相続することになります。親の財産形成への貢献度に関係なく、2人がもらえる金額が同じではバランスが悪いといえます。寄与分も特別受益と同様に**相続人の不公平を是正するための制度**なのです。

寄与分は、おもに次のような相続人が対象になります。

① **被相続人の事業に関する労務の提供をした人**
② **被相続人の事業に関する財産上の給付をした人**
③ **被相続人の療養看護をした人**

ただし、この3つのいずれかに当てはまれば寄与分を認められるというわけではありません。たとえば、相続人がつきっきりで療養看護をすることで、医療費や看護費用の支出を避けることができたなど、相続財産の維持や増加に貢献していなければなりません。

なお、2019年7月1日からは、民法1050条の改正により、上記①〜③に該当する行為であっても、療養看護等を無償で行ったなど、相続人以外の被相続人の親族が、被相続人の財産の維持または増加に寄与したと認められた者は、相続の開始後、相続人に対して金銭の請求ができるようになります。

寄与分の適正金額を決めるのは難しい

貢献度に応じて寄与分を決めるといっても、難しいのは、その金額です。寄与分が認められるためには、被相続人への「特別な貢献」がなければならず、夫婦や親子の間の通常の手伝いなどは対象になりません。介護も親子の扶養義務の範囲内と考えられることが多いので、寄与分とは認められないことが多いのです。

寄与分は、相続人全員の話し合い（遺産分割協議）で決めます。しかし、

58

寄与分を請求できる人

- 被相続人の事業を無償で手伝った 
- 借金の肩代わりをした 
- 被相続人の失業中に生活費を支援した 
- 病気や怪我で療養中の被相続人の看病をした 
- 被相続人の老後の介護をした

POINT!
- いずれの場合も、対価などを受け取っていないことが条件
- 親族として当然であるような療養介護は含まれない

寄与分は、労務の提供、財産給付、療養看護などで、被相続人の財産の維持・増加に貢献した相続人が主張できる

明確な基準がないうえに、1人の寄与分が認められれば、当然ほかの人の相続分が減るわけですから、皆が納得できるように話し合いで決めるのは非常に難しいといえます。

話し合いがうまくいかないときは、**寄与者（寄与分を主張する人）が家庭裁判所へ申立て**を行い、調停などで第三者を交えて解決を図ることになります。

介護に対する寄与分は相続トラブルになりやすい

最近は、介護に関する家族間のトラブルが多くなっています。

介護の苦労や貢献度は、ほかの人にはなかなか伝わりにくい面があります。

また、実際にかかった介護費用の金額を確定することは難しく、相続の話し合いのときにももめる大きな要因のひとつです。

とくに子どもが親の介護をする際に介護費用を親の預金口座から使うと、のちにほかの相続人から用途や金額について疑いを持たれることも

あります。「介護費用と言いつつ、ほかのことに使ったのではないか」「そのうえ寄与分を主張するなどずうずうしい」などと言われてしまうこともあるのです。

寄与分を主張するのであれば、介護にかかった時間を時給で換算してみる、外部の施設に任せたら費用はどのくらいかかったのかを試算するなどしておきましょう。介護にかかった費用なども細かくメモしておくなどして、ほかの相続人に納得してもらうしかありません。

相続人以外の人に財産を渡したいなら遺言を

介護で貢献してくれた子どもがいるなら、その労力に感謝して、親が生前に対策をしておくべきでしょう。そのためには、遺言を残すことが効果的です。被相続人の意思を明確にした遺言を作っておくことで、相続人同士の無用な争いを防ぐことができます。

また、長男の嫁など相続人以外の

人が義父や義母を介護するケースも多くあります。

相続人ではない人は、残された財産を相続することはできません。ただ、過去の判例では、相続人の妻の寄与行為を、「相続人の寄与分」として認めたケースもあります。妻が夫（相続人）に代わって親を介護したのだから、その行為は相続人の行為とみなすという考えからです。

2019年7月1日からは、相続人以外の親族も相続人に金銭の支払を請求できるようになります。

しかし、相続人であっても、とくに介護の場合には、寄与分が認められにくいのが現状です。ですので、介護をしてくれた相手に財産を渡したい場合は、被相続人が遺言でその意思を表明するのがよいでしょう。

そのほか生前贈与で財産を渡したリ（→P152）、あるいは養子縁組という方法もあります。養子縁組をすれば、ほかの子どもと同様に、相続人である子どもとしての権利を持つことになります（→P180）。

知っ得アドバイス　介護費用は記録を残しておきましょう

現在介護中の人は、今後、できるだけ介護費用を記録しておくことをおすすめします。支払った介護費用の領収書はすべて保管しておきましょう。自分で介護費用を負担している場合はもちろん、親のお金で介護している場合も同様です。相続後にほかの相続人から「使い込んだのではないか？」と、あらぬ疑いをかけられないようにするためです。

仲のいい兄弟姉妹であっても、ささいなことでもめごとに発展してしまうのが、相続です。円満に相続できるよう、金銭的なことはきちんと説明できるようにしておきましょう。

寄与分がある場合の計算例

生前
- 2人兄弟の長女が、父親の介護をしていた

相続時
- 相続時の財産は5,000万円
- 相続人は長男、長女の2人

相続開始時の財産 5,000万円

- 遺産分割協議の結果、寄与分として500万円を認める

| 寄与分を引いた後の財産 4,500万円 | 寄与分 500万円 |

- 寄与分以外は法定相続分どおりに分ける

| 長男の相続分 2,250万円 | 長女の相続分 2,250万円 | 寄与分 500万円 |

長女:2,750万円

長男は寄与分を差し引いた相続財産の2分の1を相続
長女は長男より500万円多く相続

寄与分を請求できるのは原則、相続人だけ

被相続人 ← 介護（長女・長男の妻より）

相続人：長女、長男、長男の妻

長女:「寄与分を主張できる」
長男の妻:「長男の嫁は相続人ではないので、原則として寄与分を請求できない」

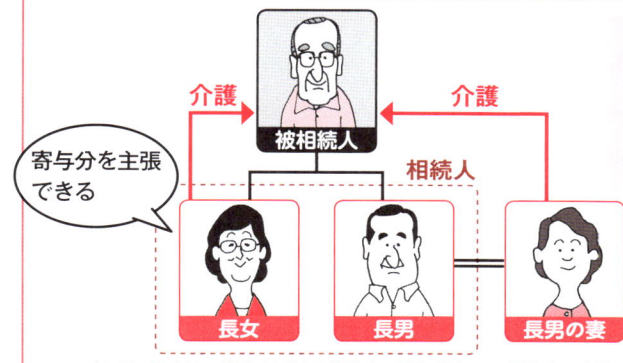

相続人以外の人に財産を残すおもな方法
1. 遺言を作成し、遺贈する ➡P48
2. 生前贈与を行う ➡P152
3. 養子縁組をする ➡P180

※2019年7月1日より、相続人以外の親族も、寄与分として相続人に金銭の支払を請求できるようになります

遺産の分割方法

分割しにくい財産をどう分ける か

重要 分割方法は**現物分割、換価分割、代償分割、共有**の4つ

注意 **おもな財産が自宅だけ**の場合はもめやすい

注意 **共有**はのちに**トラブルになりやすい**

公平に分けられるというメリットがありますが、その財産が現在だれかが住んでいる不動産などの場合、簡単に売却することができません。また、**売却益には所得税などがかかり、財産が減ってしまう**デメリットもあります。

財産の売却が難しい場合は、③の代償分割が考えられます。たとえば自宅を取得した相続人がほかの相続人に対し、多く相続した分を金銭（代償金）で支払う方法です。ただし、**それだけの資金を用意できるか、また代償金をきちんと支払ってくれるか**という問題があります。なお、代償分割の資金を用意する方法として は、生命保険を利用する方法もあります（→P174）。

④の共有は、1つの財産を複数の相続人で持ち合う方法です。公平さはありますが、**将来的に権利関係が複雑になる**などのデメリットもあります。

いずれも一長一短があるので、それぞれのケースに合わせて、分割方法を考える必要があります。

財産を分けるための4つのおもな方法

財産が現金や預貯金のように分けやすいものばかりだとよいのですが、なかには不動産や事業資産などのように、すぐに現金化できないものもあります。こうした分けにくい財産を複数の相続人で分けた場合、相続人全員が納得いく方法で分けるのはなかなか大変です。

財産を分ける方法は①**現物分割**、②**換価分割**、③**代償分割**、④**共有**の4つです。

①の現物分割は、土地は配偶者、預金は長男というように、財産をそのままの形で分ける方法です。もっともわかりやすく手続きもラクですが、**個々の財産額に差がある**のがデメリットです。

②の換価分割は、財産を売却し、金銭に換えてから分ける方法です。

共有

複数の相続人で、持ち分を決めて**財産を共有する**

- 公平な分割が可能
- 財産をそのまま残すことができる

- 個人で自由に使用したり、処分したりできない
- 共有者に相続が起こると、権利関係が複雑化する

- 近い将来売却して現金化する予定があるなど（基本的には好ましくない）

62

4つの分割方法

項目	現物分割	換価分割	代償分割
特徴	残された個々の財産を各相続人に**そのまま分ける**	財産を売却して、**金銭に換えてから分ける**	自分の相続分を超える財産を相続する代わりに、**ほかの相続人に金銭(代償金)を支払う**
メリット	●分割の際に手間がかからない ●財産をそのまま残すことができる	●公平な分割が可能 ●現物では分割しにくい財産も分割が可能	●公平な分割が可能 ●農地や事業資産などを細分化せずにすむ
デメリット	●不動産など財産額に差があると、相続分どおり公平に分割するのが難しい	●売却の手間と費用がかかる ●売却益に、所得税と住民税がかかる ●財産の現物が残らない	●代償金を支払う能力がないと実現できない ●代償金が支払われない可能性もある
こんなときに選択する!	●現金など現物で分けられる財産が多い	●現金が少ない ●自宅は別にあるなど、売却しても支障がない	●親と同居の親族が自宅を相続 ●事業承継で後継者に株式等を集中的に相続させたい

共有の落とし穴!

共有は相続問題の先送りになる

　たとえば、相続人である子どもたちが、持ち分を均等にして、父親が残した別荘を共有で相続したとします。兄弟の仲がよいうちはうまく管理できますが、何らかの理由で兄弟の仲が悪くなった場合、あるいはだれかが経済的に苦しい状況になってしまった場合などには、別荘を仲よく共同管理し続けられなくなる可能性があります。また、兄弟が亡くなれば、それぞれの配偶者や子どもに相続されることになり、権利関係が複雑になります。管理が面倒だから、売ってしまおうと思っても、売却には共有者全員の同意が必要なので、単独で所有しているよりも処分が大変になります。

　共有は公平な方法ですが、問題の先送りともいえます。子どもや孫世代が苦労しないような相続を考えておく必要があるでしょう。

相続放棄

相続するかしないかは相続人が決める

重要 借金が多い場合など、相続したくないなら**相続放棄**もできる

期限 相続放棄をするかしないかを決める**期限は3か月**

遺産相続のパターンは3つある

相続の方法は、**①単純承認、②相続放棄、③限定承認**の3つです。

①の単純承認は、マイナスの財産も含めてすべての財産を無条件に引き継ぐことです。**何も手続きをしないで3か月が経過すると、自動的に単純承認をしたことになります**。また、3か月以内に財産の一部を売却した場合も、単純承認を選んだとみなされます。

②の相続放棄は、プラスの財産もマイナスの財産も何も引き継がない方法です。相続放棄をする場合は、相続開始から3か月以内に、家庭裁判所にその旨を伝えます(**申述**)。具体的には、家庭裁判所の所定の用紙(**相続放棄申述書**)に必要事項を記入して提出します(➡P210)。

「相続したくない!」こともある

相続財産には、プラスの財産だけでなく、借金などの**マイナスの財産**もあります(➡P36)。マイナスの財産がプラスの財産を上回る場合、そのまま相続すると、残された家族は借金の返済に追われることにもなりかねません。

また、「親族との遺産争いに巻き込まれたくないから、いっそのこと相続はしない」という人もいれば、「苦労した姉に全財産をあげたいから相続したくない」という人もいるでしょう。

こうしたさまざまな事情があるため、相続人は、**自分自身で相続するかしないかを決めることができます**。

相続するかしないかを決める熟慮期間は3か月

相続するかしないかを決めるのは、「**相続の開始があったことを知ったときから3か月以内**」です。この期間を**熟慮期間**といいます。近親者であれば被相続人の死亡についてはすぐにわかるため、**通常は被相続人の死亡日**が「**相続開始の日**」になります。つまり、被相続人の死亡日から3か月以内に相続するかしないかを決める必要があります。

一方、長らく海外にいたり、親戚でもほとんどつき合いがないようなケースでは、被相続人の死亡を知らないまま時が過ぎてしまうこともあります。そのため、単純に「相続開始(死亡日)から3か月以内」ではなく、「自分が法律上、相続人となった事実を知ったときから3か月以内」となっています。

64

相続の3つの方法

項目	単純承認	相続放棄	限定承認
特徴	マイナスの財産も含めて**すべての相続財産を引き継ぐ**	プラスの財産も含めて**すべての相続財産を引き継がない**	**相続財産の範囲内で債務を支払う**条件で、相続財産を引き継ぐ
必要な手続き	**とくになし** 3か月以内に財産の一部を売却すると自動的にこの方法を選んだことになる	**家庭裁判所**へ相続放棄申述書を提出する	限定承認申立書と財産目録を**家庭裁判所**に提出する
手続きの期間	**とくになし** 手続きしなければ、自動的に単純承認したことになる	相続開始または相続開始を知った日から**3か月以内**に上記の手続きを行う	相続開始または相続開始を知った日から**3か月以内**に上記の手続きを行う
ほかの相続人との協調	**不要**。単独で行える	**不要**。単独で行える	**必要**。相続人全員が合意したうえで、共同で行う

相続放棄は一度手続きをしたら、原則として取り消すことができません。相続放棄をすることで、被相続人が残した借金の返済義務はなくなります。ですが、たとえば相続人が被相続人名義の自宅に住んでいる場合には、自宅も手放すことになるため、メリットデメリットをよく見極めて選択する必要があります。相続放棄は、相続人全員ですることも、1人だけですることも可能です。

③の限定承認は、プラスの財産の範囲内でマイナスの財産の債務を引き継ぐ方法です。借金があるようだけれど全容がわからない、プラスの財産とマイナスの財産のどちらが多いかわからないときには、この方法を選びます。**限定承認をするための手続きが非常に煩雑である点がデメリットです。加えて、相続放棄と違い相続人全員で行わなければならない**という不便さもあり、実際にはあまり選択されません。

限定承認を選択する場合も、相続開始から3か月以内に、家庭裁判所に申述を行います。

借金の返済義務は、ほかの法定相続人に移る

一部の人が相続放棄をすれば、同順位のほかの相続人の相続割合が増えるか、同順位の人がいなければ次の順位の人へ相続の権利が移ることになります。借金がある場合は、1人が放棄すれば、その借金の返済義務はほかの法定相続人に順に移ります。そのため被相続人に借金がある場合は、**法定相続人全員が順次相続**放棄をしていかないと、だれかが借金を引き継ぐことになるので注意が必要です。

相続放棄をすれば、はじめから相続人でなかったとみなされます。 そのため、相続放棄をした相続人の子どもが代襲相続（→P40）をしたり、借金を肩代わりすることはありません。相続放棄をすることで、相続人としての権利義務はすべて失いますが、形見分けの品や仏壇やお墓、死亡退職金や生命保険金など、もともと相続財産とされないものは受け取れます。

相続放棄してももらえるもの

- 形見分けの品
- 死亡退職金
- お墓などの祭祀（さいし）財産
- 遺族年金
- 生命保険　受取人が被相続人以外の場合

相続放棄の落とし穴！

知らないうちに連帯保証人の地位を引き継いでいることも…

たとえば、Aさんは旧友のBさんの連帯保証人になっていました。その後Aさんが死亡。そしてBさんも亡くなりました。Bさんにはまだ借金があったので、Bさんの相続人は全員、相続放棄をしました。

すると連帯保証人だったAさんの家族に請求が来たのです。Aさん一家は、知らないうちに連帯保証人というマイナスの財産も引き継いでいたのです。

すでに遺産分割協議を終え、財産の処分も終えていたAさん一家は相続放棄ができず、Bさんの借金を背負うはめになってしまいました。

こんな不幸が起こらないように、被相続人の借金の有無だけでなく、だれかの保証人になっていないかについても十分に調査してから相続の手続きをとることが大事です。

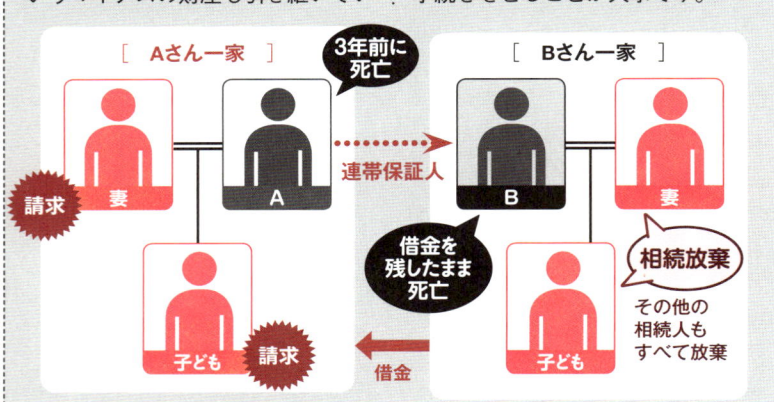

[Aさん一家]　3年前に死亡　[Bさん一家]
妻　A ……連帯保証人……→ B　妻
請求　　　　　　借金を残したまま死亡
子ども　請求　←借金←　子ども　相続放棄　その他の相続人もすべて放棄

相続放棄の例とポイント

- 妻と2人の子どもが相続人の場合。第2順位の相続人はいない
- 法定相続分どおりに相続すると、相続分は、妻1/2、長男1/4、長女1/4

ケース1　長男が相続放棄をした場合

被相続人 ― 妻（1/2）
長男（相続放棄 ×）― 長女（1/2）
孫 ×

長男の相続分は、長女にプラスされる

代襲相続できない

相続放棄をするとはじめから相続人ではなかったことになるため代襲相続はできない。長男の相続の権利はほかの兄弟にプラスされる。

ケース2　子どもが全員相続放棄をした場合

子どもが相続放棄をしても、全財産は相続できない

兄（故人） ― 被相続人 ― 妻（3/4）
甥（1/4）　長男 ×　長女 ×

代襲相続　相続放棄

母（被相続人の妻）にすべての財産を相続させたいと思って子どもたちが相続放棄しても、第3順位へと権利が移ってしまう。母の相続分は2分の1から4分の3に増えるが、全財産は相続できない。

相続放棄のポイント

❶ **放棄した人の相続分は、同順位のほかの相続人へプラスされる** ➡ケース1

❷ **代襲相続はできない** ➡ケース1

❸ **同順位の人がいなければ親→兄弟と、次の順位の人へ相続権が移る** ➡ケース2

❹ **借金などを帳消しにする代わりに自宅なども失う可能性がある**
残された家族が住む土地建物が被相続人名義だと、基本的にはその家も手放すことになる。車なども同様。

❺ **原則、取消はできない**
仮に相続放棄をしたあとに、ばく大なプラスの財産が見つかる可能性もゼロではない。遺産をよく調べて慎重に判断を。

相続人の廃除

相続人としての権利が奪われることもある

重要 相続人の廃除とは、被相続人の意思で相続人の権利を奪うこと

重要 相続人の権利が奪われる相続欠格もある

相続させたくないという意思も尊重される

暴力をふるう、暴言を吐くなど、素行不良の子どもに財産をいっさい渡したくないと考える人もいます。遺言という方法もありますが、遺留分を行使されたら一部の財産を渡さなければなりません。

そこで、「いっさい相続させない」という意思を尊重した相続人の廃除という制度があります。これは、相続人の権利をはく奪するもので、認められると遺留分の権利も主張できなくなります。廃除が認められる理由として民法では、次の3つを挙げています。

① 被相続人を虐待した
② 被相続人に重大な侮辱を加えた
③ その他の著しい非行があった

廃除を認めるかどうかは家庭裁判所が判断します。裁判所は廃除の申立ての内容が日常的にあることなのかどうか、原因は何かといった個別の事情を考慮して、慎重に判断します。相続人の廃除は、生活保障のために認められている遺留分をも奪う制度です。そのため、「働かずにいつまでも親のすねかじりをしている」ぐらいでは廃除の理由にはなりません。虐待や侮辱の程度も、相当ひどいレベルでないと廃除は認められないのです。

なお、兄弟姉妹は廃除の対象になりません。これは兄弟姉妹には遺留分がないためです。兄弟姉妹に相続させたくない場合は、その旨の遺言を作成すればよいのです。また、廃除が認められると、該当する相続人は相続する権利を失いますが、相続放棄とは違い、代襲相続は認められます。

社会的正義に反する場合は強制的に相続権を失う

本来は相続人になる人でも、社会的正義に反するような行動を取った場合には、被相続人の意思に関係なく、相続人の権利を失います（代襲相続は認められる）。これを相続欠格といい、具体的には次のような行動が挙げられます。

① 被相続人や相続人を殺害した
② 被相続人が殺害されたことを知りながら、告発や告訴をしなかった
③ 詐欺や脅迫によって遺言を妨げた
④ 遺言書を偽造した

なお、相続欠格に該当する相続人が、被相続人の預金や不動産登記の相続手続きを始めてしまった場合、ほかの相続人はその相続が無効であることを申し立てることができます。

「相続人の廃除」の手続きの流れ

相続人の廃除は、被相続人が生前に家庭裁判所に申し立てる方法と、遺言で意思表示したのちに遺言執行者が申し立てる、2つの方法があります。

1 生前に行う
被相続人が家庭裁判所に廃除請求を申し立てる

2 遺言で行う
遺言で廃除したい旨の意思表示をする

遺言執行者が家庭裁判所に廃除請求を申し立てる

↓

家庭裁判所で事実関係の調査を行う

↓

調停または審判

→ **廃除を認める**
→ **却下（廃除を認めない）**

「推定相続人廃除届」を市区町村へ届出

↓

廃除の決定

- 廃除が認められたあとに、相続人の廃除を取り消すこともできる。その場合は、請求と同じく家庭裁判所に申し立てる

息子は廃除したい…

相続人の廃除の事由
（相続の権利をはく奪されるケース）

被相続人に対する虐待
- 日常的に被相続人に罵声を浴びせたり、殴る、蹴るといった暴行を加えている
- 同居している寝たきりの被相続人に食事を与えない、介護をしない

など

被相続人対する重大な侮辱
- 日常的に被相続人を侮辱する言葉を言い回っている
- 被相続人の私的な秘密を公にして、名誉を侵害した

など

その他の著しい非行
- 定職につかずに浪費し、繰り返し被相続人に金の無心をしたり、財産を盗んだりした
- 配偶者や子を捨てて失踪した

など

祭祀財産

お墓の相続は「相続財産」とは別扱いになる

> **重要** お墓などの祭祀財産は**遺産分割の対象外**で、**相続税もかからない**
> **重要** 祭祀財産は**単独で相続**
> **重要** **親族以外**でも祭祀承継者になれる

祭祀財産は「相続」とは別に考える

お墓や仏壇、位牌、神棚など先祖を祀(まつ)るためのものを**祭祀(さいし)財産**といい、相続時の祭祀財産の扱いについては民法で定められています。

祭祀財産は、通常の「**相続財産**」には含めず、「相続」とは区別して受け継ぐ人を決めることになっています。祭祀財産を受け継ぐ人を**祭祀承継者**と呼びます。

祭祀財産を受け継ぐことは、お墓を守る義務や法事などの祭祀を行う際のさまざまな決定権も引き継ぐということです。祭祀財産を分割して複数の人で相続すると、だれにその決定権があるのかがわからなくなり支障をきたすため、**祭祀財産は分割せずに、原則として1人の人がまとめて引き継ぐ**ことになっています。

祭祀承継者は相続人でなくてもよい

祭祀承継者をだれにするかは、被相続人の意思が尊重されます。**被相続人が遺言で指定していたり、生前に口頭で指定**していれば、それに従います。

遺言などがない場合は、**地域や各家庭に伝わる慣習**をもとに遺族で話し合い、それでも決まらない場合は、家庭裁判所の**調停または審判**で決めることになります。

祭祀財産は一般に「長男が継ぐもの」と考えられがちですが、民法で

はとくにそうした規定はありません。**相続人以外の人を選ぶこともでき**、内縁の妻や親しい友人を祭祀承継者にすることも法律上は可能です。ただし、墓地や霊園の使用規則で「**承継者は三親等以内の親族**」などと定められていることが多いため、親族から選ぶのが一般的です。

遺言などで指定された祭祀承継者は、基本的に祭祀財産を放棄することはできません。しかし、だからといって、引き継いだお墓の管理をしたり、法要を欠かさず行わなければならないというわけではなく、承継した祭祀財産は、**祭祀承継者が処分することも可能**です。

確実にお墓や仏壇などの祭祀財産を引き継いでもらうためには、遺言で承継者を指定して、管理や祭祀を行うことを財産を引き継ぐ条件とする方法もあります(→P50)。その際は祭祀にかかわる費用を相続財産として多めに分与することを考慮してもよいでしょう。

なお、祭祀財産には、**相続税はかかりません**。

だれが祭祀承継者になるのか

1 被相続人が**生前に指定**した人（口頭でもよい）、もしくは**遺言で指定**した人

- 遺言で指定する場合、相手の承諾は不要

指定がない場合

2 その**地方の慣習**、または**家族の話し合い**で決めた人

- 必ずしも親族でなくてもよいが、親族が指定されることが多い

決まらない場合

3 家庭裁判所の**調停または審判**で決めた人

- 一般の相続トラブルの流れと同じ ➡ P212

祭祀承継者の決定

- 祭祀承継者が祭祀を営むことは義務ではない
- 承継した祭祀財産を処分することも可能

「祭祀財産」と一般の「相続財産」との違い

	祭祀財産	一般の相続財産
該当するもの	先祖代々家系図、仏壇、仏具、神棚、墓石、墓地など	現金、預貯金、不動産、宝石、美術品、著作権など金銭的価値があるもの
分割方法	1人で相続する（単独相続）	複数の相続人で共有することもできる
遺産分割	対象外	対象になる
相続税	かからない（非課税財産）	かかる

column

「相続」の相談相手

解決したい問題に合わせて専門家を選ぶ

　遺言書の作成も、相続税の申告も、間違いなく進めるのはなかなか大変なことです。とくに相続税の土地評価では、間違った評価額を算出してしまうこともよくあります。不安な点があるときは、専門家に相談するのがよいでしょう。専門家によって職業上できることや目的としていることが違います。自分が解決したいと思っていることを整理しながら選ぶようにしてください。

　どこに相談したらいいかわからない、相続の基本的なことを知りたい場合には法テラスのコールセンター（0570-078374）を利用する方法もあります。各自治体などの公的機関で無料相談を行っているケースもあります。

　また、信託会社や信託銀行のサービスに、遺言書の作成から保管、執行までを依頼できる「遺言信託制度」があります。ただし手数料が高いので、比較的財産のある人向けになります。

「相続」に関連する専門家

弁護士	相続が発生して、ほかの相続人が遺産分割協議に応じなかったり、財産を独り占めしていたりと、円満に分割できそうにないとき。遺言執行者（➡P134）にも向いている。
税理士	相続税の節税や納税の相談、申告・納税の書類作成などの税に関すること。場合によっては遺産分割協議における税金面のアドバイスや、遺言執行者が指定されていないときに財産の名義書換えのサポートなども。
司法書士	不動産の相続登記などの手続きを必要とするときに。そのほか、相続放棄の手続きや、調停の申立書類作成、遺産分割協議書の作成など。被相続人の戸籍調査などの作業を合わせて依頼することも可能。
行政書士	遺産分割協議書や内容証明の作成など、官公庁に提出する書類や権利義務に関する書類を作成する専門家。遺言書の作成のサポートを行う場合もある。

2章 相続税の基本と計算方法

相続に直面すると、気になるのが相続税です。でも、相続した人全員が相続税を納めるわけではありません。ここでは相続税の特徴と計算方法、相続税を計算する過程で必要になる相続財産の評価方法について解説します。

相続税の基本

「相続税」とはどういう税金なのか

重要 相続税は、**人の死亡によって**財産を取得した人が納める

重要 **基礎控除額**や さまざまな**税額控除**がある

期限 申告と納付は**10か月以内**

相続人以外にも相続税がかかる人がいる

相続税は、人の死亡を原因として財産を取得した人に課される税金です。**相続**はもちろん、**遺贈**（⇒P48）や**死因贈与**（⇒P50）を受けた人も対象です。**生前贈与**でも贈与税ではなく相続税の課税対象となるケースがあります（⇒P78）。

基礎控除額以下であれば相続税はかからない

とはいえ、相続や遺贈によって財産を引き継いだすべての人に相続税がかかるわけではありません。それは、相続税には**基礎控除額**というものがあるからです。相続税の基礎控除額は、「**3000万円＋600万円×法定相続人の数**」という算式で求めます。相続財産の額がこの基礎控除額を超える場合に、相続税がかかるのです。

さらに、ほかにも**さまざまな特例や税額控除がある**ので、相続財産が基礎控除額を超えても、相続税を納めずに済むケースがあります。とくに被相続人の配偶者は優遇されており、相続税を納めなくてよいという場合も多くあります（配偶者の税額軽減⇒P76）。

また、相続税の申告と納税が開始した日、つまり被相続人が亡くなった日の翌日から**10か月以内**に行うのが原則です。各相続人ごとに申告し納税します（⇒P222）。

ココに注目！

税制改正の影響はどれくらいある？

2018年12月に「平成31年度税制改正大綱」が決定しました。今回の改正では、個人事業の継承を円滑に進めるための税制度の新設や、教育資金と結婚・子育て資金の贈与税に関する優遇期間の延長などが決定されました。

後継者不足などからスムーズな事業継承ができない個人事業者が増えています。そのような状況を改善するために、事業を継承した際の相続税・贈与税の全額あるいは一部について、事業を廃止したり、売却したりするまで、納付が猶予される制度が新設されました。対象となるのは、土地や建物だけでなく、事業に必要な減価償却資産（自動車などの課税対象物）も含まれます。適用対象となるのは、2019年1月1日から2028年12月31までの相続・贈与です。

また、「教育資金の一括贈与に係る贈与税の非課税措置」と「結婚・子育て資金の一括贈与に係る贈与税の非課税措置」（P161）の適用は、2019年3月末から2年間延長されましたが、受贈者の収入の制限（1,000万円以下）が設けられました。

相続税を理解するための4つのポイント

ポイント1 「課税対象者」
だれが納めるのか?

人の死亡により、その故人の財産を取得した人。相続のほか、遺贈や死因贈与を受けた人も相続税の課税対象となる（法人が遺贈で財産を取得したときは、相続税ではなく法人税がかかる）。また相続時精算課税による贈与を受けた人もその贈与財産について相続税がかかる。➡P78

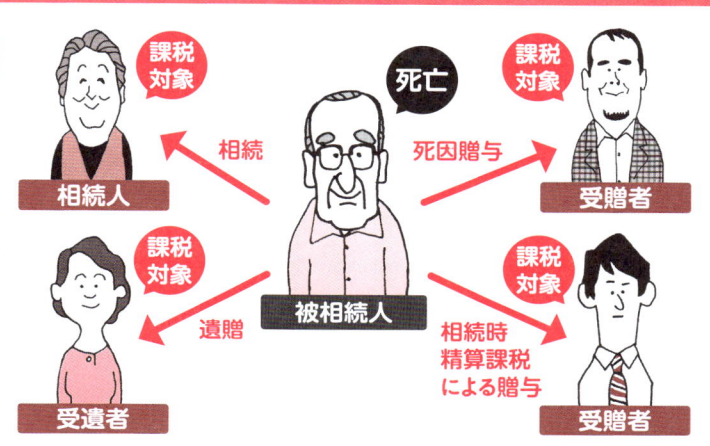

被相続人
- 相続 → 相続人（課税対象）
- 死因贈与 → 受贈者（課税対象）
- 遺贈 → 受遺者（課税対象）
- 相続時精算課税による贈与 → 受贈者（課税対象）

ポイント2 「課税される財産」
どんな財産に課税されるのか?

相続や遺贈などにより引き継いだ財産のすべてに課税される。ただし、一部非課税になる財産や、本来は相続や遺贈により引き継いだ財産ではないが、相続財産とみなして課税される財産もある。➡P78

ポイント3 「税の負担」
どれくらい払うのか?

相続や遺贈などにより取得した財産の価額に応じて税率がかかるが、相続税には基礎控除額や、配偶者の税額軽減などのさまざまな控除や特例があり、相続税を納めなくてよいケースも多い。

相続税額の目安（2015年1月1日以後に相続が発生した場合）

相続人		課税価格 5,000万円	1億円	2億円
配偶者+子ども1人	配偶者	0円	0円	0円
	子ども	40万円	385万円	1,670万円
配偶者+子ども2人	配偶者	0円	0円	0円
	子ども①	5万円	158万円	675万円
	子ども②	5万円	158万円	675万円
配偶者+子ども3人	配偶者	0円	0円	0円
	子ども①	0円	87万円	406万円
	子ども②	0円	87万円	406万円
	子ども③	0円	87万円	406万円

＊課税価格とは、基礎控除額を引く前の正味の遺産額（相続財産の額－債務控除額）

＊上記は法定相続人が法定相続分どおりに遺産を取得し、配偶者の税額軽減の適用を受けた場合

ポイント4 「納期限」
いつまでに払うのか?

原則として相続開始（通常は被相続人が亡くなった日）の翌日から10か月以内に申告し、納税する。また、相続税は現金で一括で納めるのが原則。➡P118

基礎控除額と特例

相続税を減らせる制度がある

まずは基礎控除額と比較してみる

相続税がかかるか否かは、**相続財産の総額が基礎控除額を上回るかどうか**によります。相続財産の総額が基礎控除額を超えなければ、相続人の間で財産をどのように分割しても相続税は発生しません。

さらに、相続税にはさまざまな税額控除や特例があり、それらの適用を受けられれば、相続財産の総額が基礎控除額を超えても相続税を納めなくていい場合もあります。とくに被相続人の配偶者が利用できる**配偶者の税額軽減**や、自宅の敷地や事業用の敷地を相続するときに利用できる**小規模宅地等の特例**は、相続税額を大きく減らせるので、適用できるか必ずチェックしましょう。

なお、相続財産の総額が基礎控除額よりも少なければ相続税はかからないので、相続税の申告は不要です。しかし、**一定の税額控除や特例を利用する場合は、納税額はなくても申告が必要**です。

基礎控除額を超えるかどうかがポイント

基礎控除額の計算方法

$$3{,}000万円 + 600万円 \times 法定相続人の数$$

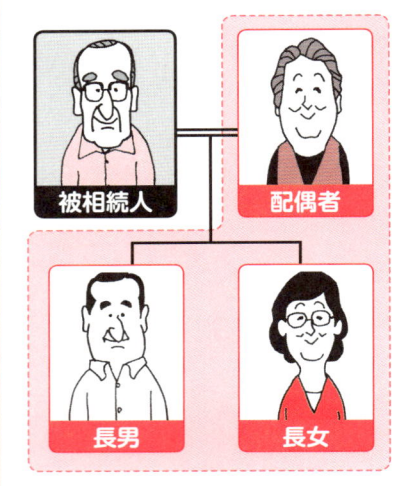

相続財産がこの額におさまれば相続税はかからない！

法定相続人は3人
→ **基礎控除額 4,800万円**

基礎控除額早見表

法定相続人の数	基礎控除額
1人	3,600万円
2人	4,200万円
3人	4,800万円
4人	5,400万円
5人	6,000万円
6人	6,600万円
7人	7,200万円

重要 法定相続人が多いほど基礎控除額は多くなる

重要 配偶者には税額軽減がある

重要 自宅の土地の評価は、要件を満たせば8割引き

相続税を大きく節税できる2つの制度

制度 1 配偶者の税額軽減

内容
- 配偶者が取得した財産額が、法定相続分以下であれば相続税はかからない
- 法定相続分を超えて相続しても、取得した財産額が1億6,000万円以下であれば相続税はかからない

要件
- 被相続人の配偶者であること(未入籍は不可)

計算例 1　4億円を相続人3人で、法定相続分どおりに分ける場合

相続人	法定相続分	取得額	相続税額
妻	1/2	2億円	0円
長男	1/4	1億円	2,305万円
長女	1/4	1億円	2,305万円

計算例 2　1億円を相続人3人で、法定相続分とは異なる分け方で相続する場合

相続人	相続分	取得額	相続税額
妻	8/10	8,000万円	0円
長男	1/10	1,000万円	63万円
長女	1/10	1,000万円	63万円

＊相続税の計算方法は106〜115ページ、または11ページの早見表を参照

制度 2 小規模宅地等の特例（特定住居用）

内容
- 自宅の敷地は上限330㎡まで評価額を80％減額できる

要件（自宅の敷地の場合）
- 被相続人が自宅として住んでいたこと
- 配偶者または同居している親族が取得すること（別居している親族が利用できるケースもある）

計算例　5,000万円の自宅の敷地と、そのほかの財産の3,000万円を子ども2人で相続する場合

特例の適用 なし
300㎡　自宅の敷地 5,000万円

敷地の評価額　そのほかの財産の評価額　基礎控除額
5,000万円 ＋ 3,000万円 ＞ 4,200万円
→ 相続税がかかる

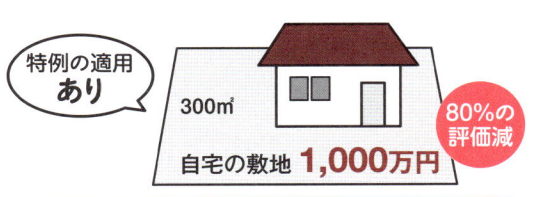

特例の適用 あり
300㎡　自宅の敷地 1,000万円　80％の評価減

敷地の評価額　そのほかの財産の評価額　基礎控除額
1,000万円 ＋ 3,000万円 ＜ 4,200万円
→ 相続税がかからない

課税財産

相続税がかかる財産、かからない財産

- **重要** 相続税のかからない**非課税財産**もある
- **注意** **死亡保険金**は相続財産とみなされる
- **注意** 相続開始前3年以内の贈与には相続税がかかる

「本来の相続財産」以外にも相続税がかかるものがある

相続税の対象となる財産は、**原則として被相続人から引き継いだもののすべて**です。金融資産や不動産はもちろん、未収の家賃や貸付金、著作権など、経済的価値が認められるものはすべて対象となります。

また、相続財産ではないけれど、被相続人の死亡を原因として相続人が受け取った財産を**みなし相続財産**といい、これらも相続税の課税対象になります。代表的なものには、被相続人が保険料を負担していた**死亡保険金**や**死亡退職金**などがあります。

被相続人の死亡によって受け取った死亡保険金は、生命保険会社から支払われており、被相続人の財産を引き継いだわけではありません。とはいえ、保険料を被相続人が負担していた場合、実質的には相続財産と変わらないとされ、相続税法上は相続財産とみなして課税されます。

なお、みなし相続財産に対して、被相続人から相続または遺贈により受け取った財産を、**本来の相続財産**といいます。

経済的価値があっても課税されない財産もある

金銭的な価値があっても、相続税がかからない財産もあります（**非課税財産**）。たとえば、墓地や仏壇などの祭祀財産（→P70）、公益事業に使われる財産などが挙げられます。

また、みなし相続財産のうち、相続人が受け取る死亡保険金や死亡退職金は、全額が課税対象となるわけではなく、**一定額（500万円×法定相続人の数）は非課税**となります。

生前贈与に相続税がかかる場合も

生前贈与を受けた財産も次のいずれかに該当する場合は、相続税の課税対象になります。

① **相続時精算課税**（→P162）による贈与財産
② **相続開始前3年以内の相続人または受遺者に対する贈与財産**

②は、相続税逃れを避けるために設けられた制度です。通常の贈与には1人あたり年間110万円の非課税枠がありますが、死期が迫ってから非課税枠内で贈与を行っても、その贈与は相続財産に含まれるのです。

ただし、贈与を受けた人が、**相続人でも受遺者でもない孫などの場合には、このルールは適用されない**ので、贈与の時期を気にせず、節税対策として生前贈与を活用できます。

相続税の課税対象となる財産

本来の相続財産
相続や遺贈、死因贈与によって取得した財産。現金、預貯金、不動産、著作権など経済的価値のあるものすべて。➡P37

＋

みなし相続財産
相続財産ではないけれど、死亡保険金のように、被相続人の死亡を原因として相続人が受け取った財産。➡下表

＋

一定の贈与財産
①相続時精算課税による贈与財産
②相続開始前3年以内の贈与財産（相続人または受遺者に対するもののみ）

POINT!
墓地や仏壇などの祭祀財産など、財産価値があっても非課税になる財産もある。➡P106

おもな「みなし相続財産」

死亡保険金	生命保険契約などに基づいて被相続人の死亡によって支払われる保険金で、被相続人が保険料を負担していたもの
死亡退職金	在職中に被相続人が亡くなった場合に、遺族が受け取る死亡退職金や功労金。死亡後3年以内に権利が確定したものにかぎる
生命保険契約に関する権利	まだ保険事故が発生していない生命保険契約で、被相続人が保険料を負担し、被相続人以外の人が契約者であるもの
定期金に関する権利	まだ給付事由が発生していない定期金給付契約で、被相続人が掛け金を負担し、被相続人以外の人が契約者であるもの

財産評価

それぞれの財産の評価額を求める

重要 取得価額ではなく、相続発生時の「時価」で評価する

重要 財産の種類によって評価方法が決まっている

財産は相続発生時の「時価」で評価する

相続税を計算する際には、被相続人の財産をリストアップして、相続財産が総額でいくらになるのかを確認する必要があります。

現金や預貯金であれば残高がそのまま評価額になりますが、問題は不動産や株式、骨とう品など、価額が変動するものです。

相続税の財産評価は、**相続開始時の「時価」**で行うのが原則です。しかし、時価といっても、そう簡単にわかるものではありません。また、財産によっては価額に幅があるものもあります。

そこで、相続税の計算上、財産の価額については、**相続税法**や国税庁が定める**「財産評価基本通達」**に基づいて評価することが原則になっています。

財産評価を正しく行うことで、税負担が軽くなるケースがあります。

相続財産のなかでもっとも高い割合を占めるのは不動産です。正しい評価方法で土地や家屋の相続時の価額を求めれば、評価額が低くなり、結果的に相続税の負担が軽くなることも十分にあります。財産評価を正しく行わなかったばかりに、相続税を払い過ぎているケースも意外に多いのです。

財産によっては複雑な計算や専門知識が必要な場合もありますが、一般的な土地建物や上場株式などであれば、自分で評価額を計算することは可能です。

知っ得アドバイス 土地の相続税評価額は「時価」の70〜80％

土地の価額は、「一物四価」といわれ、右の4つの価格があるとされます。

②の公示価格は国土交通省が発表するもので、一般の土地売買の目安になる価額です。おおむね時価を反映しています。相続税の財産評価で使うのは③と④ですが、③の路線価は公示価格の80％、④の固定資産税評価額は公示価格の70％程度になっています。税金を課す際の基準になる価額であるため、少し低めにおさえられています。

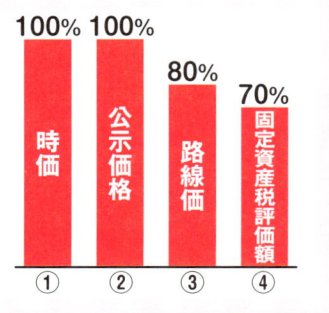

① 時価 100%
② 公示価格 100%
③ 路線価 80%
④ 固定資産税評価額 70%

おもな相続財産の評価方法

区分		評価方法	参照ページ
土地	宅地	市街地の宅地…路線価×土地の面積 郊外の土地…固定資産税評価額×倍率 ＊小規模宅地等の特例によりさらに最大80％引きになる	P82、88
	農地・山林	固定資産税評価額×倍率など	P90
	借地権	自用地としての評価額×借地権割合	P92
	貸宅地	自用地としての評価額－借地権の価額	P92
家屋	一般	固定資産税評価額	P94
	貸家	固定資産税評価額×（1－借家権割合×賃貸割合）	P94
有価証券	上場株式	相続開始日の最終価格など	P96
	取引相場のない株式	株主の区分や会社の規模などにより異なる	P96
	預貯金	預入高＋既経過利息－源泉所得税	P98
	信託、公社債	種類により異なる	P98
みなし相続財産	死亡保険金	受取金額－（500万円×法定相続人の数）	P100
	死亡退職金	受取金額－（500万円×法定相続人の数）	P100
そのほかの財産	自家用車	売買実例価格（中古市場の相場）	P102
	骨董品・美術品など	売買実例価格（中古市場の相場）、専門家による鑑定価額など	P102
	家財	再調達価格	P102
	ゴルフ会員権	取引価格の70％（取引相場がある場合）	P102

土地の評価①
宅地の評価方法は2とおりある

> **重要** おもに市街地は**路線価方式**、それ以外は**倍率方式**で評価する

> **重要** 宅地の立地や形状によっては**補正率**をかけて評価額を調整する

路線価方式と倍率方式

宅地とは、建物が建っている土地や、建物を建てるための土地をいいます。住宅用の土地はもちろん、店舗や工場など事業用の建物のための土地も含みます。

宅地は、①**路線価方式**または②**倍率方式**で評価します。①は国税庁が道路ごとに定めている路線価をもとに評価する方法。②は各市区町村（東京23区は東京都）が定めている**固定資産税評価額**をもとに評価する方法です。

路線価が設定されている地域は路線価方式、路線価が設定されていない地域は倍率方式になります。一般的に市街地にある宅地には路線価が定められており、国税局や税務署、または国税庁のホームページにある**財産評価基準書**で確認できます。財産評価基準書には、**路線価図**（→P83）と**評価倍率表**（→P85）が収録されています。

路線価方式は画地調整を行う

路線価方式の場合は、まず**路線価図**で、宅地が接している道路の路線価を調べます。**この路線価に土地の面積をかけて計算します**（→P83図）。

しかし、奥行が長い宅地や、がけ地を含む宅地などの場合には、個々の宅地の形状や立地条件を考慮するため、路線価に一定の補正率をかけて調整を行います。逆に、角地にある宅地は、補正率で調整を加えることにより、評価額が高くなります。このような調整のしかたを**画地調整**（→P84）といいます。

倍率方式は画地調整を行わない

倍率方式の場合は、宅地の固定資産税評価額に、地域ごとに定められた**評価倍率**をかけて評価額を求めます（→P85図）。倍率方式では、路線価方式のような、宅地の形状や立地条件などを考慮した調整は行われません。

なお、固定資産税評価額は、毎年6月前後に郵送される**納税通知書**、あるいは**市区町村役場**（東京23区内は**都税事務所**）で確認できます。また、相続税の申告や、不動産の名義変更の際には、**固定資産税評価証明書**が必要になります。固定資産税評価証明書は、**市区町村役場または都税事務所**に申請して、発行してもらいます。

路線価方式の計算方法と路線価図の見方

計算式

1㎡あたりの路線価 × 土地の面積（㎡） = 評価額

計算例

路線価 30万円 × 土地の面積 120㎡ = 評価額 3,600万円

（図：300D、間口12m、奥行10m、120㎡、普通住宅地区）

路線価図の見方

街区番号
○付きの数字は街区番号。

路線価と借地権割合
道路上に書かれた数字が路線価で、1㎡あたりの価額が千円単位で示されている。矢印の範囲は同価格になる。右のアルファベットは借地権割合（→下表）。この土地の路線価は30万円で、借地権は60％。

借地権割合

記号	借地権割合
A	90%
B	80%
C	70%
D	60%
E	50%
F	40%
G	30%

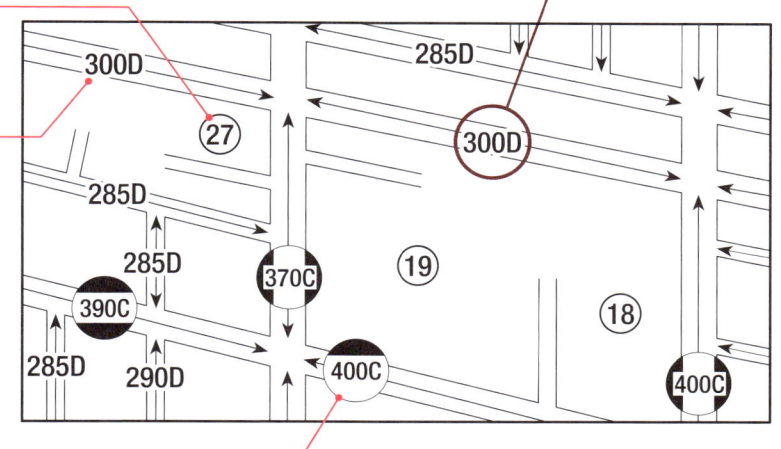

地区区分
路線価の数字を囲む記号は地区区分（土地の用途）で、全部で7つに分けられる。この丸の記号は「普通商業・併用住宅地区」。記号の一部が黒く塗りつぶしてある部分は適用範囲を示す。

なし	ビル街地区	高度商業地区	繁華街地区	普通商業・併用住宅地区	中小工場地区	大工場地区
普通住宅地区						

こんな土地は画地調整の対象になる

評価額が下がる土地

❶ 奥行が長いまたは短い
➡ 奥行価格補正

奥行が長すぎる、または短すぎる宅地は利便性が悪いため、評価額が下がる。➡計算例P86

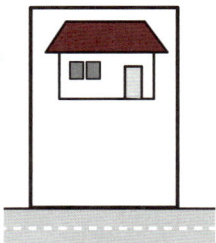

❷ 間口が狭い
➡ 間口狭小補正

間口が狭い宅地は広い宅地に比べて利便性が悪いため、評価額が下がる。➡計算例P86

❸ 奥行が極端に長い
➡ 奥行長大補正

奥行が間口距離の2倍以上になっている宅地は、❶奥行価格補正よりもさらに評価額が下がる。➡計算例P86

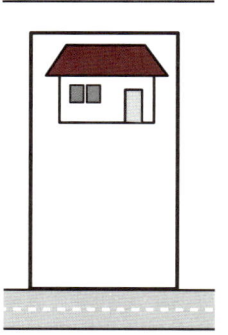

❹ がけ地を含む
➡ がけ地補正

宅地にがけ地（急傾斜地）が含まれるときは、路線価にがけ地補正率をかけて計算する。がけ地の状況で補正率が変わるので、該当する場合は、税理士、土地家屋調査士などの専門家に相談を。

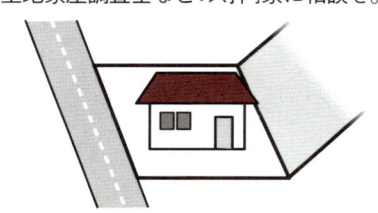

❺ 不整形な土地

いびつな形の土地も利便性が悪いので評価額が下がる。計算はかなり複雑なので、税理士、土地家屋調査士などの専門家に相談を。

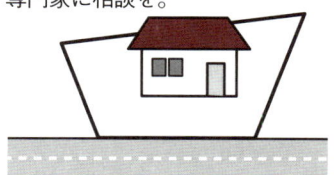

評価額が上がる土地

❻ 角地にある
➡ 側方路線影響加算

正面と側面に道路があるいわゆる角地は、一方だけが道路に接している宅地よりも評価額が上がる。
➡計算例P87

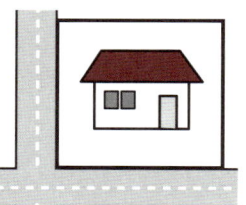

❼ 正面と裏面に道路がある
➡ 二方路線影響加算

正面、裏側と2つの道路に挟まれた宅地は、一方が道路に接している宅地より評価額が上がる。➡計算例P87

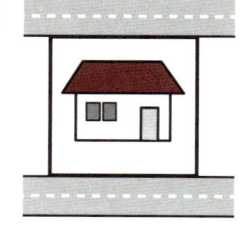

倍率方式の計算方法と倍率表の見方

計算式

固定資産税評価額 × 倍率 = 評価額

計算例
固定資産税評価額 3,000万円 × 倍率 1.1 = 評価額 3,300万円

評価倍率表の見方

市区町村名:○○市

音順	町(丁目)または大字名	適用地域名	借地権割合	固定資産税評価額に乗ずる倍率等			
				宅地	田	畑	山林	原野
			%	倍	倍	倍	倍	倍
こ	小深町	市街化調整区域						
		1 農業振興地域内の農用地区域			純 5.4			
		2 上記以外の地域	40	1.1	中 7.0	中 18		
		市街化区域	-	路線	比準	比準		
さ	作草部町	市街化調整区域	50	1.0	中 24			
		市街化区域	-	路線	比準	比準	比準	比準
	山王町	市街化調整区域	40	1.1	中 9.8	中 26	中 32	中 25
		市街化区域	-	路線	比準	比準	比準	比準
て	天台町	市街化調整区域	50	1.0				
		市街化区域	-	路線	比準	比準	比準	比準

※注釈:
- 借地権などの評価に用いる借地権割合
- 倍率方式の計算で使う倍率
- 宅地以外の地区の見方と計算方法は91ページ
- 「路線」は路線価方式で評価する地域

知っ得アドバイス セットバックが必要な土地も評価減の対象です

現在の建築基準法では、建物の敷地は幅4m以上の道路に接することが義務づけられていますが、築年数が経っている建物の場合、これを満たさないケースもあります。このような土地は、将来の建替えの際に敷地と道路の境界線を道路の中心線から2mの位置まで後退させなければならないため、実際の土地取引でも売買価格が下がります。そこで、相続税の評価でも、セットバックすべき部分については、通常どおりに評価した価額から70%相当額を控除して評価することができます。

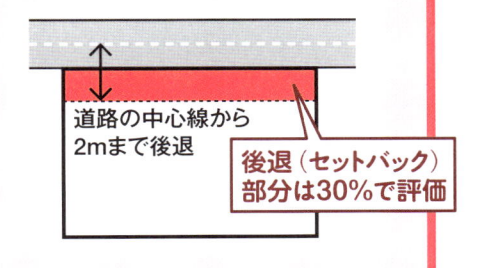

※図解:
- 道路の中心線から2mまで後退
- 後退(セットバック)部分は30%で評価

画地調整のある路線価方式の計算例

計算例はいずれも普通住宅地区の場合で計算しています。各補正率は、国税庁のホームページで確認できます。

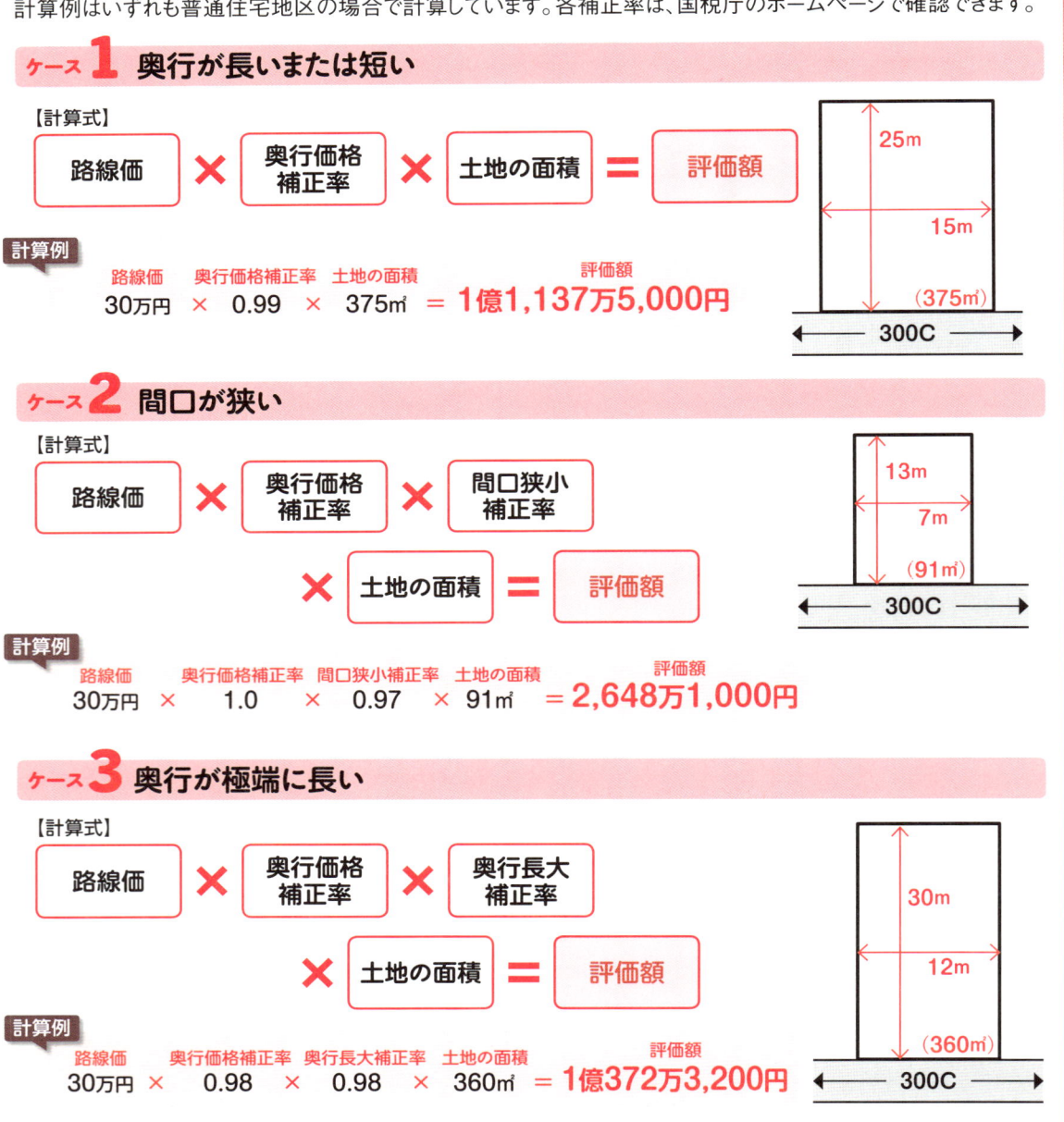

ケース1 奥行が長いまたは短い

【計算式】

路線価 × 奥行価格補正率 × 土地の面積 ＝ 評価額

計算例
　　路線価　　奥行価格補正率　土地の面積　　　　評価額
　　30万円 ×　0.99　×　375㎡ ＝ 1億1,137万5,000円

（図：25m × 15m、375㎡、300C）

ケース2 間口が狭い

【計算式】

路線価 × 奥行価格補正率 × 間口狭小補正率 × 土地の面積 ＝ 評価額

計算例
　　路線価　　奥行価格補正率　間口狭小補正率　土地の面積　　評価額
　　30万円 ×　1.0　×　0.97　×　91㎡ ＝ 2,648万1,000円

（図：13m × 7m、91㎡、300C）

ケース3 奥行が極端に長い

【計算式】

路線価 × 奥行価格補正率 × 奥行長大補正率 × 土地の面積 ＝ 評価額

計算例
　　路線価　　奥行価格補正率　奥行長大補正率　土地の面積　　評価額
　　30万円 ×　0.98　×　0.98　×　360㎡ ＝ 1億372万3,200円

（図：30m × 12m、360㎡、300C）

ケース 4 角地にある

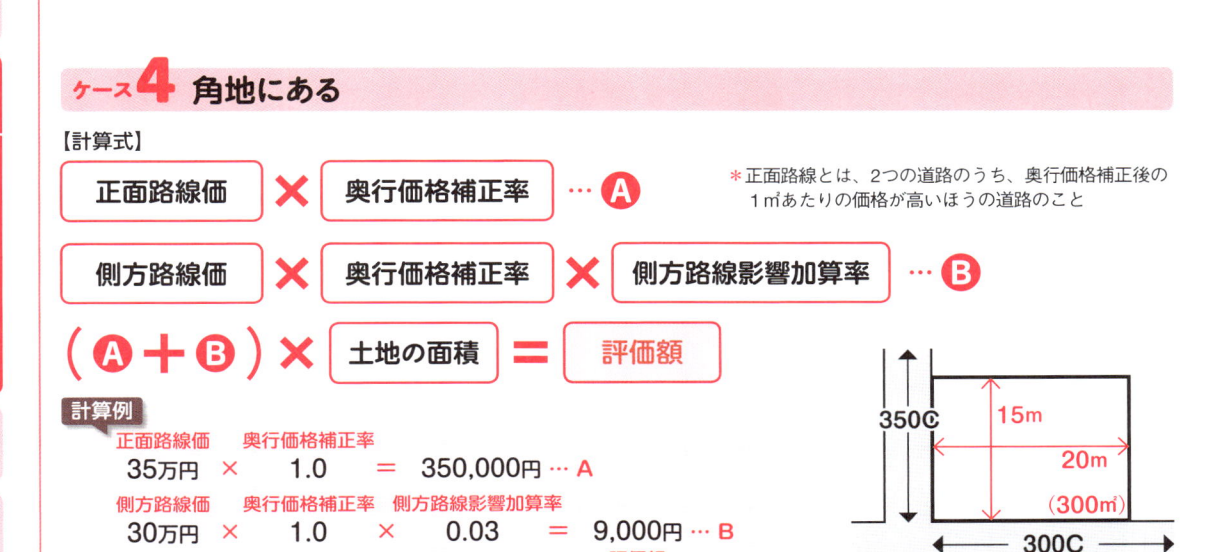

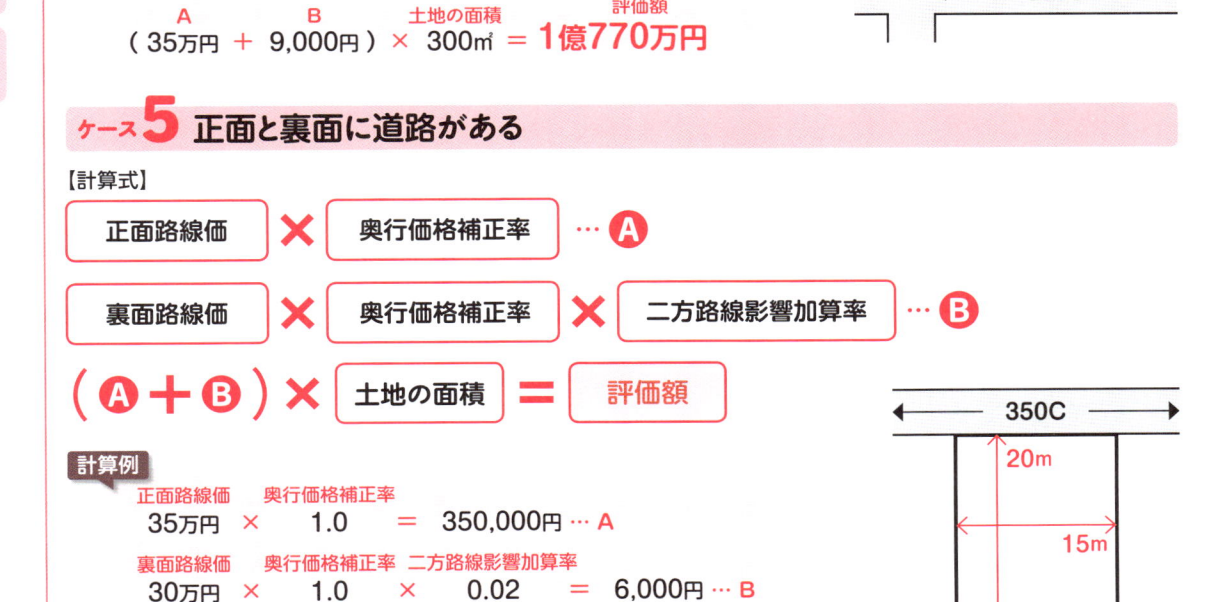

【計算式】

正面路線価 × 奥行価格補正率 … Ⓐ

側方路線価 × 奥行価格補正率 × 側方路線影響加算率 … Ⓑ

(Ⓐ ＋ Ⓑ) × 土地の面積 ＝ 評価額

＊正面路線とは、2つの道路のうち、奥行価格補正後の1㎡あたりの価格が高いほうの道路のこと

計算例

正面路線価　奥行価格補正率
35万円 × 1.0 ＝ 350,000円 … A

側方路線価　奥行価格補正率　側方路線影響加算率
30万円 × 1.0 × 0.03 ＝ 9,000円 … B

　　A　　　　B　　　　土地の面積　　評価額
(35万円 ＋ 9,000円) × 300㎡ ＝ **1億770万円**

図: 350C / 15m / 20m / (300㎡) / 300C

ケース 5 正面と裏面に道路がある

【計算式】

正面路線価 × 奥行価格補正率 … Ⓐ

裏面路線価 × 奥行価格補正率 × 二方路線影響加算率 … Ⓑ

(Ⓐ ＋ Ⓑ) × 土地の面積 ＝ 評価額

計算例

正面路線価　奥行価格補正率
35万円 × 1.0 ＝ 350,000円 … A

裏面路線価　奥行価格補正率　二方路線影響加算率
30万円 × 1.0 × 0.02 ＝ 6,000円 … B

　　A　　　　B　　　　土地の面積　　評価額
(35万円 ＋ 6,000円) × 300㎡ ＝ **1億680万円**

図: 350C / 20m / 15m / (300㎡) / 300C

土地の評価②
小規模宅地等の特例を適用できるかどうか

適用要件は宅地の用途や取得者によって異なる

小規模宅地等の特例は、相続税の課税により、相続人が生活の基盤や事業の基盤を失うことがないよう、自宅の敷地や事業用の敷地については、一定の要件のもと、評価額を減額できるという制度です。最大で80％も評価額を下げることができるので、大きな節税に結びつきます。

小規模宅地等の特例の対象となる宅地は、被相続人の居住用の宅地のほか、事業用の宅地など4種類あり、相続人が居住や事業を続ける場合に、一定の面積まで評価額が80％または50％減額されます。

ただし、自宅兼賃貸マンションなどの場合は、利用状況に応じ面積比で按分して減額割合を計算します。

この特例を利用するには、上図のような要件があります。だれが相続するかによって、要件が異なるので注意してください。

たとえば、特定居住用宅地の場合、配偶者がこの制度を利用するには、

小規模宅地等の特例と適用条件

1 特定居住用宅地等

AまたはBに該当すれば
330㎡まで80％減額

A
- 宅地：被相続人が住んでいた自宅の敷地
- 人：①〜③のいずれか
  - ① 配偶者が取得
  - ② 被相続人と同居していた親族がそのまま申告期限まで居住し、かつその宅地を所有
  - ③ 相続開始前3年間自分または自分の配偶者の持ち家に住んだことがない親族が申告期限まで所有（被相続人に配偶者も同居の相続人もいない場合のみ適用）

B
- 宅地：被相続人と生計を一にする親族の自宅の宅地
- 人：①〜②のいずれか
  - ① 配偶者が取得
  - ② 生計を一にしていた親族が引き続き申告期限まで居住し、かつその宅地を所有

重要 要件に合えば宅地の評価額は**80％減額**

重要 被相続人との「**同居**」がポイント

重要 事業用の宅地も要件を満たせば**80％減額**

2 特定事業用宅地等

AまたはBに該当すれば **400㎡まで80%減額**

A
- **宅地** 被相続人の事業に用いていた宅地
- **人** 親族が事業を引き継いで申告期限まで営業し、その宅地を所有

B
- **宅地** 被相続人と生計を一にする親族の事業に用いていた宅地
- **人** その親族が事業を相続開始前から申告期限まで引き続き営業し、その宅地を所有

3 特定同族会社事業用宅地等

以下の2つの要件を満たせば **400㎡まで80%減額**

- **宅地** 被相続人およびその親族などが50%超の株式または出資を持つ会社の事業に用いていた宅地
- **人** 取得した親族が申告期限時にその会社の役員であり、申告期限まで引き続きその宅地を所有し、事業に使用

4 貸付事業用宅地等

以下の2つの要件を満たせば **200㎡まで50%減額**

- **宅地** 被相続人または生計を一にする親族の不動産貸付業、駐車場業、駐輪場業（事業と称するに至らないものまで含む）に用いていた宅地
- **人** 取得した親族がその事業を引き継いで（または引き続き）申告期限まで営業し、その宅地を所有

細かい要件はありません。配偶者以外の親族の場合は、「**相続税の申告期限まで宅地を所有し続ける**」などの要件があります。

複数の宅地に適用してもOK

自宅と事業用の宅地がそれぞれあるなど、特例の対象となる宅地が複数ある場合は、限度面積以内なら組み合わせて利用することも可能です。特定居住用宅地と特定事業用宅地の組み合わせなら上限730㎡までこの制度を利用できるので、事業承継がある場合などは、とくにメリットが大きいといえます。

また、複数の宅地がある場合には、どの宅地とどの宅地で特例を適用するかによっても節税効果が変わります（→P166）。

なお、小規模宅地等の特例を利用するには、**相続税の申告が必要**です。特例を利用した結果、納める相続税がなくても、申告は不可欠です。申告を忘れると特例が利用できない場合があるので注意してください。

土地の評価③

農地や山林は場所によって評価方法が異なる

重要 倍率方式か宅地比準方式のどちらかで行う

重要 宅地に転用できる土地は評価額が上がる

農地はどこにあるかで評価方法が違う

農地は、農地法などにより**宅地の転用が制限**されており、原則として都道府県知事の許可がないと転用や譲渡ができません。許可が下りたとしても宅地造成費などの費用がかかります。こうした事情により、一般的に農地は宅地よりも評価額が低くなります。

相続税の財産評価では、農地を次の4種類に区分します。

① **純農地**…農用地区域にある農地で、農業政策上の規制が厳しい農地

② **中間農地**…都市近郊にある農地で、純農地よりは規制が少ない地域にある農地

③ **市街地周辺農地**…市街地周辺にある農地

④ **市街地農地**…市街化区域内にある農地

これらのうち①の純農地はもっとも転用許可が下りにくく、以下②→③→④の順で転用許可が下りやすくなります。**転用が難しい農地ほど評価額が低くなるよう区分**されているのです。

① の純農地と② の中間農地は倍率方式で評価します。農地の固定資産税評価額に、評価倍率表にある一定の倍率をかけて評価します。固定資産税評価額は市区町村役場または都税事務所で（→P.82）、評価倍率表は、所轄の税務署または国税庁のホームページで確認できます。

③ の市街地周辺農地は、その農地が市街地農地であるとした場合の価額の80％相当額で評価します。

④ の市街地農地は、**宅地比準方式または倍率方式**を用います。宅地比準方式とは、「その農地が宅地であるとした場合の1㎡あたりの価額」から、その農地を宅地に転用した場合に必要となる**宅地造成費相当額**を控除した金額で評価する方法です。

「宅地であるとした場合の価額」は、その農地が路線価地域にあるときは路線価方式で、路線価のない地域の場合は倍率方式で評価します。倍率方式の場合は、その農地に最も近く似ている宅地の固定資産税評価額に、宅地の倍率をかけて評価額を計算します。

山林は3種類の区分で評価する

山林も農地と評価方法はほぼ同じです。山林の場合、① **純山林**、② **中間山林**、③ **市街地山林**の3種類に区分します。①の純山林と②の中間山林は倍率方式、③の市街地山林は宅地比準方式か倍率方式です。

農地・山林の区分と評価額の計算方法

農地は4種類、山林は3種類に区分して、それぞれの評価方法で評価します。

① ・純農地 ・純山林 → **倍率方式**
固定資産税評価額 × 倍率 = 評価額

② ・中間農地 ・中間山林 →（倍率方式）

③ ・市街地周辺農地 → **市街地農地とした場合の価額の80%**

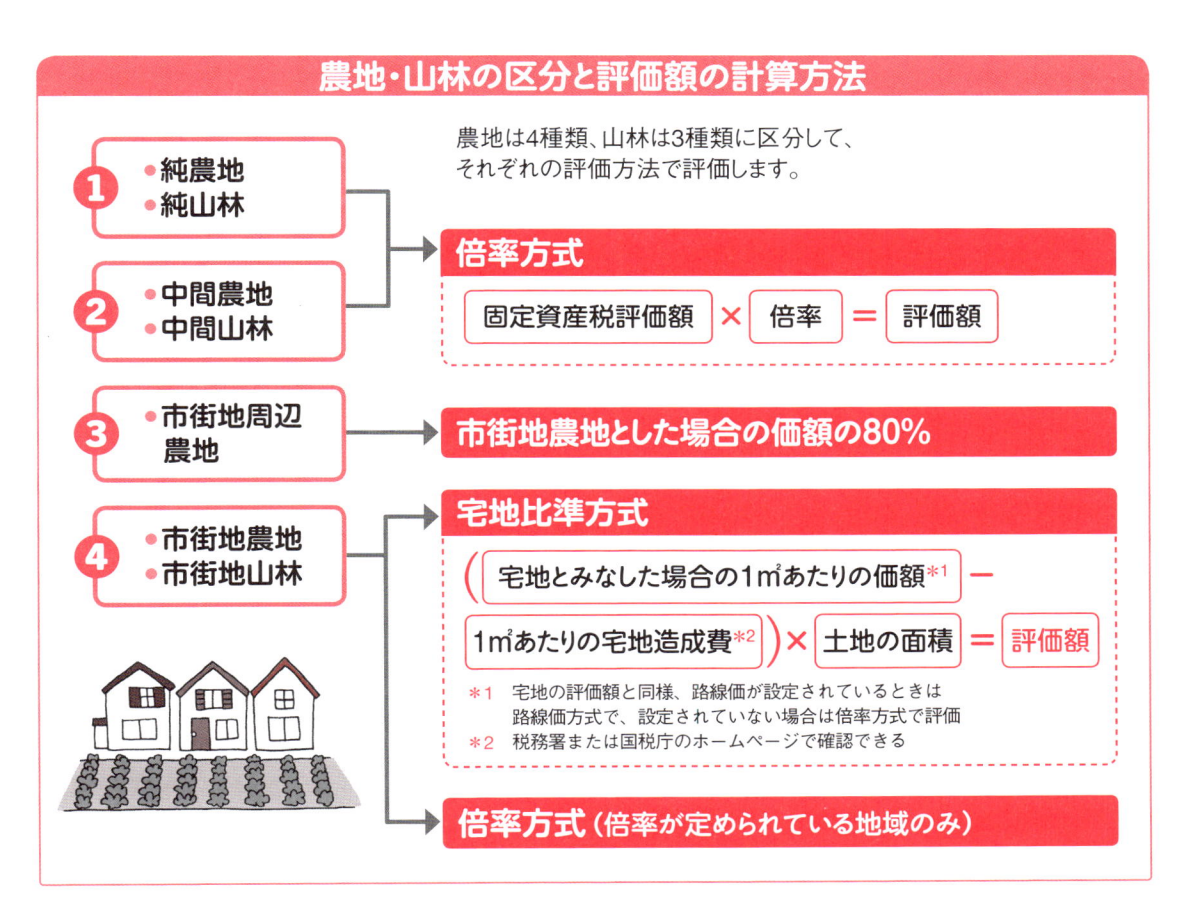

④ ・市街地農地 ・市街地山林 → **宅地比準方式**

$$（宅地とみなした場合の1m^2あたりの価額^{*1} - 1m^2あたりの宅地造成費^{*2}）× 土地の面積 = 評価額$$

*1 宅地の評価額と同様、路線価が設定されているときは路線価方式で、設定されていない場合は倍率方式で評価
*2 税務署または国税庁のホームページで確認できる

倍率方式（倍率が定められている地域のみ）

評価倍率表の見方

市区町村名:○○市

音順	町(丁目)または大字名	適用地域名	借地権割合	固定資産税評価額に乗ずる倍率等			
				宅地	田	畑	
			%	倍	倍	倍	
こ	小深町	市街化調整区域					
		1 農業振興地域内の農用地区域			純 5.4		
		2 上記以外の地域	40	1.1	中 7.0	中	
		市街化区域	-	路線	比準	比準	
さ	作草部町	市街化調整区域	50	1.0	中 24		
		市街化	-	路線	比準	比準	比準
	山王町	市街化調整区域	40	1.1	中 9.8	中 26	中 32	中 25
		市街化区域	-	路線	比準	比準	比準
て	天台町	市街化調整区域	50	1.0			

借地権などの評価に用いる借地権割合

農地や山林などは略称で表示されている。
● 純…純農地・山林
● 中…中間農地・山林
● 周比準…市街地周辺農地
● 比準…市街地農地・山林

ただし、市街地山林でも宅地への転用が見込めない場合は、近隣の純山林の価額に比準して評価します。

土地の評価④
借地や貸宅地はどのように評価するのか

> **重要** 借地権の評価額は、更地価額に借地権割合をかけて求める
>
> **重要** 貸宅地の評価額は、自用地の場合の価額から借地権の価額を引いて求める

借地権は借地権割合をかけて求める

地主から借りている土地に家を建てて住んだり、店舗や工場を建てて事業を営むケースがあります。この建物の所有を目的として借りている土地の権利のことを借地権といい、この借地権も相続財産になります。土地そのものを相続するわけではなく、土地を使用する権利を相続します。

借地権の評価は、その土地を自用地（自分で利用している自分の土地。自宅が建っている土地や、自分が事業を行っている土地など）として評価した場合の評価額に借地権割合をかけて求めます。借地権割合は、路線価図または評価倍率表に記載されています。

なお、借地権には、定期借地権と呼ばれるものもあります。更新が可能な借地権（普通借地権）に対し、定期借地権は更新がなく、定められた契約期間で借地関係が終了します。定期借地権の評価は、原則として、相続時に借地人に帰属する経済的利益（保証金など）と存続期間をもとに評定した価額から求めます。

貸している土地は評価が低くなる

一方、借地権が設定された土地は、土地を貸している地主側から見れば、貸宅地となります。貸宅地も相続の対象ですが、人に貸していると自由には使えないので、所有していてはいえ、その評価額は自用地より低くなります。一般的な貸宅地の評価額は、自用地としての評価額から借地権の価額を引いて求めます。

親が所有する土地に子どもが家を建てて住む場合、親子間で適正な地代の支払いがあれば貸宅地に該当します。無料で使っている場合は、使用貸借といって税務上は借地権がないものとして扱われ、親の土地は自用地として評価されます。

賃貸アパートなどの評価方法

一軒家やアパートなどを建てて他人に貸している土地を貸家建付地といいます。借地権や貸宅地との違いは、土地と建物の所有者が同じだということです。ですが、借家人が住んでいることで土地所有者の権利は制限されるため、評価額は低くなります。具体的には、93ページ下図の計算式で求めます。借家権割合とは、借家人が持つ権利のことで、全国一律30％になっています。

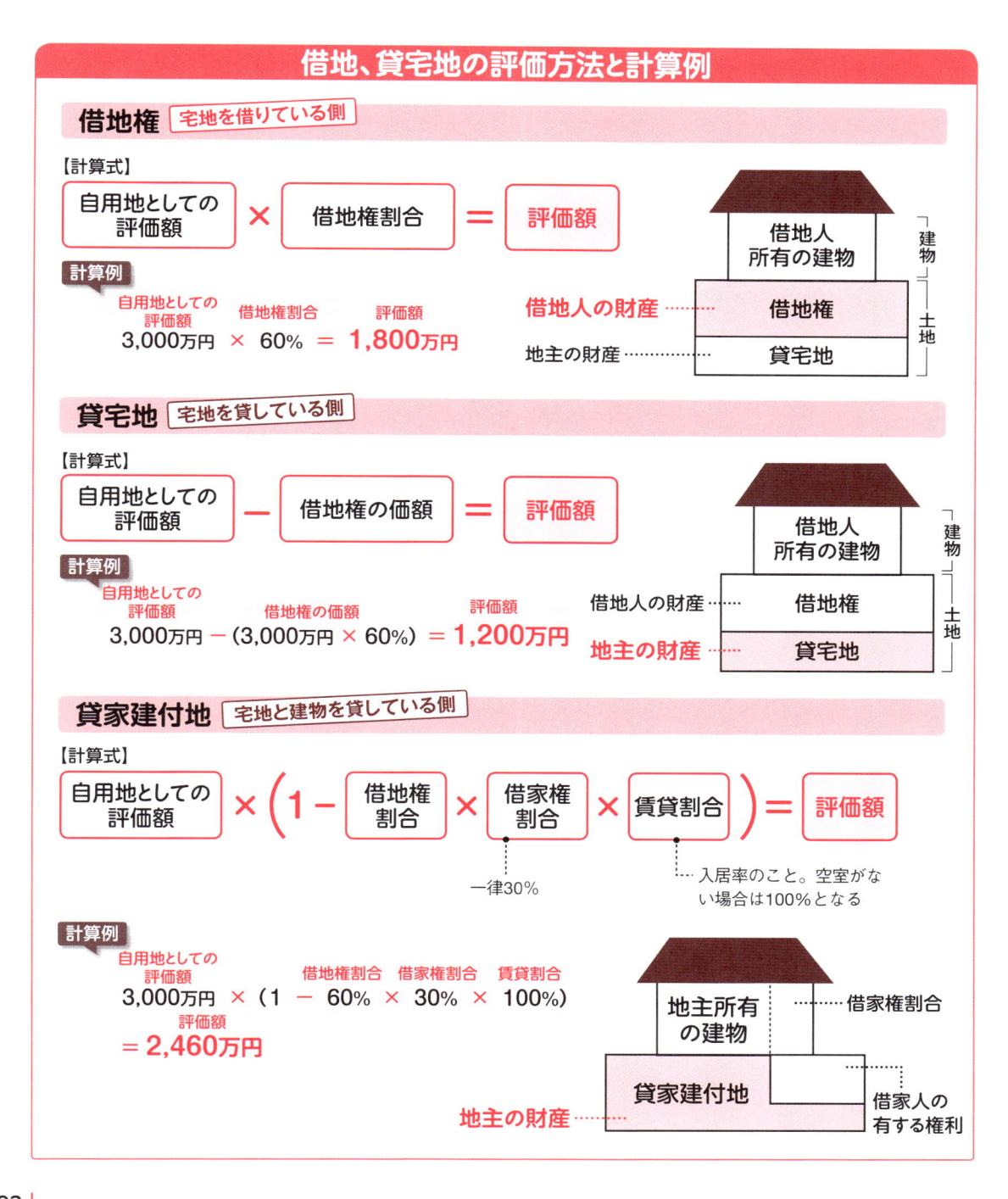

借地、貸宅地の評価方法と計算例

借地権　宅地を借りている側

【計算式】

自用地としての評価額 × 借地権割合 ＝ 評価額

計算例

自用地としての評価額 3,000万円 × 借地権割合 60% ＝ 評価額 1,800万円

- 借地人の財産 …… 借地権
- 地主の財産 …… 貸宅地
- 借地人所有の建物（建物）
- 土地

貸宅地　宅地を貸している側

【計算式】

自用地としての評価額 － 借地権の価額 ＝ 評価額

計算例

自用地としての評価額 3,000万円 －（3,000万円 × 60%）＝ 評価額 1,200万円

- 借地人所有の建物（建物）
- 借地人の財産 …… 借地権
- 地主の財産 …… 貸宅地

貸家建付地　宅地と建物を貸している側

【計算式】

自用地としての評価額 ×（1 － 借地権割合 × 借家権割合 × 賃貸割合）＝ 評価額

- 借家権割合：一律30%
- 賃貸割合：入居率のこと。空室がない場合は100%となる

計算例

自用地としての評価額 3,000万円 ×（1 － 借地権割合 60% × 借家権割合 30% × 賃貸割合 100%）

評価額 ＝ 2,460万円

- 地主所有の建物
- 貸家建付地
- 地主の財産
- 借家権割合
- 借家人の有する権利

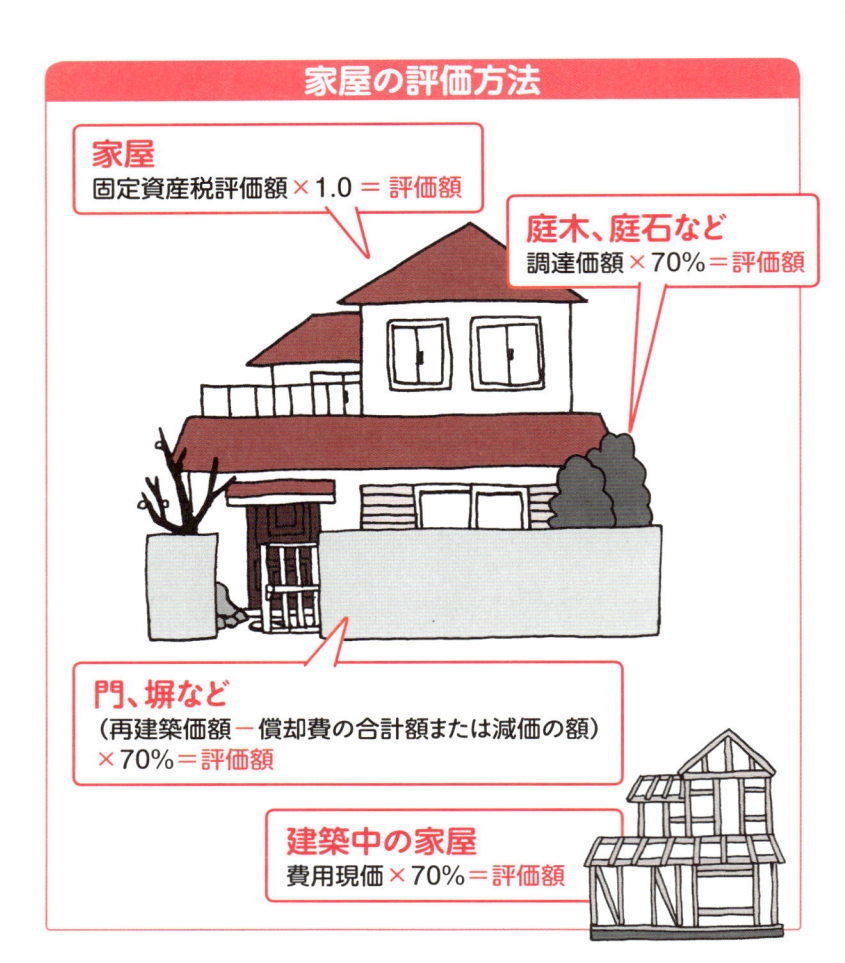

家屋の評価

自用家屋や貸家の評価方法

家屋の評価方法

家屋
固定資産税評価額×1.0＝評価額

庭木、庭石など
調達価額×70％＝評価額

門、塀など
（再建築価額－償却費の合計額または減価の額）×70％＝評価額

建築中の家屋
費用現価×70％＝評価額

- **重要** 家屋の評価額は**固定資産税評価額**と同じ
- **重要** **門や塀、庭木などは**家屋とは別に評価する
- **重要** **貸家は自用家屋の70％で評価する**

家屋の評価額＝固定資産税評価額

家屋（店舗、工場なども含む）の評価額は、固定資産税評価額に一定の倍率をかける倍率方式（→P82）で計算します。とはいえ、家屋の倍率は**全地域「1倍」**なので、**固定資産税評価額がそのまま家屋の評価額**となります。固定資産税評価額は、市区町村役場または都税事務所などで確認できます（→P82）。

なお、**家屋が建築中だった場合は費用現価の70％**で評価します。費用現価は、相続開始日までにかかった建築費を、相続開始日の価額に計算し直したものになります。

また、家屋といっても、どこまでが家屋の範囲なのかよくわからないものもあります。

家屋と構造上一体になっている電気、ガス、給排水設備などの「付帯設備」は家屋の評価額に含まれます。

一方、家屋から独立している、**門や塀、庭木や庭石などの庭園設備は、家屋とは分けて評価**しなければなり

貸家の評価額の計算方法

1軒（1棟）が全部貸家の場合

固定資産税評価額 × (1 − 借家権割合) = 評価額

　　　　　　　　　　　　　　　　└─ 一律30%

計算例
1,000万円 ×（1 − 30%）= **700万円**
（固定資産税評価額）　（借家権割合）　　（評価額）

住宅の一部が貸家の場合

固定資産税評価額 × (1 − 借家権割合 × 賃貸割合) = 評価額

　　　　　　　　　　　　　　　　　　　　　└─ 家屋の各独立部分の床面積の合計に対する賃貸部分の床面積の合計

計算例
固定資産税評価額 3,000万円　借家権割合 30%
床面積の合計 200㎡
貸家部分の床面積の合計 100㎡

3,000万円 ×（ 1 − 30% × 100㎡/200㎡ ）
（固定資産税評価額）　（借家権割合）　（賃貸割合）
= **2,550万円**（評価額）

| 床面積100㎡ | | | | 自宅部分 |
| 25㎡ | 25㎡ | 25㎡ | 25㎡ | 賃貸部分（4室） |

貸家は自家用家屋の70%で評価する

一戸建てやアパートを他人に貸している場合は、自用の家屋の評価額から借家権を控除した金額が評価額になります。

借家権とはそこに住んでいる借家人が持つ権利のことです。借家権の価額は自用の家屋の評価額に借家権割合をかけて計算します。借家権割合は**一律30%**です。つまり、貸家の評価額は自用家屋の評価額の**70%**になります。

ちなみに、借家人側で相続があった際にはこの借家権は相続税の対象にはなりません。

ません。門や塀などは、**再建築価額**（相続時にその設備を新たに取得する場合の価額）から、経過年数に応じた償却費を控除した金額に、70%をかけた金額で評価します。庭園設備は、**調達価額**（相続時にその設備を中古で取得する場合の価額）に70%をかけた金額で評価します。

金融資産の評価

上場株式、非上場株式の評価方法

重要 **上場株式は、日々の株価の変動を考慮した評価方法になっている**

重要 **非上場株式は、経営支配力の強さに応じて評価する**

上場株式は、4つの価額のもっとも低い価額で評価

相続税の財産評価は、時価で行うことが原則です。原則どおりに上場株式を評価すると、相続開始日の終値（最終価格）が評価額となります。

しかし、株価は毎日変動するうえに世界情勢や経済状況で急騰・急落することもあるため、課税の安定性という観点から、**相続の開始日を含めた3か月間の株価を参考**にします。具体的には、相続開始日の終値と、相続開始日に属する月、その前月、その前々月の毎日の終値の平均をそれぞれ求め、これら4つの価額のうち、もっとも低い価額を評価額とします（→P97上図）。

上場株式の評価額を簡単に調べるには、取引のある証券会社などに**残高証明書**を発行してもらうとよいでしょう。記載内容は、金融機関によって異なりますが、依頼の際に相続税の申告に使うことを伝えれば、必要な内容を記載してくれるはずです。残高証明書の発行手数料は、数百円～数千円です。

非上場株式は、株主の区分と会社の規模がポイント

被相続人が中小企業のオーナーやその一族だった場合には、上場していない株式を相続することもあります。上場していない株式のことを、相続税の財産評価では、「**取引相場のない株式**」といいます。

相続税の財産評価方法は、株式を取得する人が、株式の発行会社に対して経営支配力がある株主か否かで異なります。

経営支配力がある株主とは、オーナー一族のように議決権を一定割合以上持ち、会社に対して大きな影響力のある株主のことです。

この立場の人が取得した株式は、会社の業績や資産額に基づいて評価する**原則的評価方式**で評価します。原則的評価方式には3種類あり、会社の規模に応じて決まります（→P97下図）。

一方、経営支配力を持たない株主（議決権割合が低く経営にも関与していない株主）が取得した場合は、特例的な評価方式である**配当還元方式**で評価します。一般に配当還元方式のほうが評価額は低くなりますが、原則的評価方式によるほうが低くなる場合は、原則的評価方式により評価します。

取引相場のない株式の評価は難しく、事業承継にもかかわります。詳しくは税理士に相談しましょう。

上場株式の評価方法

① **相続開始日**の終値（最終価格）
② **相続開始日の月**の毎日の終値の平均額
③ **相続開始日の前月**の毎日の終値の平均額
④ **相続開始日の前々月**の毎日の終値の平均額

→ ①〜④のうち、**もっとも低い価額**が**評価額**となる

【例】10月15日に亡くなった場合

銘柄＼時期	10月15日の終値（相続開始日）	10月の終値平均額（相続開始月）	9月の終値平均額（前月）	8月の終値平均額（前々月）
A銘柄	1,200円	1,250円	1,300円	1,280円
B銘柄	900円	920円	800円	850円

A銘柄：1,200円 この価額で評価
B銘柄：800円 この価額で評価

非上場（取引相場のない）株式の評価方法

経営支配力のある株主 → **原則的評価方式**

- 大会社 → ❶ **類似業種比準方式**
  評価会社の業種に類似した上場会社の株価をもとに評価する
- 中会社 → ❷ **併用方式**
  ①と③を併用する
- 小会社 → ❸ **純資産価額方式**
  評価会社の資産や負債を相続税評価額で引き直して評価する

＊会社の規模は売上、総資産額、従業員数によるが、業種によっても異なる。詳しくは税理士、国税庁のホームページなどで確認を

経営支配力のない株主 → **特例的評価方式** → **配当還元方式**
株式から得られる年配当金額をもとにして評価する

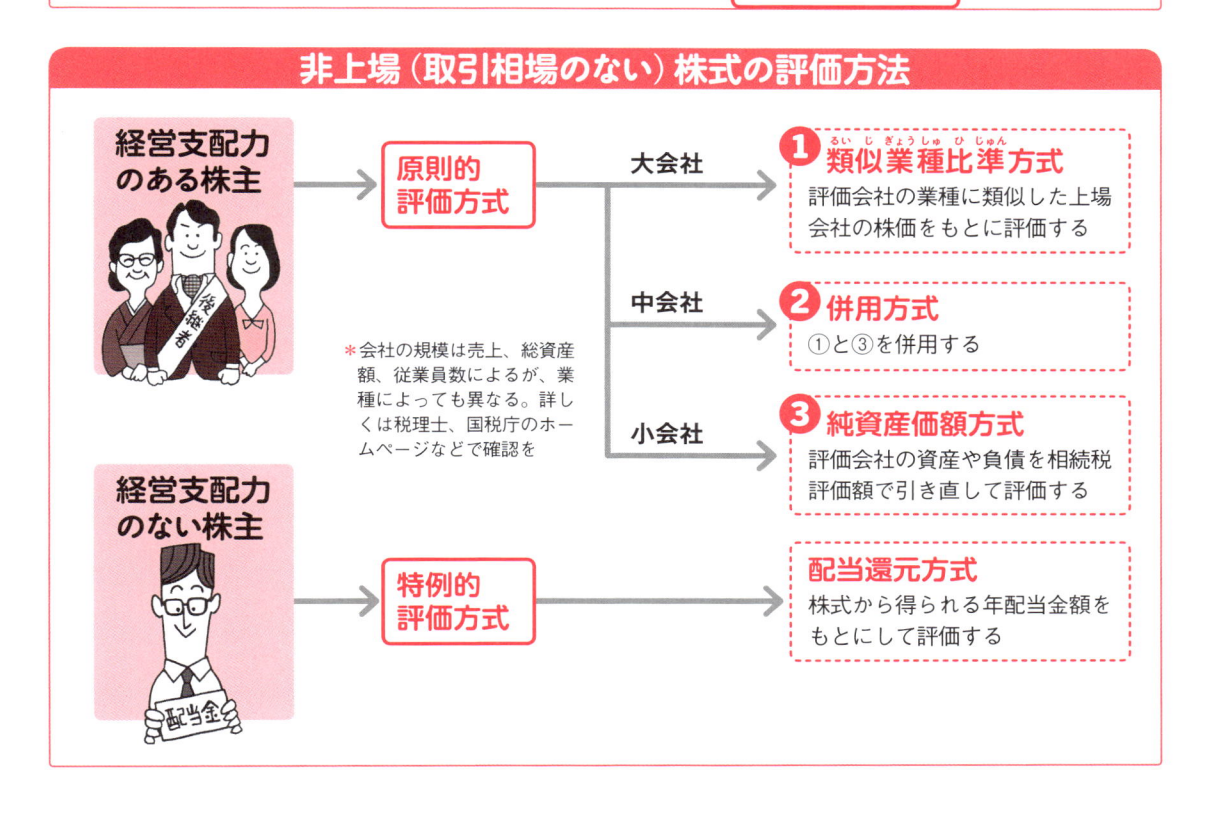

97

金融資産の評価

預貯金、公社債、投資信託などの評価方法

重要 定期預貯金は**既経過利息**を加えて評価する

重要 投資信託は、相続開始日に**解約した場合に受け取れる額**で評価する

定期預貯金は利息から源泉所得税などを差し引く

預貯金のうち、普通預金、通常貯金は、相続開始日の預入残高がそのまま評価額になります。

一方、定期預貯金は相続開始日の残高に、源泉徴収額を控除した既経過利息を加えて評価します。

既経過利息とは、相続開始日に解約した場合に支払われる利息のことです。また、既経過利息には源泉所得税などが課税されるため、利息からその分を引いてから預入残高に足します。

なお、口座の名義が被相続人ではなく、配偶者や子どもなどの名義になっていても（いわゆる名義預金）、基本的には、上場されている公社債は、相続開始日における市場価格（最終価格）をもとにした評価額、市場価格のない公社債は、発行額をもとに評価します。

投資信託とは、証券会社や銀行などで扱っている、一般投資家向けの金融商品です。

投資信託は、相続開始日に解約請求または買取請求を行った場合に、証券会社などから支払いを受けることができる金額により評価します。投資信託は大きく2つの区分があり、それぞれ99ページの図の計算式で評価します。

実質的に被相続人のものである場合には、相続税の課税対象になります（→P154）。

公社債や投資信託は種類により異なる

国や地方自治体、一般企業などが発行する国債や地方債、社債などの債券をまとめて公社債と呼びます。

公社債の評価額の考え方は、相続開始日に解約するとした場合の券面額（額面金額）100円あたりの単位で評価します。公社債は、銘柄ごとに券面額（額面金額）100円あたりの単位で評価します。具体的な評価方法は、公社債の種類により異なります（→P99）。

まずは取引のあった金融機関に連絡を

金融商品の評価額の計算方法は、種類によって、細かく区分されています。

区分や評価方法がよくわからないときは、上場株式のケースと同様に、取引のあった金融機関（銀行、信託会社、証券会社など）に連絡をして残高証明書を発行してもらうとよいでしょう（→P96）。

さまざまな金融資産の評価方法

預貯金

- **普通預金、通常貯金**
  相続開始日の預入高

- **定期預金、定期貯金**
  相続開始日の預入高 ＋（既経過利息 － 源泉所得税額*）＝ **評価額**

POINT! 既経過利息とは？
既経過利息とは、相続開始日の預入高に対してすでに発生している利息のこと。利息には源泉所得税、住民税利子割および復興特別所得税（合わせて20.315％）がかかるので、それを引いてから預入高に足す。

公社債

- **利付公社債（上場銘柄の場合）**
  $\{$相続開始日の最終価格 ＋（既経過利息 － 源泉所得税額*）$\} \times \dfrac{券面額}{100円}$ ＝ **評価額**

- **割引公社債（上場銘柄の場合）**
  相続開始日の最終価格 $\times \dfrac{券面額}{100円}$ ＝ **評価額**

- **転換社債型新株予約権付社債（上場銘柄の場合）**
  $\{$相続開始日の最終価格 ＋（既経過利息 － 源泉所得税額*）$\} \times \dfrac{券面額}{100円}$ ＝ **評価額**

- **個人向け国債**
  額面金額 ＋ 経過利子相当額 － 中途換金調整額 ＝ **評価額**

投資信託

- **日々決算型証券投資信託（中期国債ファンド、MMFなど）**
  基準価額 ＋ 再投資されていない未収分配金 － 源泉所得税額* －
  信託財産留保額および解約手数料 ＝ **評価額**

- **上場されている証券投資信託**
  上場株式の評価方法に準じる ➡ P96

- **上記以外**
  基準価額 － 解約請求した場合の源泉所得税額*
  　　　　－ 信託財産留保額および解約手数料 ＝ **評価額**

*住民税利子割および復興特別所得税を含む

保険金などの評価
生命保険金、個人年金などの評価方法

> **重要** 相続人が受け取る死亡保険金には**一定の非課税枠**がある
>
> **重要** **個人年金の受給権**の財産評価は契約形態によってさまざま

生命保険には非課税枠がある

被相続人の死亡によって受け取る生命保険金や損害保険金は、本来はその受取人固有の財産ですが、一方で、その保険金の原資は被相続人が払った（積み立てた）ものであり、そうした意味では被相続人の財産とも考えることができます。

そのためこれらの財産は**みなし相続財産**（→P78）として相続税の課税対象になります。ただし、「500万円×**法定相続人の数**」の非課税枠があり、その非課税枠を差し引いた金額が相続税の**課税対象**になります。

なお、**非課税の適用があるのは相続人だけ**です。内縁の妻や夫、代襲相続人ではない孫、相続放棄した人などが受け取った死亡保険金は全額課税の対象となります。

また、被相続人の勤務先から直接受け取る死亡退職金も、死亡保険金と同じように、相続人が受け取る場合には非課税の適用があります。

生命保険金や個人年金を受け取っていた人、また受け取る予定だった人が亡くなった場合、その「権利」を相続することもあります。この場合は、解約した場合に支払われる金額（**解約返戻金**）が評価額になります（→下図）。

なお、個人年金のように、ある期間にわたって定期的に金銭などの給付を受ける権利を、「**定期金に関する権利**」といいます。

「生命保険金に関する権利」「定期金に関する権利」の評価方法

- **生命保険契約に関する権利** → 原則として、**解約返戻金の金額**
- **定期金に関する権利**（個人年金の受給権など）
  - まだ給付を受けていなかった → 原則として、**解約返戻金の金額**
  - すでに給付を受けていた → 次の①～③のうち、もっとも大きい金額が評価額となる
    - ① 解約返戻金の金額
    - ② 一時金の金額（定期金に代えて一時金の給付を受けることが可能な場合）
    - ③ 予定利率による金額（1年あたりの平均額×予定利率の複利年金現価率など）

＊定期金に関する権利は、契約形態によって評価方法が異なるので、詳しくは保険会社などに問い合わせを。また、国税庁のホームページ上で自動計算することもできる

相続人が受取人の死亡保険金の評価方法

各保険料負担者が被相続人で、相続人が受取人の場合には、非課税枠があります。

相続人が取得した死亡保険金の額 − (**非課税限度額** 500万円×法定相続人の数 × 取得した保険金の額 / すべての相続人が取得した保険金の合計額) = 各相続人の課税金額

- 500万円×法定相続人の数 → 相続放棄した人も含める
- すべての相続人が取得した保険金の合計額 → 相続放棄した人は「相続人」ではないので含めない

計算例
- 相続人は、妻と長男、長女の3人
- 取得した保険金は右図のとおり
- 長女は相続放棄している

妻 1,000万円　長男 600万円　長女 600万円（相続放棄）

妻の課税金額

取得した保険金 1,000万円 − (非課税限度額 1,500万円（500万円×3人） × 割合 1,000万円 / 1,600万円) = 課税金額 **62.5万円**

※ 妻の1,000万円と長男の600万円の合計。長女の分は含めない

長男の課税金額

取得した保険金 600万円 − (非課税限度額 1,500万円 × 割合 600万円 / 1,600万円) = 課税金額 **37.5万円**

長女の課税金額

課税金額 **600万円**

※「相続人」ではないため非課税枠の適用はない

POINT!
生命保険の非課税限度額の計算には、相続放棄した人も「法定相続人の数」に含めるが、相続放棄した人には非課税の適用はない。

そのほかの評価

家財、美術品、ゴルフ会員権などの評価方法

重要 一般動産や美術品は**売買実例価額**や**精通者意見価格**などで評価

重要 ゴルフ会員権は**取引価格の70％で評価**

経済的価値のあるものはすべて相続税の対象

相続財産というと、土地や建物、株式、預貯金などがすぐに思い浮かびます。そのほかにも、103ページに挙げたものに加え、高級ワインのコレクションやヨットなど、**財産として価値のあるものはすべて相続税の対象**となります。

家具や家電製品、自動車などの一般動産は、**売買実例価額**、専門家などの意見をもとにした**精通者意見価格**を参考にして評価します。売買実例価額とは、いわゆる中古市場における相場のことです。同じ種類や同程度の経過年数の中古品の市場価格を参考にして評価します。中古での市場価格がわからない場合は、新品の小売価額から課税時期までの償却費を差し引いて評価します。

一般動産は1個、または1組ずつ評価するのが原則ですが、5万円以下のものについては、家財一式としてまとめて評価することもできます。一般家庭であれば**家財一式で10～30万円が目安**になるでしょう。

ゴルフ会員権、リゾート会員権などで取引相場がある場合は、**相続開始日の取引価格の70％**で評価します。

取引相場のないゴルフ会員権は、次のいずれかで評価します。
① 株式としての評価額
② 株式としての評価額と預託金としての評価額の合算
③ 預託金の金額

書画や骨董品などの美術品は、相続開始日における時価で評価します。実際に市場などで売買されている価格（売買実例価額）、著名な美術商や各地の美術倶楽部などの専門家の鑑定による価格（精通者意見価格）を踏まえて評価します。宝石や貴金属も同じように評価します。

ただし、美術品も宝石類も5万円以下のものであれば、家財一式に含めて評価することもできます。

なお、金やプラチナは、相続開始日の市場での小売価格がそのまま評価額になります。

個人事業の事業用財産は相続財産になる

被相続人が個人で事業を行っていて、商品や製品、原材料などがある場合には、それらも相続税の対象です。商品や製品は、相続開始日の販売価額から利益、消費税、経費などを差し引いたものが評価額になります。原材料や半製品、仕掛品は、相続開始時の仕入価額に引取運賃や加工費などの経費を加算します。

102

そのほかのおもな財産の評価方法

家財、自動車（一般動産）

原則
- 相続開始日の**売買実例価額**または**精通者意見価格**

上記が不明な場合
- **新品の小売価額－償却費の合計額または減価の額**
- 5万円以下のものは、**家財一式**としてまとめてもよい

ゴルフ会員権、リゾート会員権

取引相場がある場合
- 相続開始日の**取引価格の70%**

取引相場がない場合
- **株式としての評価額**（株主でなければ会員になれない場合）
- **株式としての評価額と預託金としての評価額を合算**（株主で預託金の支払いも必要な場合）
- **預託金の金額**（預託金のみ支払っている場合）

書画や骨董品など美術品

- 相続開始時期の**売買実例価額**または**精通者意見価格**。宝石類も同様
- 5万円以下のものは、**家財一式**に含めてもよい

金、プラチナ

- 相続開始日の**市場での小売価格**

貸付金、売掛金

- **元本の額 ＋ 既経過利息**（→P99）

＊債権の回収が不可能、あるいは困難な場合は、その債務者に対する債権の元本部分については評価の対象とならない

著作権

- **年平均印税収入の額 × 50％ × 評価倍率**

相続税の計算の流れ

相続税は4つのステップで計算する

まずは全体の流れをつかもう

相続税は4つのステップに分けると理解しやすくなります。少し複雑ですが、一つひとつ手順を踏めば、それぞれの納付税額を計算できます。

重要 　**相続税の総額を確定**させてから、各人の相続割合によって相続税を割り振る

注意 　**基礎控除額**が課税価格の合計額を上回れば相続税はからない

相続税を計算するための4つのステップ

ステップ2　課税遺産総額の計算 ➡P108
各人の課税価格を合計し（正味の遺産額）、そこから基礎控除額を引く。この価額に相続税がかかる。

ステップ1　各人の課税価格の計算 ➡P106
まず財産を取得する人ごとに課税価格を計算する。

- 相続人Aの課税価格
- 相続人Bの課税価格
- 相続人Cの課税価格

課税価格の合計額（正味の遺産額）

課税遺産総額（実際に課税される遺産総額） ＋ 基礎控除額

基礎控除額が**課税価格の合計額を上回れば**相続税はかからない！

ステップ4 各人の納付税額の計算 ➡P112

相続税の総額を実際に財産を取得した割合に応じて按分し、各人の相続税額を求め、各種加算または控除をプラスマイナスする。

ステップ3 相続税の総額の計算 ➡P110

法定相続人が法定相続分どおりに財産を取得したと仮定して、各人の取得金額を計算し、それに税率をかけたものを合計して、相続税の総額を求める。

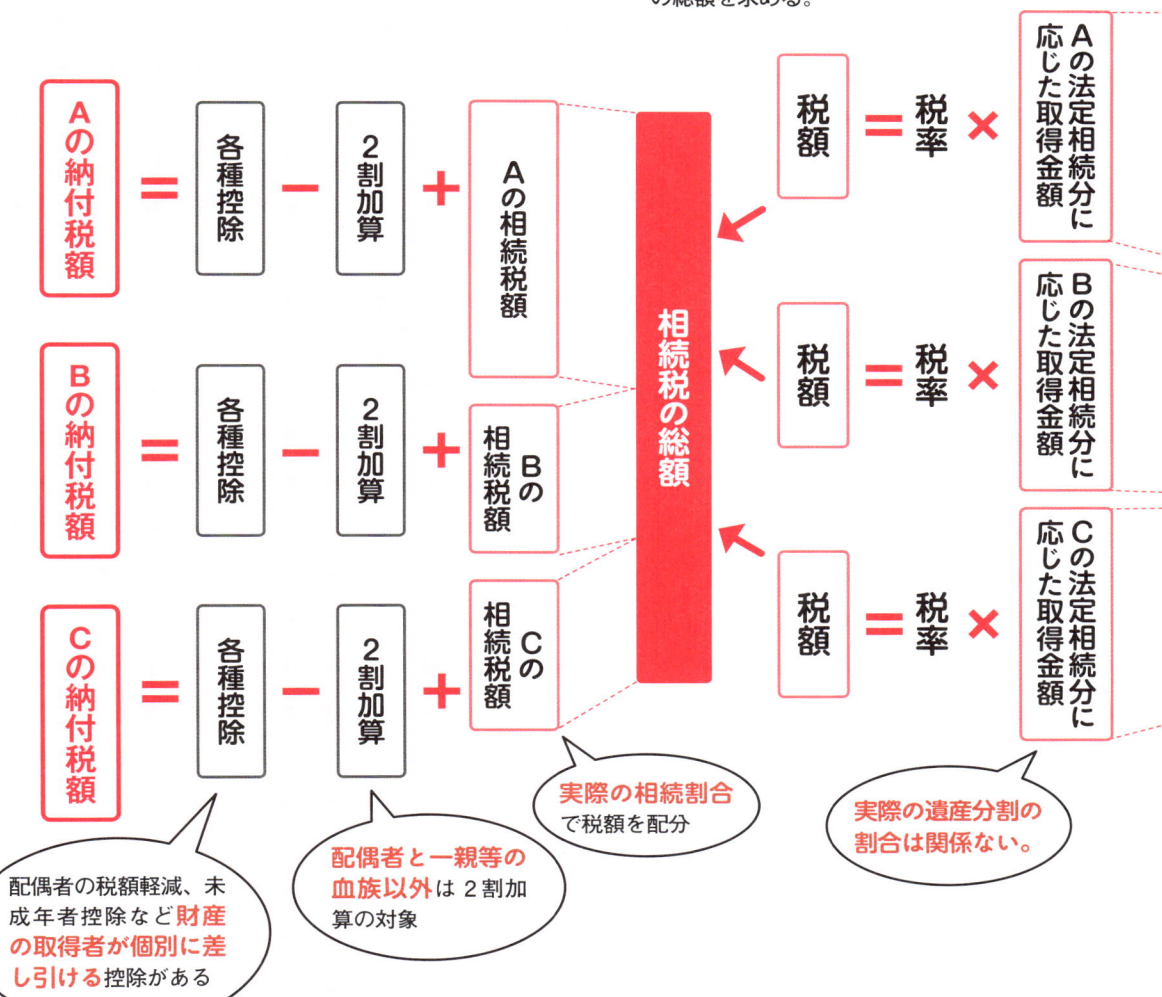

Aの納付税額 = 各種控除 − 2割加算 + Aの相続税額

Bの納付税額 = 各種控除 − 2割加算 + Bの相続税額

Cの納付税額 = 各種控除 − 2割加算 + Cの相続税額

相続税の総額

税額 = 税率 × Aの法定相続分に応じた取得金額

税額 = 税率 × Bの法定相続分に応じた取得金額

税額 = 税率 × Cの法定相続分に応じた取得金額

- **実際の相続割合**で税額を配分
- **実際の遺産分割の割合は関係ない。**
- 配偶者と一親等の**血族以外**は2割加算の対象
- 配偶者の税額軽減、未成年者控除など**財産の取得者が個別に差し引ける**控除がある

相続税の計算方法

[ステップ1] 各人の課税価格を計算する

重要 葬儀費用は相続財産から差し引ける

注意 相続開始前3年以内の贈与は、相続財産にプラスして計算する

課税価格にはさまざまな財産が含まれる

相続税の計算は、**相続人（または受遺者、受贈者）**それぞれの課税価格を求めることから始めます（相続税の課税対象者は →P75）。この前提として、まずは相続や遺贈などによって取得した財産のすべてを、正しく評価しなくてはなりません（→P82〜103）。

相続税の課税対象は、相続や遺贈などによって取得した**本来の相続財産**だけではありません。107ページの図のように、一定の贈与、**みなし相続財産**や、**債務控除**などをプラスマイナスして、課税価格を求めます。

墓地や仏壇には相続税がかからない

相続財産のなかでも、課税対象とすることはふさわしくないと考えられ、非課税になる財産があります（**非課税財産**）。たとえば、墓地や仏壇などの**祭祀財産**、公益のために使われる財産などが挙げられます。

また、被相続人の生前の借金などはマイナスの相続財産にあたり、相続税の計算からは差し引くことができます。

そのほか、被相続人の**葬式費用**は相続財産から差し引けます。本葬や通夜にかかる費用、戒名料、お布施など、通常葬儀にかかる費用であれば控除できます。

借金などの債務と葬式費用をまとめて**債務控除**と呼びます。ただし、債務控除を差し引けるのは、原則として、相続人と包括受遺者（→P48）にかぎられます。

おもな非課税財産

祭祀財産	具体的には墓地や墓石、仏壇、霊廟、祭具などで、日常礼拝の対象としているものにかぎる。骨董品や投資目的で購入したものは除く
一定の死亡保険金や死亡退職金	相続人が取得した死亡保険金や死亡退職金などはみなし相続財産になるが、そのうち「500万円×法定相続人の数」までは非課税
公益事業用財産	宗教、慈善、学術、そのほかの公益を目的とする事業を行う人が取得した財産で、その公益事業で使われることが確実なもの
国などへの寄付金	相続税の申告期限までに、国や地方公共団体、特定の公益法人に寄付した財産

各人の課税価格の計算方法

● 財産を取得した人ごとに課税価格を計算する

[本来の相続財産 ➡P78] ＋ [みなし相続財産 ➡P78] − [非課税財産 ➡P106下表] ＋ [相続時精算課税にかかる贈与財産 ➡P78]

− [債務および葬儀費用 ➡下図] ＋ [相続開始前3年以内の贈与財産 ※相続時精算課税の適用財産を除く ➡P78] ＝ **各人の課税価格**（1,000円未満切り捨て）

------ ここまでの計算でマイナスになった場合は、ゼロとして次に進む

計算例

- 妻　相続財産 5,500万円 ＋ みなし相続財産（死亡保険金） 3,000万円 − 非課税財産（死亡保険金の非課税） 1,500万円 ＝ 課税価格 **7,000万円**

- 長男　相続財産 4,000万円 − 葬儀費用 200万円 ＝ 課税価格 **3,800万円**

- 長女　相続財産（課税価格） **3,000万円**

債務控除の例

債務

- 借入金やローンなど（相続開始の際に存在するもの）
- 未払いの税金、公共料金、医療費
- 事業上の債務（買掛金や未払金）
- 敷金などの預り金

✘ これは控除できない！
- 墓所、仏壇など非課税財産にかかる未払金
- 相続人の過失によって課された延滞税

葬式費用

- 仮葬・本葬・通夜費用
- 火葬や納骨にかかる費用
- 戒名料、お布施
- 遺体の捜索や運搬費用

＊葬式の飲食代や、手伝ってくれた人へのお礼、移動のタクシー代など、通常、葬儀にかかる費用は控除できる

✘ これは控除できない！
- 香典返し
- 墓地・墓石などの購入費や借用料
- 初七日や四十九日、法事のための費用
- 医学上、裁判上の特別費用（遺体解剖費用）

相続税の計算方法

[ステップ2] 課税遺産総額を計算する

- **重要** 基礎控除額を差し引いて、課税遺産総額を求める
- **注意** 相続放棄した人も「法定相続人の数」に含める
- **注意** 「法定相続人の数」に含める養子の数には制限がある

課税遺産総額から基礎控除額を引く

[ステップ2] では、課税遺産総額を求めます。

まず、[ステップ1] で求めた「各人の課税価格」を合計します。この合計額から基礎控除額を差し引いた額が、課税遺産総額です。

基礎控除額は、「3000万円＋600万円×法定相続人の数」です。

相続税の計算の際の法定相続人の「数」に注意

ここで気をつけたいのは、「法定相続人の数」です。

相続税の計算では、基礎控除額の計算以外でも、「法定相続人の数」を使う場面がありますが、この場合の「法定相続人の数」に含まれる法定相続人は、民法の法定相続人と必ずしも一致しないので注意が必要です。

まず、**相続の放棄があっても、相続税の計算上は、その人を法定相続人の数に含めます。**

また、被相続人に養子がいる場合、

相続税の計算における「法定相続人の数」の考え方

❶ 相続放棄をした人がいても、人数に含める

右図のように子Aが相続放棄した場合でも、「法定相続人の数」に含め、3人として計算する。

このケースの法定相続人の数 → **3人**

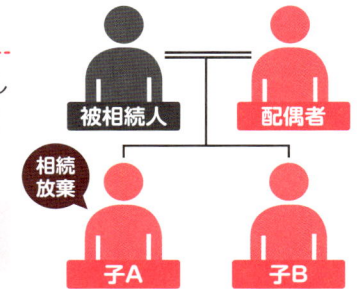

（被相続人／配偶者／子A〔相続放棄〕／子B）

❷「法定相続人の数」に含める養子の数に制限がある

実子がいる場合は1人まで、いない場合は2人まで含めることができる。右のケースは、養子が2人いるが、「法定相続人の数」に含める養子は1人だけ。

このケースの法定相続人の数 → **3人**

（被相続人／配偶者／実子A／養子B／養子C）

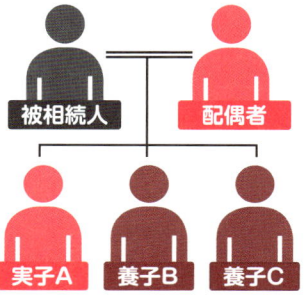

課税遺産総額の計算方法

1 相続や遺贈などで財産を取得した人すべての課税価格を合計する

［ステップ1］より転記

各人の課税価格 ＋ 各人の課税価格 ＋ 各人の課税価格 ＝ 課税価格の合計額

計算例

妻の課税価格　　長男の課税価格　　長女の課税価格　　課税価格の合計額
7,000万円　＋　3,800万円　＋　3,000万円　＝　1億3,800万円

2 基礎控除額を求める

3,000万円 ＋ 600万円 × 法定相続人の数 ＝ 基礎控除額

計算例

　　　　　　　　　　　　　法定相続人の数　基礎控除額
3,000万円　＋　600万円　×　3人　＝　4,800万円

3 課税価格の合計額から基礎控除額を引いて、課税遺産総額を計算する

課税価格の合計額 － 基礎控除額 ＝ 課税遺産総額

計算例

課税価格の合計額　　基礎控除額　　課税遺産総額
1億3,800万円　－　4,800万円　＝　9,000万円

法定相続人の数に含めることのできる養子の数は、次のとおり制限されています。

- 実子がいる場合は1人
- 実子がいない場合は2人まで

これは、相続税の計算上だけの取り扱いであり、法定相続人の「数」に算入する養子の「数」についての制限です。たとえば養子が5人いて、その親（養親）が亡くなれば、養子の5人はみな相続人になります。ただし、あくまでも相続税の計算上は、そのうちの1人または2人しか、法定相続人の数に含めないということです（➡P108上図）。

かつて養子を増やすことで相続税の節税をはかるケースが横行したため、現在では、このような制限が設けられています。

なお、次の人は実子とみなされるため、養子の数の制限は受けません。

① 民法の特別養子縁組による養子
② 配偶者の実子で被相続人の養子となった人
③ 被相続人の子（実子、養子）の代襲相続人

相続税の計算方法

[ステップ3] 相続税の総額を計算する

> **重要** 相続税の総額は、**法定相続分どおりに相続したと仮定**して求める
>
> **重要** 相続税は、課税対象額が大きくなるほど段階的に税率が高くなる**累進課税方式**

法定相続分どおりに取得したと仮定して計算

課税遺産総額を計算したら、次は**相続税の総額**を計算します。

相続税の総額は、**法定相続人が法定相続分どおりに取得したものと仮定して計算**します。実際に相続する人や相続する割合は関係ありません。

たとえば、子ども3人で相続する場合。仮に長男が全額相続するケースでも、ここでは課税遺産総額を、法定相続分の3分の1ずつ分けたと仮定して、法定相続人ごとの税額を計算します。この段階では、相続放棄した人がいる場合も、法定相続分を相続したものとして計算します。法定相続人ごとの税額を計算した
ら、その額を合計して、**相続税の総額**を求めます。

相続税は取得金額が大きいほど税額が高くなる

相続税は、課税対象額が大きくなるにつれて、適用する税率が大きくなる**累進課税方式**です。

本来は、取得金額1000万円までの部分は○%、1000万円超〜3000万円までの部分は○%と、取得金額に応じた税率をかけて計算し、それらを合計して税額を求めます。ただ、この方法だと計算が複雑になるので、実務上は簡便的に速算表を使います。速算表は、取得金額に一番高い部分の税率をかけて、一定額を控除して計算します。

相続税の速算表

法定相続分に応じた取得金額		2014年まで		2015年以降	
		税率	控除額	税率	控除額
	1,000万円以下	10%	—	10%	—
1,000万円超	3,000万円以下	15%	50万円	15%	50万円
3,000万円超	5,000万円以下	20%	200万円	20%	200万円
5,000万円超	1億以下	30%	700万円	30%	700万円
1億円超	2億以下	40%	1,700万円	40%	1,700万円
2億円超	3億以下			45%	2,700万円
3億円超	6億以下	50%	4,700万円	50%	4,200万円
6億円超				55%	7,200万円

相続税の総額の計算方法

1 法定相続人が法定相続分どおりに財産を取得した場合の各人の取得金額を計算する

［ステップ2］より転記

課税遺産総額 × 各人の法定相続分 = 法定相続分に応じた各人の取得金額（1,000円未満切り捨て）

計算例

	課税遺産総額		法定相続分		法定相続分に応じた取得金額
●妻	9,000万円	×	$\frac{1}{2}$	=	4,500万円
●長男	9,000万円	×	$\frac{1}{4}$	=	2,250万円
●長女	9,000万円	×	$\frac{1}{4}$	=	2,250万円

2 相続税の速算表（→P110下表）を使って、各人の取得金額にかかる税額を計算する

法定相続分に応じた各人の取得金額 × 税率 − 控除額 = 相続税の総額の基となる税額

計算例

	法定相続分に応じた取得金額		税率		控除額		相続税の総額の基となる税額
●妻	4,500万円	×	20%	−	200万円	=	700万円
●長男	2,250万円	×	15%	−	50万円	=	287万5,000円
●長女	2,250万円	×	15%	−	50万円	=	287万5,000円

3 2の税額を合計して相続税の総額を計算する

各法定相続人ごとの相続税の総額の基となる税額 ＋ 各法定相続人ごとの相続税の総額の基となる税額 ＋ 各法定相続人ごとの相続税の総額の基となる税額 ＝ 相続税の総額（100円未満切り捨て）

計算例

妻の相続税の総額の基となる税額		長男の相続税の総額の基となる税額		長女の相続税の総額の基となる税額		相続税の総額
700万円	＋	287万5,000円	＋	287万5,000円	=	1,275万円

相続税の計算方法

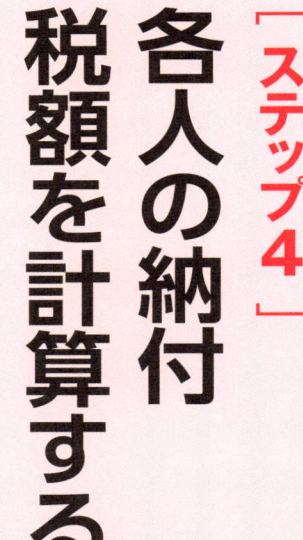

[ステップ4] 各人の納付税額を計算する

2割加算になる人たち

- 祖父母 → 2割加算
- 父母（一親等の血族）
- 兄弟姉妹 → 2割加算
- 被相続人
- 配偶者
- 子（すでに死亡）
- 子
- 養子で孫B → 2割加算
- 孫A（代襲相続人）
- 孫B → 2割加算
- 相続人ではないが、遺贈や死因贈与によって財産を取得した人 → 2割加算

2割加算の対象にならない人
- 被相続人の配偶者
- 一親等の血族（父母または子ども。孫養子は除く）
- 被相続人の実子や養子の代襲相続人

> **重要** 相続税の総額を、**実際の取得額の割合で按分**し、相続人ごとの相続税額を求める

> **重要** 一定の人については、相続税額に**加算や控除**を行って納付税額を求める

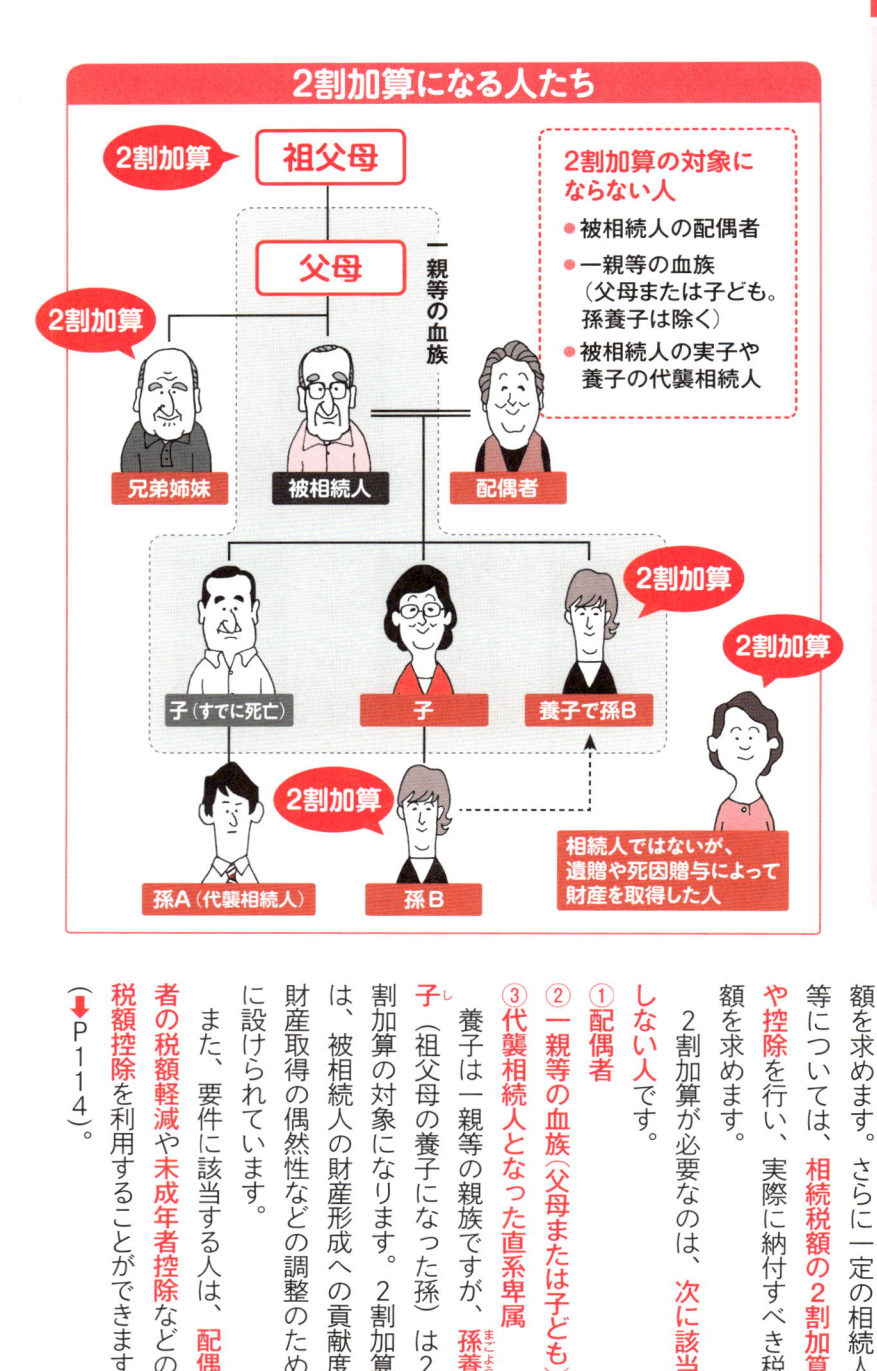

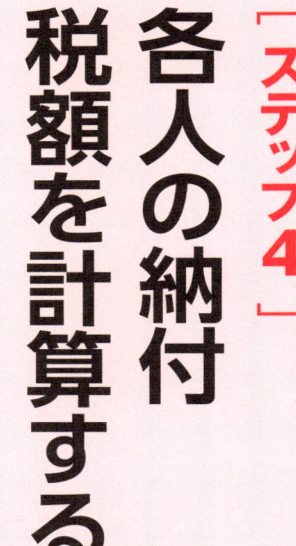

必要に応じて2割加算や税額控除を行う

[ステップ4]では、[ステップ3]で求めた相続税の総額を、**実際の取得額の割合で按分**して、相続人（または受遺者、受贈者）ごとの相続税額を求めます。さらに一定の相続人等については、**相続税額の2割加算や控除**を行い、実際に納付すべき税額を求めます。

2割加算が必要なのは、**次に該当しない人**です。

① 配偶者
② 一親等の血族（父母または子ども）
③ 代襲相続人となった直系卑属

養子は一親等の親族ですが、**孫養子**（祖父母の養子になった孫）は2割加算の対象になります。2割加算は、被相続人の財産形成への貢献度、財産取得の偶然性などの調整のために設けられています。

また、要件に該当する人は、**配偶者の税額軽減**や**未成年者控除**などの税額控除を利用することができます（→P114）。

各人の納付税額の計算方法

1 相続税の総額を、実際の取得額の割合で按分して、各人の相続税額を求める。

按分割合 ……[ステップ1]より転記

$$\text{相続税の総額} \times \frac{\text{各人の課税価格}}{\text{課税価格の合計額}} = \text{各人の相続税額}$$

……[ステップ2]より転記

計算例

● 妻
相続税の総額　按分割合
1,275万円 × 7,000万円 / 1億3,800万円
各人の相続税額
＝ 646万7,391円

● 長男
相続税の総額　按分割合
1,275万円 × 3,800万円 / 1億3,800万円
各人の相続税額
＝ 351万869円

● 長女
相続税の総額　按分割合
1,275万円 × 3,000万円 / 1億3,800万円
各人の相続税額
＝ 277万1,739円

2 必要に応じて2割加算や、税額控除（→P114）を行う。
複数の控除がある場合、税額控除は①から順に適用する

各人の相続税額 ＋ 2割加算（相続税額の20％） － ①暦年課税分の贈与額税控除 － ②配偶者の税額軽減 － ③未成年者控除

－ ④障害者控除 － ⑤相次相続控除 － ⑥外国税額控除 － ⑦相続時精算課税分の贈与税額控除

ここまでで赤字のときはゼロとする　　　　　赤字のときは還付される

＝ 納付すべき相続税額（100円未満切り捨て）

計算例

● 妻
妻の相続税額　配偶者の税額軽減　納付税額
646万7,391円 － 646万7,391円 ＝ 0円

● 長男　納付税額　351万800円
● 長女　納付税額　277万1,700円

＊長男と長女は税額控除なし

知っ得アドバイス　按分割合は端数処理してもOK

按分割合は分数が基本ですが、小数点以下2位未満の端数がある場合は、全員の割合の合計が1.00になるように、小数点以下2位未満の端数を調整してよいことになっています。相続人全体の納付税額がもっとも少なくなるように調整を行うとよいでしょう。

【例】
按分割合　　　　　　　　　　端数調整後の按分割合
● 妻　7,000万円 / 1億3,800万円 ＝ 0.5072…… → 0.52

● 長男　3,800万円 / 1億3,800万円 ＝ 0.2753…… → 0.27

● 長女　3,000万円 / 1億3,800万円 ＝ 0.2173…… → 0.21

税額控除の種類と計算方法

1 暦年課税分の贈与税額控除

相続開始前3年以内の贈与財産には相続税がかかるが、贈与税と相続税の二重課税を防ぐため、すでに支払った贈与税額分が控除される。

- ◆ 対象者…相続・遺贈で財産を取得した人で、相続開始前3年以内に被相続人から贈与を受けた人
- ◆ 控除額…3年以内の贈与で、すでに支払った贈与税額分

2 配偶者の税額軽減

配偶者は、被相続人の財産形成に貢献しているため、今後の生活費の負担を考慮した税額軽減がある。取得した財産額が法定相続分、または1億6,000万円までであれば相続税はかからない（按分割合の端数処理によっては発生するケースもある）。

- ◆ 対象者…被相続人の配偶者
- ◆ 控除額…相続税の総額 × $\dfrac{\text{A、Bいずれか少ないほうの金額}}{\text{課税価格の合計額}}$

  A 課税価格の合計額×配偶者の法定相続分
  　（1億6,000万円未満のときは1億6,000万円）
  B 配偶者の課税価格

【計算例】
課税価格の合計額は3億円。配偶者が相続財産の2/3（2億円）、子どもが1/3（1億円）を相続。相続税の総額は6,920万円の場合

6,920万円 × 2/3 ＝ 4,613万3,333円 ←配偶者の相続税額

配偶者の税額軽減の計算式にあてはめると…

6,920万円 × $\dfrac{1億6,000万円}{3億円}$ ＝ 3,690万6,666円 ←軽減額

4,613万3,333円 － 3,690万6,666円 ＝ 922万6,667円 ←納付税額
（100円未満は切り捨て）

配偶者控除の落とし穴！

二次相続で税額が増えることも

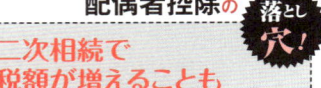

配偶者の税額軽減を最大限利用すると、配偶者が亡くなったときの二次相続で、一次相続と二次相続の相続税額の合計が増えてしまうことがあります。先々のことも踏まえて相続割合を検討する必要があるでしょう。➡P184

3 未成年者控除

相続人が20歳未満であれば、税額が控除される。ただし、過去にも別の相続で未成年者控除を受けている場合は控除額が制限されることがある。

- ◆ 対象者…20歳未満の相続人（放棄した人を含む）
- ◆ 控除額…10万円 × 満20歳になるまでの年数
  　　　　（1年未満は切り上げ）

114

4 障害者控除

相続人が障害者の場合、税額が控除される。ただし、過去にも別の相続で障害者控除を受けている場合は控除額が制限されることがある。

- ◆ 対象者…85歳未満で障害を持つ相続人（放棄した人を含む）
- ◆ 控除額…一般障害者　10万円 × 満85歳になるまでの年数
（1年未満は切り上げ）
特別障害者　20万円 × 満85歳になるまでの年数
（1年未満は切り上げ）

5 相次相続控除

短期間で相続が続けて起こると税負担が大きくなることから、10年以内に相続が2回以上起こった場合には、2回目の相続税から一定割合を控除できる。

- ◆ 対象者…10年以内に2回以上の相続を受けている人
- ◆ 控除額…1回目に支払った相続税の一部。一定の計算式による ➡P184

6 外国税額控除

二重課税を防ぐため、外国で相続税に相当する課税があった場合は一定額を控除できる。

- ◆ 対象者…相続や遺贈などにより外国にある財産を取得し、外国で相続税に相当する税金を納めた人
- ◆ 控除額…次のA、Bいずれか少ないほう
A 外国で課税された額
B 相続税の額 × $\dfrac{海外にある財産の額}{相続人の相続財産の額}$

7 相続時精算課税分の贈与税額の控除

相続時精算課税（➡P162）はほかの6つとは性質が異なるため、控除した結果、マイナス分が出た場合は申告書の提出で還付される。

- ◆ 対象者…相続時精算課税を利用した人
- ◆ 控除額…相続時精算課税分の贈与税額
（控除により税額が赤字になった場合、その金額が還付される）

相続税の計算の4ステップをおさらいしよう
～相続人と受遺者がいる場合の計算例～

● 孫に遺贈がある場合

夫（被相続人） ― 妻（相続人）
　　　　　　　　長男（相続人）
　　　　　　　　孫（受遺者）

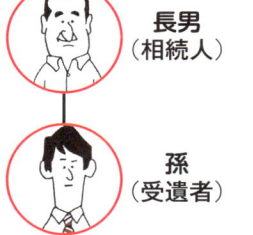

《設定》財産の取得者は相続人2人（妻、長男）と、受遺者1人（孫）の計3人。法定相続人の数は2人

106～115ページで相続税の計算方法を4つのステップに分けて説明しました。ここでは、4ステップのおさらいをかねて、財産取得者に相続人以外の人が含まれる場合の計算例を紹介します。

ステップ1　各人の課税価格の計算

● 妻
　相続財産　　　みなし相続財産（死亡保険金）　　非課税財産（死亡保険金の非課税）　　課税価格
　5,000万円　＋　3,000万円　－　1,000万円　＝　7,000万円

● 長男
　相続財産　　　債務および葬儀費用　　課税価格
　5,000万円　－　200万円　＝　4,800万円

ポイント 死亡保険金の非課税額をマイナスする

● 孫
　遺贈財産（課税価格）
　1,000万円

ポイント 葬儀費用を差し引く

ステップ2　課税遺産総額の計算

❶ 各人の課税価格を合計する

　妻の課税価格　　長男の課税価格　　孫の課税価格　　課税価格の合計額
　7,000万円　＋　4,800万円　＋　1,000万円　＝　1億2,800万円

❷ 基礎控除額を求める

　　　　　　　　　　　　法定相続人の数　　基礎控除額
　3,000万円　＋　600万円　×　2人　＝　4,200万円

ポイント 「法定相続人の数」に注意。このケースでは妻と長男の2人

❸ 課税遺産総額を計算する

　課税価格の合計額　　基礎控除額　　課税遺産総額
　1億2,800万円　－　4,200万円　＝　8,600万円

ステップ3　相続税の総額の計算

❶ 法定相続人が法定相続分どおりに財産を取得した場合の各人の取得金額を計算

- 妻　課税遺産総額 8,600万円 × 法定相続分 $\frac{1}{2}$ = 法定相続分に応じた金額 4,300万円
- 長男　課税遺産総額 8,600万円 × 法定相続分 $\frac{1}{2}$ = 法定相続分に応じた金額 4,300万円

❷ 相続税の速算表を使って取得金額にかかる税額を計算する

- 妻　法定相続分に応じた金額 4,300万円 × 税率 20％ − 控除額 200万円 = 相続税の総額の基となる税額 660万円
- 長男　4,300万円 × 20％ − 200万円 = 660万円

ポイント 相続税の総額は、「法定相続人が法定相続分どおり取得した」場合で計算

❸ ❷の税額を合計して相続税の総額を出す

妻の相続税の総額の基となる税額 660万円 ＋ 長男の相続税の総額の基となる税額 660万円 ＝ 相続税の総額 1,320万円

ステップ4　各人の納付税額の計算

❶ 相続税の総額を、実際の取得額の割合で按分する

按分割合：各人の課税価格 ÷ 課税価格の合計額

- 妻　相続税の総額 1,320万円 ×（各人の課税価格 7,000万円 ÷ 課税価格の合計額 1億2,800万円）＝ 各人の相続税額 721万8,750円
- 長男　1,320万円 ×（4,800万円 ÷ 1億2,800万円）＝ 495万円
- 孫　1,320万円 ×（1,000万円 ÷ 1億2,800万円）＝ 103万1,250円

ポイント ステップ1で求めた「各人の課税価格」を使う

❷ 必要に応じて2割加算や税額控除を行う

- 妻　各人の相続税額 721万8,750円 − 配偶者の税額軽減 721万8,750円 ＝ 納付すべき税額 0円
- 長男　納付すべき税額 495万円
- 孫　各人の相続税額 103万1,250円 ＋ 2割加算 20万6,250円 ＝ 納付すべき税額 123万7,500円

ポイント 必要に応じて加算、控除を行い、納付税額が確定する

相続税の納付

相続税は現金一括で納めるのが原則

重要 相続税は現金で**一括納付**するのが原則

注意 **延納**や**物納**という方法もあるが、適用の条件は厳しい

■原則は申告期限までに現金一括で！

相続税がかかる場合は、10か月以内に**現金で一括納付**するのが原則です。しかし、なかには不動産や非上場株式など、評価額が高くても換金しにくい財産を相続するケースもあります。

このように金銭で一括納付するのが困難な場合のために、相続税には、**延納**と**物納**という制度があります。延納は分割で相続税を納める方法、物納はお金の代わりに相続財産で税金を納める方法です。

ただし、延納や物納はあくまでも例外的な制度です。納付方法の優先順位は、①**現金一括納付**→②**延納**→③**物納**です。

なお、延納期間は利息に相当する**利子税**がかかります（➡P120）。物納の場合も物納財産の収納の日までの間、利子税の負担が生じます。

■延納や物納のハードルは高い！

延納や物納を利用するには、それぞれ一定の要件を満たす必要があますが（➡P119下図）、この要件は、かなり厳しいです。

延納や物納が認められるのは、最低限の生活費（夫婦2人で月15万円程度）を除いて、**現在持っている現金や預貯金、換金の容易な財産をほぼすべて相続税の納税にあてても納付できない場合のみ**です。これには、相続や遺贈で引き継いだ財産だけでなく、相続人がもともと持っていた現金や預貯金も含まれます。

また、物納の場合、どんな財産でも物納できるわけではありません。物納できる財産の種類や優先順位が定められています。

さらに対象となる種類の財産でも、税務署が管理や処分に難があるとする財産（**管理処分不適格財産**）は、物納することができません。たとえば、境界が明らかでない土地などは管理処分不適格財産に該当します（➡P120）。

■物納を希望するなら生前から準備する

物納を希望する場合は、早めに準備しておく必要があります。とくに不動産で物納しようと考えている場合は、予定している不動産が管理処分不適格財産ではないか、事前に調査する必要があるでしょう。物納に詳しい税理士や土地家屋調査士などの専門家などに相談することをおすすめします。

相続税の納付方法と要件

原則
現金一括納付
相続税は、申告期限までに現金で一括納付するのが原則。

現金一括が難しい場合
延納
相続税を分割して毎年納める。相続財産に占める不動産の割合に応じて延納できる期間や利子税が決まる。

延納も難しい場合
物納
現金の代わりに相続や遺贈で引き継いだ財産で納める方法。物納できる財産には順位などの決まりがある。
➡P120

延納と物納の要件

延納の要件

1. 相続税額が10万円を超えていること
2. 金銭で納付することが困難な金額の範囲内であること
3. 「延納申請書」と「担保提供関係書類」を納期限までに提出すること
4. 延納税額に相当する担保を提供すること

担保として認められるもの
- 国債、地方債、社債、その他の有価証券で税務署長等が確実と認めるもの
- 土地、建物、立木、船舶
- 税務署長等が確実と認める保証人の保証 など

物納の要件

1. 延納によっても金銭で納付することが困難な金額の範囲内であること
2. 物納申請財産が一定の種類および順位によるものであること ➡P120
3. 「物納申請書」と「物納手続関係書類」を納期限までに提出すること
4. 物納申請財産が物納適格財産であること

物納申請財産の順位

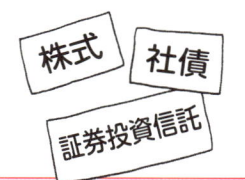

特定登録美術品　順位に関係なく物納できる

第1順位
国債、地方債、不動産、船舶、上場株式等

第2順位
非上場株式等（社債、株式、証券投資信託などの受益証券）

第3順位
動産

✕ こんな財産は物納できない（管理処分不適格財産の例）

- 抵当権の目的となっている不動産
- 権利の帰属について争いがある不動産
- 境界が明らかでない土地
- 共有不動産（共有者全員が持分の全部を物納する場合を除く）
- 管理や処分に過大な費用がかかると見込まれる不動産

延納の期間と利子税

区分		延納期間（最高）	利子税（年割合）	特例割合
不動産等の割合が75％以上	不動産等に対応する税額	20年	3.6％	延納利子税割合 × 延納特例基準割合＊ 7.3％
	動産等に対応する税額	10年	5.4％	
不動産等の割合が50％以上75％未満	不動産等に対応する税額	15年	3.6％	
	動産等に対応する税額	10年	5.4％	
不動産等の割合が50％未満	立木に対応する税額（立木の割合30％超）	5年	4.8％	
	立木以外の財産に対応する税額		6.0％	

＊前々年の10月から前年の9月における短期貸付けの平均利率の割合として、財務大臣が告示する割合に1％を加算した割合

3章

生前対策と遺言の基礎知識

相続を円満に進めるには、被相続人が生前に対策しておくことが大切です。ここでは、生前対策を考えるうえでのポイントと、生前対策の有効な手段のひとつである遺言の作成方法を解説します。

生前対策の基本①
生前にしておきたい相続対策

重要 「争族」が起きないように**遺産分割対策**を行うこと

重要 相続税がかかりそうな人は**納税資金対策**と**節税対策**も

注意 **資産家でなくても**遺産争いが起きる可能性はある

遺産をめぐる争いは資産家だけの問題ではない

「遺産争いなんて資産家だけのもの」と思っている人も多いかもしれません。しかし、相続財産の多少にかかわらずトラブルは起きますし、仲のよい家族でも残念ながら争いが起きる可能性があります。

一番トラブルになりやすいのは、**おもな相続財産は被相続人の自宅だけであり、相続人が複数いるケース**です。自宅を売却し、売却代金を法定相続分どおり分けられればよいですが、実際には、配偶者や特定の相続人家族がその家に住んでいるケースもあり、そう簡単に売却できないことが多いでしょう。

さらに、相続人の1人だけが多額の贈与を受けている、または、別の相続人が介護を一手に引き受けていたなどの場合、話は一層まとまりにくくなり、場合によっては裁判所で争うという事態も起こります。

こうした家族間の争いを避けるためには、事前に対策を講じておくことが大切です。その手段のひとつが**遺言**です。遺言で、各相続人の事情を考慮した遺産の分け方を指定することで、未然にトラブルを防ぐことができます（**①遺産分割対策**）。

必要に応じて税金対策も行う

資産が多く、相続税を払う必要がありそうなら、相続税対策も必要で

しょう。

相続税対策は、まず納税資金を捻出できるかを確認します。相続税は、相続発生から**10か月以内に現金一括で納める**のが原則です。期限までに納めるのが難しい場合には、生命保険などで納税資金を確保する、延納や物納を検討するなど、早めの準備が必要です（**②納税資金対策**）。

また、納税資金で困らないためには、相続税をいかに抑えるかも重要です。具体的には、「小規模宅地等の特例」などの相続税の特例を利用したり、生前贈与をうまく活用したりする方法があります（**③節税対策**）。

このように、相続対策は大きく分けて、①遺産分割対策、②納税資金対策、③節税対策の3つがあります。相続税対策ということばかり考えがちですが、③の節税対策のことよりも大事なことは、残された家族が争わないように**遺産分割対策（争族対策）を最優先に考える**こと。そのうえで、確実に納税できるように準備し、無理のない範囲で節税対策を行いましょう。

相続対策の基本は3つ

❶ 遺産分割対策
残した財産を分割する方法で、家族がもめないようにするための対策。

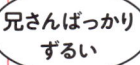

おもな方法
- 家族に不公平感が残らないような遺言を残す ➡P128
- 家族できちんと話し合う ➡P124
- 代償分割、換価分割の検討 ➡P62
- 財産を分けやすいように、不動産を売却しておく

❷ 納税資金対策
相続発生後、10か月以内に相続税をきちんと支払えるようにする対策。

おもな方法
- 財産を現金化する
- 不動産を売りやすい物件に買い換える
- 生命保険に加入し、相続発生時に現金を受け取れるようにしておく ➡P174
- 物納、延納の検討 ➡P118

❸ 節税対策
財産を相続した人の相続税の負担を減らす対策。

おもな方法
- 生前贈与の活用 ➡P152
- 生命保険の活用 ➡P174
- 小規模宅地等の評価減の利用 ➡P88、166

とくに「争族」になりやすいケース

1. おもな相続財産が不動産だけ
2. 被相続人に配偶者はいるが、子どもはいない
3. 被相続人が2度以上結婚し、それぞれ子どもをもうけていた
4. 特定の相続人が、被相続人から多額の贈与を受けていた
5. 特定の相続人が、被相続人の介護を一手に引き受けていた

➡理由と対策は131ページ

生前対策の基本②
家族いっしょに今後の生活と相続を考える

重要 相続は親の今後の生活プランの延長線上にある

重要 相続は親子で一緒に考えるのが理想的

注意 「単刀直入」な質問はNG

今後の生活プランと合わせて考える

過去の生活状態などから、子どもは親の財産をある程度予測しています。そのため、親が亡くなったとき、思ったよりもお金が残っていない、財産の全体像が把握できないという場合、「ほかの兄弟が財産を使ったのでは？」「だれかが財産を隠しているのでは？」と疑心暗鬼になることがあります。

このような事態によって、家族同士が争う「争族」が起こることを避け、残された家族が財産をスムーズに引き継ぐためには、生前対策は家族全員で行うのが理想的です。

まず行うことは財産リストの作成です（→P126）。同時に、親の今後のマネープランを立てます。現在ある財産のすべてが家族に受け継がれるわけではありません。生活費や娯楽費、医療費などで親の財産は減っていくのが普通です。「今後の生活にいくらかかるのか」を試算したうえで、残りをだれにどれくらい残すかを考えます。

そのほか、介護が必要になったらどうするのか、もしくは老人ホームに入するのか、自宅はだれが継ぐのか――。そういった今後の生活プランを考えることも、相続対策を行ううえでは大切です。また、そうした思いを家族に伝え、考えを共有しておくといいでしょう。

子どもからはさりげないアプローチを

相続の話は、子どもからは切り出しにくいものです。「テレビで見たけど、相続トラブルって多いらしいね」などと、さりげなく話題を出し、相続の話ができる雰囲気を作りましょう。あるいは「この家も古くなったけれど、リフォームする？」など自宅をテーマにして話を切り出すのも効果的です。

不動産は、遺産分割の際にもめやすい財産であり、また額も大きいため、相続税におよぼす影響も大きいです。親の今後の住まいは、相続税の負担を大きく減らせるかにもかかわります（→P88、166）。

なお、兄弟姉妹がいる場合は、忙しい兄弟姉妹に代わり、良かれと思って特定の子どもが1人で話を進めると、あとでトラブルになりかねません。兄弟姉妹で共通の認識を持ちながら、家族全体での話し合いに発展させましょう。

生前対策の5つのステップ

STEP 1 財産をリストアップする

- 可能なかぎり財産をリストアップし、おおよその総額を出す

STEP 2 老後に必要な資金を計算する

- 「家族に残すお金」よりも、まずは「自分が使うお金」を優先的に考える
- 右記の点を考慮して、「今後必要なお金」の概算を出す

今後の生活に必要な資金を計算する際のポイント
- 通常の生活費はいくらか？
- 娯楽・お祝いなどに使いたい金額は？
- 医療費はどれくらいかかるか？
- 自宅の修繕費はどれくらい必要か？
- どこでだれと暮らすのか（住居費はどれくらい必要か）？
- 病気や介護が必要な場合はだれの手を借りるのか（老人ホームの入居費用などが必要かどうか）？

など

STEP 3 生前の自分の取り分を決める

- STEP2で計算した「今後必要な資金」を、STEP1の「財産の総額」から引く

STEP 4 財産の分け方を考える

- STEP3で残った財産をだれに、どのくらい渡すかを考える

STEP 5 相続対策をスタート
（遺産分割対策、納税資金対策、節税対策を検討）

財産の把握

まずは財産リストを作成する

- **重要** 財産を把握しないと相続対策はできない
- **重要** 財産リストを作成し、定期的に見直しを行うとよい
- **注意** 借金などマイナスの財産も必ずリストに入れる

プラスもマイナスも財産はすべて確認する

相続対策をするために、最初にすべきことは、財産リストを作成することです。どんな財産をいくら持っているのか把握することです。財産リストがなければ、だれに何を渡すか整理できませんし、相続税の概算も計算できません。また、実際に相続が起こった際、生前に作った財産リストがあれば、遺族が財産を探す際にも便利です。

リストには、預貯金、株式、不動産はもちろん、車や美術品など金銭的価値があるものは、すべて財産として記載します。配偶者や子ども名義の預貯金や株式も、実態が被相続人のものであれば相続財産とされるので（→P154）、リストに載せてください。

そのほか、生命保険金などのみなし相続財産（→P78）もリストに載せます。

さらに、借入金やローンなどマイナスの財産（→P36）も忘れずに記載しましょう。クレジットカードの未決済金、リボ払い、キャッシングの返済金、未納の税金、損害賠償義務、事業上の未払金や買掛金などもあればリストに加えます。

また、過去に行った贈与も記録しておきましょう。たとえば、兄弟姉妹のなかで1人だけ親から住宅資金を援助されていたという場合、その分を考慮して財産を分けないと、ほかの兄弟姉妹との公平が保てないからです。

定期的に見直し、時価で書いておく

財産リストは一度作ったらそれで終わりではなく、定期的に見直すことが大切です。たとえば、年に一度更新する日を決め（年末年始、年度初め、誕生日など）、修正を加えていきます。

また、それぞれの財産の金額は、購入時の金額ではなく、できるだけ現在の価値（時価）で書きましょう。2千万円で購入した土地が現在の価値では3千万円に上がっていれば、財産の分け方も変わるはずです。相続税も、相続時の時価をもとに計算するのが原則です。不動産や有価証券などは定期的に時価を確認し、リストを修正するとよいでしょう。

財産リストは生活プランの見直しにも役立つ

財産リストの作成は相続対策に欠かせませんが、今後の生活プランを

財産リストのチェックポイント

財産目録シート

☐ **資産が多くないか**
▶ 資産が多ければ相続税も多額になる。節税&納税資金対策が必要

☐ **借金が多くないか**
▶ 相続放棄の検討

☐ **不動産の占める割合が多くないか**
▶ 分割しにくいので、相続人間でもめる原因になりやすい。また不動産ばかりで現金が少ないと相続税の納税資金が足りなくなる可能性も

☐ **特定の人がもらいたい財産はないか**
▶ たとえばゴルフ会員権は実際にゴルフをする人、美術品はその価値がわかる人など、もらって喜ばれる分け方を考えたい

遺産分割シート

☐ **自分の老後の生活費は十分か**
▶ 財産を分ける以前に、今後の自分または家族の生活のことを考える必要がある。自分が生前に使う分を確保したうえで遺産分割を考える

☐ **遺留分を侵害しないか**
▶ 遺留分を侵害してしまう場合は、代償金などの準備を ➡P174

贈与記録シート

☐ **特定の人が多額の贈与を受けていないか**
▶ 贈与の分を考慮して財産の分け方を考えないと、相続人間で不公平感が生じ、トラブルのもとになる

☐ **贈与した当時と財産の価値が変わっていないか**
▶ 一定の贈与については特別受益として相続財産に含めるが、その際、土地のように値上がりしている財産は、現在(相続発生時)の価値で評価する ➡P56

見直すうえでも役立ちます。現在の資産と負債の状況が具体的にわかるので、今後の生活費への備えが十分かどうかを確認できますし、株式や不動産の時価を定期的に確認することで、運用の見直しや売却のタイミングなども検討できます。

本書では折込付録の「相続対策シート」の表面に、財産リストとして①財産目録シート(財産リスト)、②遺産分割シート、③贈与記録シート、また折込の裏面に④相続税計算シートをつけています。ぜひ、これらを活用して生前対策を進めてください。

遺言の基本

「争族」を防ぐためには遺言が効果的

> **重要** 遺言は法定相続より優先される
>
> **重要** 不公平な内容の遺言になってしまうときは付言事項で理由を伝える

法的効力がある遺言事項

遺言に書くことで、法的効力が生じる内容のことを遺言事項といいます。遺言事項は法律で定められていて、相続の法定事項の修正に関する事項や、財産処分に関する事項などがあります。

具体的には、相続分の指定や遺産分割方法の指定、遺贈に関することなどです。ほかにも遺言に記載すると法的効力を持つ事項は、左ページのようにさまざまあります。

逆にいうと129ページに挙げた事項以外は、遺言に記載しても法的効力を持ちません。たとえば「長男は妻と同居すること」「骨は散骨してほしい」などは遺言事項に該当しませんが、遺言に書くこと自体は自由です。それらの内容に法的効力はありませんが、相続人が意思をくんで実行してくれる可能性はあります。

遺言を残してトラブルのない相続を

遺言は、相続財産の処分などにつき遺言者の希望を実現させるためのものですが、残された家族の相続トラブル（争族）を防ぐという目的もあります。相続財産を「だれに」「どのように残すか」を、遺言者があらかじめ決めておくことによって、相続人間の争いを防ぐのです。

たとえば子どものいない夫婦で夫が亡くなった場合には、すべての財産が妻のものになるのではなく、被相続人の親または兄弟姉妹にも相続する権利が生じます。しかし、このケースで「配偶者にすべての財産を相続させる」という遺言があれば、相続財産のすべてが配偶者のものになるのです（親が相続人の場合は親に遺留分の権利あり⇒P52）。

ほかにも遺言が必要なケースを131ページに挙げました。掲載していないケースでも、少しでもトラブルの心配があれば、遺言を作成しましょう。

また、遺言の内容は、相続人間に不公平を生むこともあります。その場合は、そのような財産の分け方にした理由を付言事項という形で遺言に書き添えるとよいでしょう。

付言事項に法的効力はありませんが、遺言者がなぜこのような分け方にしようと考えたのかがわかると、財産を引き継ぐ側も冷静に受け止めやすくなります。付言事項を書くことですべての相続トラブルが防げるわけではありませんが、一定の効果はあるでしょう。

遺言で法的効力が生じる内容（遺言事項）

●相続分の指定

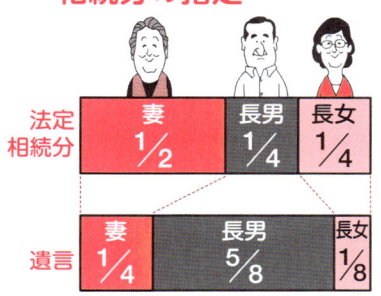

法定相続分	妻 1/2	長男 1/4	長女 1/4
遺言	妻 1/4	長男 5/8	長女 1/8

法定相続分と異なる指定ができる。
➡P46

●遺産分割方法の指定

だれに何を相続させるかなどを具体的に指定できる。

●第三者への遺贈

相続人以外の人に財産を遺贈できる。 ➡P48

●そのほかの遺言事項

区分	項目	内容
相続や財産の処分に関すること	特別受益の持戻しの免除	生前贈与を相続分に反映させない旨の意思表示ができる ➡P57
	遺留分減殺方法の指定	遺留分を侵害する遺贈が複数あるときに、減殺の順序や割合を指定できる ➡P52
	法定相続人の廃除、またはその取消し	相続させたくない法定相続人がいる場合、相続の権利をはく奪できる ➡P68
	特定団体などへの寄附	社会に役立てるために公益法人に遺贈することや、自ら公益法人を設立してそこへ寄附することができる
	遺産分割の禁止	死後5年以内の期間で遺産の分割を禁止できる
	共同相続人間の担保責任の指定	ある相続人が取得した財産に欠陥があったとき、民法ではほかの共同相続人がその損失を補うとしているが、その規定を変更できる
	信託の設定	信託銀行などに信託を依頼できる
身分に関することなど	子どもの認知	子どもの認知を行うことができる
	未成年後見人、または後見監督人の指定	自分の死亡により親族がいなくなる未成年の子について、後見人と、その監督人を指定できる
	遺言執行者の指定	相続手続きを確実に行うための遺言執行者を指定できる
	祭祀承継者の指定	墓や仏壇などの承継者を指定できる
	生命保険金の受取人の変更	被保険者の同意を受けたうえで保険金受取人を変更できる

効果的な遺言を作成するための6つのポイント

❶ 相続財産と相続人をきちんと調べる

財産の一部についてだけ遺言することもできるが、中途半端な遺言はトラブルのもと。財産をしっかり調べ、相続人が混乱しない遺言にする。

❷ 遺留分に配慮して遺言の内容を決める

相続人には、最低限これだけはもらえるという遺留分がある。特定の相続人の遺留分を侵害する相続分の指定は、トラブルのもとなので、その点に十分配慮する。 ➡P52

> 遺言書
> 長男に全財産を相続させる

> 私も1/8はもらう権利があるわ！

❸ だれに何を渡すか具体的に指定する

「Aに株式2000株を」など、具体的に指定するほうが遺産分割はスムーズ。「財産の○分の1」という相続割合の指定だと、結局、だれが何をもらうかを話し合いで決めないといけなくなる。

❹ 遺言執行者を指定する

遺言を確実に実現するには、遺言執行者を指定しておくのがおすすめ。だれを指定するかは、遺言にも書いておく。 ➡P134

❺ 決められた形式で、不備のないように作成

遺言は民法で定められたルールにのっとって書く。不備があると無効になるので注意。 ➡P134

> この遺言は無効です

❻ 不公平な内容になるときは理由を添える

法的効力はないが、被相続人の思いを遺言に書くこともできる（付言事項）。とくに不公平な内容になる場合は、付言事項に思いを記すことで、無用なトラブルを避けられることもある。

> 遺言書
> 家業を守るため長男に多くの財産を渡すことを理解してほしい

遺言を残したほうがいいさまざまなケース

ケース	理由	対策
1 自宅以外の財産がほとんどない	現金のように簡単に分けることができないため、もめやすい	だれが不動産を相続するか、あるいは処分してほしいか、**遺言に記載**にする
2 特定の子どもに財産を多く残したい	遺言がないと、子ども同士はみな同じ相続分になる	遺言で**だれに何を渡すかを指定**する。理由を遺言に添えて、思いを理解してもらう
3 相続人が多い	人数が多いほど遺産分割でもめやすい	だれに何を渡すか**遺言で具体的に指定**しておく
4 配偶者はいるが、子どもがいない	配偶者と被相続人の父母または兄弟姉妹が相続人になるため、財産のすべてを配偶者に残せない	配偶者に全額を渡したい場合は、**遺言にその旨を明記**する
5 事実婚による配偶者がいる	長年生活を共にしていても、相続人ではないので財産を引き継げない	財産を残すためには籍を入れるか、遺言で**遺贈**する
6 再婚した配偶者に連れ子がいる	配偶者の連れ子は養子縁組をしないかぎり、相続人になれない	財産を残したいなら、遺言で**遺贈**するか、**養子縁組**をする
7 元配偶者にも現在の配偶者にも子どもがいる	それぞれ法定相続分は同じだが、一方が納得しないことがある	法定相続分どおりに分けるとしても、遺言を作成して**被相続人の思い**を添える
8 子どもの妻に介護してもらっている	子どもの妻は相続人ではないため、財産をもらえない	財産をあげたいなら、遺言で子どもの妻に財産を**遺贈**する
9 生前に多額の援助をしている子どもがいる（特別受益）	特別受益の持戻しの制度があるが（→56）、相続人同士の話し合いでは、わだかまりが残る	**特別受益分**を考慮した遺言を作成する
10 かわいがっているペットがいる	自分の死後、ペットが十分な世話を受けられない可能性がある	遺言により、ペットの世話をする代わりに財産を渡すという**負担付遺贈**を行う
11 事業を継ぐ子どもに、財産の大部分を渡したい	事業に必要な財産がほかの相続人に分散すると、後継者が事業を続けられなくなることも	事業の承継者に何を渡すかを**遺言で具体的に指定**する
12 暴力をふるう子どもに財産を渡したくない	ほかの相続人と同じように財産を相続することになる	条件は厳しいが、遺言により、相続人の権利を奪えることがある（**相続人の廃除**）

遺言の種類

自筆証書遺言と公正証書遺言の特徴を知る

> **重要** 遺言のおもな種類は**自筆証書遺言**と**公正証書遺言**
>
> **注意** 自筆証書遺言は公正証書遺言にくらべて**無効になる**ケースが多い

遺言の種類はおもに2つ

遺言は**満15歳以上**で、意思能力があればだれでも作成できます。ただし、民法のルールにしたがって作成しないと無効になります。また、2名以上の者が共同で行う遺言も認められません。夫婦連名の遺言は無効になるので注意してください。

遺言にはいくつか種類がありますが、一般的なのは**自筆証書遺言**と**公正証書遺言**の2つです。

自筆証書遺言は、文字どおり自分で書く遺言です。一部でも他人に代筆してもらったり、財産目録以外をパソコンで作成したりすると無効です。手軽に作成でき、費用はかかりませんが、一方で形式の不備が多くなりがちで、公正証書遺言にくらべると**無効になるケースが多い**です。

公正証書遺言は、**公証役場**で公証人に作成してもらうので、無効になることはほとんどありません。しかし、自筆証書遺言より作成に手間がかかり、費用もそれなりにかかってしまいます（→P142）。

保管場所と相続後の手続き

2つの遺言は保管方法や相続後の手続きが異なります。

公正証書遺言は、原本を公証役場で保管するので、紛失や改ざんの心配はありません。

自筆証書遺言は**自分で保管**しなければならないので、**紛失したり、だれかに破棄や偽造、変造されたりするリスク**があります。

自筆証書遺言の保管場所は、普段は家族の目が届かず、相続の際には必ず探してもらえるような場所が理想的です。わかりにくい場所に保管すると、せっかく書いた遺言がだれにも発見されないままになってしまうこともあります。一般的には自宅の金庫、通帳類や登記事項証明書などの書類をしまっている引き出しに保管することが多いようです。**信頼できる知人に預けるか、その人だけに保管場所を伝えておくのもひとつの方法**です。

また、相続後、自筆証書遺言は家庭裁判所で記載内容を確認する「**検認**」という手続きが必要です（→P200）。検認の証明書が発行されるまでには手続きから1、2か月かかるため、相続が発生してもすぐに財産を引き継ぐことができません。

公正証書遺言は、検認の必要がないので、相続人はすぐに財産を分けることができます。また、相続が発

自筆証書遺言と公正証書遺言の比較

項目	自筆証書遺言	公正証書遺言
作成方法	遺言の全文、日付、氏名を自筆で書く。パソコンなどの使用は不可	本人が公証役場へ行き、口授したものを公証人が筆記
証人	不要	2名必要
裁判所の検認	必要（遺言者の死後）	不要
保管	本人など	原本は公証役場
手続き	簡単	面倒
費用	かからない	手数料がかかる
メリット	●費用がかからない ●思い立ったらいつでもどこでも自由に作成できる ●遺言書の内容を他の人に知られない	●効力が問題になることがほとんどない ●紛失や偽造の心配がない ●遺言者の死後、検認手続きがいらない
デメリット	●形式の不備や、あいまいな書き方により、無効になったり争いになったりすることがある ●紛失や偽造される恐れがある ●検認手続きが必要 ●遺言が発見されない可能性がある	●費用がかかる ●手続きが面倒 ●証人に内容を知られてしまう

デリケートな内容なら公正証書遺言で

自筆証書遺言も公正証書遺言も何度でも書き直しや、撤回ができます。前回は自筆証書遺言で、今回は公正証書遺言でというように、方式も変更できます。遺言が複数あった場合、内容が違う部分については、**日付が新しいほうが優先されます**。

なお、どちらの**遺言も効力に差はありません**。確実性を重視する場合や、遺言の無効や紛失、偽造、改ざんなどを避けたい場合は、公正証書遺言がおすすめです。

また、相続人以外の人に財産を残したい場合や、相続人の廃除など相続人の利益を損ねるような遺言を残す場合は、形式不備によるトラブルを避けるため、公正証書遺言を作成するほうがよいでしょう。

生したあとに、公証役場に問い合わせれば、被相続人が公正証書遺言を残しているかどうかについて確認できるので、相続人が遺言を探す手間も省けます。

遺言の作成①

自筆証書遺言の作成ルールと注意点

> **重要** **作成ルール**にしたがって、**自筆**で正しく書く
> **注意** **日付、署名、捺印**を忘れないこと
> **注意** **あいまいな記載内容**は遺産分割を余計こじらせる

不備がないような配慮が必要

自筆証書遺言を作成する場合は、不備がないよう気をつけなくてはなりません。また、民法上の記載のルールはクリアしていても、遺言の内容が不明瞭だと、せっかく書いたものが、かえって争いのもとになることもあります。ルールを守って正しい遺言を作成しましょう。

作成ルールにしたがって書く

遺言に必ず記載しなければならないのは、次の4つです。

①本文

だれに何を相続させるのか、また は遺贈するのかなどを書きます。遺言執行者を指定しておくと安心です。

②日付

日付の記載がない遺言は無効です。
ただし、「70歳の誕生日」「定年退職の日」など遺言書の作成日を特定できれば暦上の日付でなくても有効です。ただし、「〇月吉日」と記したものは日付が特定できないので認められません。

③署名

遺言者の本名をフルネームで書くのが基本ですが、遺言者がだれかを特定できれば、ペンネームでも認められます。

④捺印

実印でなければならないというルールはなく、認印や三文判、拇印でもかまいません。ただし、本人が書いたという証明を残すためには実印のほうがよいでしょう。

知っ得アドバイス　確実に遺言を実行するため、遺言執行者を指定しましょう

遺言内容を確実に実現してもらうために、遺言執行者を指定しておくことをおすすめします。遺言執行者は未成年者や破産者以外ならだれでも指定できます。相続人や友人・知人を遺言執行者にすることも可能ですし、弁護士などの専門家に依頼することもできます。

ただし、遺言執行者の仕事は右記のように多岐にわたり、専門的な知識が必要です。相続財産の内容や遺産分割の複雑さなどを考慮して、最適な人を選びましょう。

＊遺言で遺言執行者の指定が無くても、相続開始後、相続人から遺言執行者選任の申立てができる

遺言執行者の職務
①相続財産目録の作成
②貸金庫の開扉
③預貯金、有価証券の名義変更
④不動産の登記
⑤遺産の引渡し
⑥遺産の売却
⑦遺言による認知の届出
⑧遺言による相続人廃除・取消の申立て

＊⑦⑧の項目は遺言執行者でないと執行できない

自筆証書遺言作成のポイント

形式
遺言者がすべて自筆で作成（カーボン複写は可。財産目録はパソコン作成可）。縦書き、横書きのいずれも可。数字は漢数字、算用数字どちらでも可。

筆記用具と用紙
とくに決まりはないが、改ざんされないように筆記具は万年筆やペンを使う。用紙も紙質、サイズ、色など、とくに規定はない。2枚になってもOK。

訂正方法
訂正は決められた方法で行う。訂正方法を間違えると訂正がなかったものとされる。 ➡ P136

必要記載事項
次の4つは必ず入れる。1つでも漏れがあると無効。

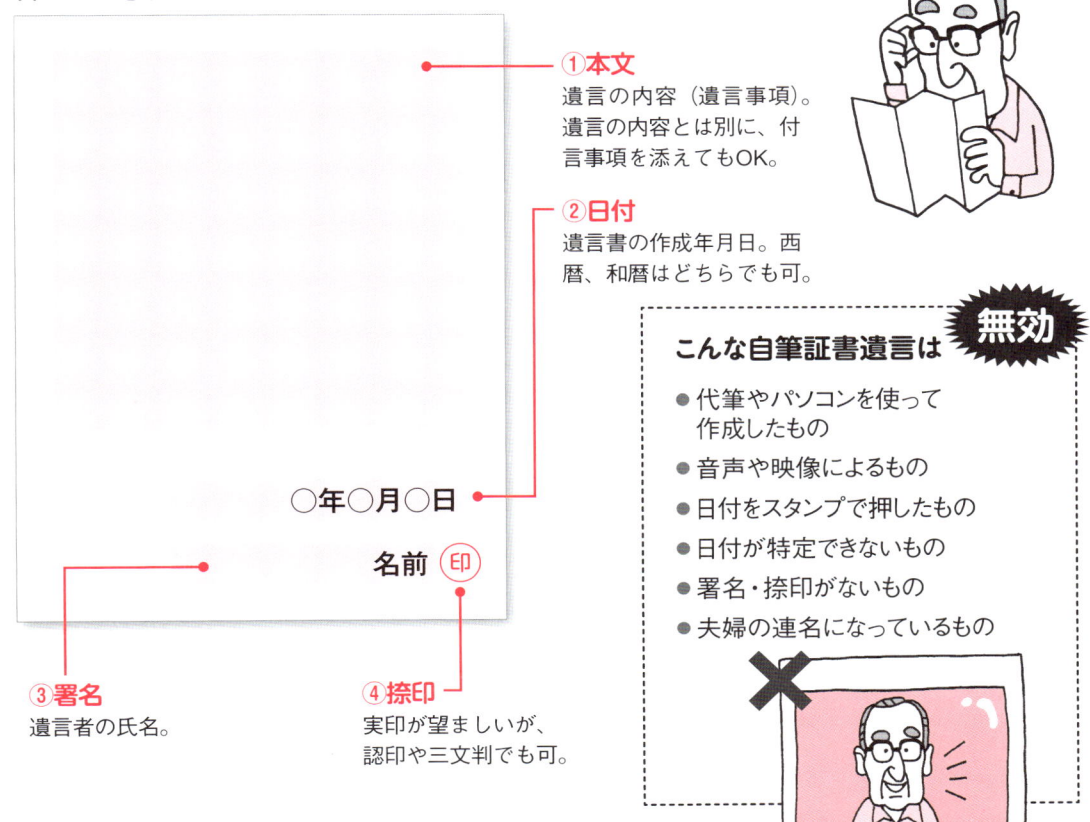

①本文
遺言の内容（遺言事項）。遺言の内容とは別に、付言事項を添えてもOK。

②日付
遺言書の作成年月日。西暦、和暦はどちらでも可。

○年○月○日
名前 ㊞

③署名
遺言者の氏名。

④捺印
実印が望ましいが、認印や三文判でも可。

こんな自筆証書遺言は 無効
- 代筆やパソコンを使って作成したもの
- 音声や映像によるもの
- 日付をスタンプで押したもの
- 日付が特定できないもの
- 署名・捺印がないもの
- 夫婦の連名になっているもの

自筆証書遺言の作成例

遺言書

遺言者山崎和男は、次の通りに遺言する。

1 妻山崎良子に次の財産を相続させる。
   - (1) 土地
     所在：千葉県船橋市○○3丁目
     地番：4番5
     地目：宅地
     地積：220.00平方メートル
   - (2) 建物
     所在：同所3丁目4番地5
     家屋番号：4番5
     種類：居宅
     構造：木造瓦葺2階建
     床面積：1階90.45平方メートル　2階68.77平方メートル

2 長男山崎隆一に次の財産を相続させる。
   - (1) ○○銀行○○ ~~本店~~ 支店㊞ の遺言者名義の定期預金　口座番号012345
   - (2) 遺言者が所有する株式会社○○の株式のすべて

3 長男の妻山崎久美に○○銀行○○支店の遺言者~~の~~㊞名義の預金（口座番号543210）の全部を遺贈する。

4 遺言者はこの遺言の遺言執行者として千葉県船橋市○○1丁目5番6号の弁護士大野一郎を指定する。

5 付言事項
   住むところに困らないように自宅はお母さんに相続させます。隆一には株式と定期預金を、私たちの毎日の面倒を見てくれた久美さんに預金を残します。これからも家族仲よく暮らしてください。

○年6月30日
千葉県船橋市○○3丁目4番地5号
山崎和男㊞

本遺言書の13行目の「本店」を「支店」に訂正した。
本遺言書の15行目の「の」を1字削除した。　　山崎和男

- 表題は必須事項ではないが、遺言書であることを明確にするために書くのがベター
- 数字は算用数字でも漢数字でもいい
- 削除・訂正の際は、該当箇所を二重線で消し、変更箇所に押印する（署名捺印と同じ印鑑を使用）
- 作成日を必ず記載する
- 署名のうえ捺印する

封筒の書き方

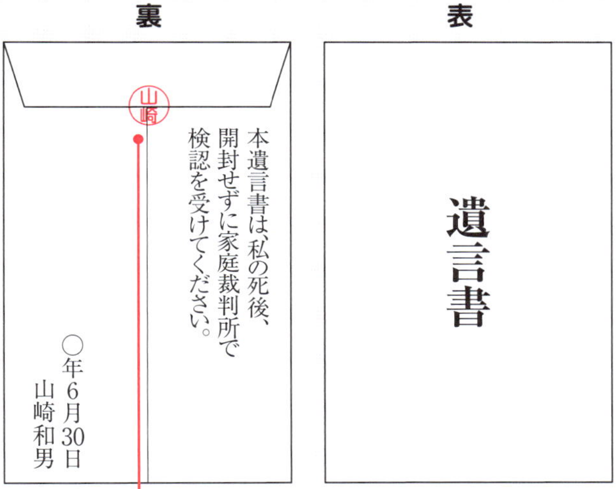

裏

本遺言書は、私の死後、開封せずに家庭裁判所で検認を受けてください。

〇年6月30日
山崎和男

（封印：山崎）

封印するのは決まりではないが、変造防止のため封印したほうがいい。遺言書と同じ印鑑を使用する

表

遺言書

相続人に財産を引き継ぐときは「相続させる」と書く。「譲る」「取得させる」「承継させる」などのあいまいな表現は使わない

不動産は、土地・家屋の別に、物件を特定できるよう具体的に書く。登記事項証明書に記載されているとおりに書くとよい

付言事項は法的効力はなく必須ではないが、ここに遺言者の思いを書くことで相続人に思いを伝えられる

訂正があった場合は、欄外や遺言書の末尾などに変更した場所と変更内容を記載し、署名する

知っ得アドバイス　トラブルを防ぐよい遺言とは？

　遺言は、残された家族が、遺産分割でもめないように作成するものです。ところが、せっかく作成した遺言が、残された遺族を逆に混乱させてしまうことがあります。
　遺言を作成する際には、とくに次の5点を踏まえ、トラブルにならない遺言を作成しましょう。

①財産を特定できるように明確に書く
②さまざまな解釈が可能なあいまいな表現は避ける
③遺留分を考慮し、特定の相続人が極端に不利にならないようにする
④相続人間の取り分に差をつける場合は、その理由を「付言事項」に記す
⑤日付や署名捺印などの不備がないようにする

ケース別遺言文例集

ケース1 相続分を指定したい

法定相続分と異なる相続分を指定する場合は、遺留分に配慮すること。不公平な指定になる場合は、そのように指定する理由を付言事項として書いておくと、相続人たちの理解を得やすい。

> 1　各相続人の相続分を次のように指定する。
>   　妻　　山崎良子　2分の1
>   　長男　山崎隆一　6分の1
>   　長女　青木幸子　3分の1
> 2　付言事項
>   　長女の幸子は、長年、病気がちな妻良子の看護と遺言者の生活の世話に尽くしてくれました。そのことに考慮した財産の分割を指定します。これからも長男隆一、長女幸子と2人で協力し合いながら、妻良子の看護と世話を続けてくれることを望みます。

ケース2 相続人以外の人に遺贈したい

相続人以外の人に遺贈する場合は、その理由も書いておくと、ほかの相続人とのトラブル防止になる。

> 1　遺言者の事実上の妻である酒井由美子に全遺産の2分の1を遺贈する。
> 2　付言事項
>   　籍を入れることはありませんでしたが、長年、生活を共にし、遺言者の財産形成に寄与してくれたことを考慮して、配偶者の法定相続分と同様の割合の財産を残したいと思います。

> 1　長男山崎隆一の妻久美に○○銀行△△支店の遺言者名義の普通預金（口座番号987654）を遺贈する。
> 2　付言事項
>   　妻に先立たれた遺言者と同居し、毎日の生活の世話に尽くしてくれ、同人のおかげで心配なく老後を快適に送ることができました。その苦労に報いるために、上記のように財産を残します。

ケース 3 相続人以外の団体などに遺贈したい

包括遺贈の受遺者は遺産分割協議に参加しなければならない。そのため、身内以外に遺贈する場合は特定遺贈のほうがよい。

> 1 千葉県船橋市〇〇8丁目9番10号の老人ホームひまわりに、現金500万円を遺贈する。
> 2 付言事項
> 　遺言者の老後の生活を支援してくれた施設に感謝の気持ちを伝えたく、現金を遺贈します。施設の設備改善などに役立ててもらえればと思います。

ケース 4 ペットの世話を頼みたい（負担付きの遺贈）

負担付遺贈（➡P50）で条件とする負担は、遺贈する財産の価格を超えない範囲で設定する。

> 1 長女青木幸子に〇〇銀行△△支店の遺言者名義の普通預金（口座番号765432）から150万円を遺贈する。ただし、遺言者の愛犬の世話をすること。
> 2 付言事項
> 　家族の一員としていっしょに暮らしてきた愛犬のコロの面倒を最後まで見てくれるようお願いします。

ケース 5 祭祀継承者を指定したい

祭祀に伴う財産の相続も、主宰者を指定することでスムーズになる。

> 1 祖先の祭祀を主宰する者に、長男山崎隆一を指定し、墓地・位牌などの祭祀に必要な財産は長男隆一が取得するものとする。
> 2 また祭祀の費用として、長男隆一に〇〇銀行△△支店の遺言者名義の定期預金（口座番号543210）を相続させる。

ケース6 特別受益の持戻しを免除したい

特別受益の持戻しの免除の意思表示は口頭でもかまわないが、遺言に記しておくのが確実。

> 1　長男山崎隆一には住宅取得資金として600万円を贈与しているが、この分は同人の相続分から控除しないものとする。

ケース7 子どものいない夫婦が、妻に全財産を残したい場合

子どもがいない場合、配偶者と、被相続人の親または兄弟姉妹が相続人になる。親には遺留分があるが、兄弟姉妹にはないので、遺言があれば全財産を妻に渡すことができる。

> 1　遺言者に属する一切の財産は、妻内藤礼子に相続させる。

ケース8 前の配偶者との間に子どもがいる

遺言がない場合や、遺言があっても相続分の指定だけでは、子ども同士が具体的に何を相続するか話し合わなければならない。お互い顔を合わせにくいことがあるので、話し合いをしなくてもすむように、何を渡すかを具体的に指定した遺言がよい。

> 1　長男山本真一に、○○銀行○○支店の遺言者名義の定期預金（口座番号012345）の全部を相続させる。
> 2　前妻鈴木雅江との間の長男鈴木直行に○○銀行○○支店の遺言者名義の預金（口座番号234567）の全部を相続させる。

ケース9 事業継承者に多くの財産を譲りたい

株式などが分散すると、事業を継がせる後継者の地位が危うくなる可能性がある。そのため、事前に家族にも理解を求めたうえで遺言にもその旨を記載しておくと安心。

> 1　長男山崎隆一に、遺言者名義の株式会社山崎建設の株式をすべて相続させる。
> 2　上記以外の財産については、妻山崎良子、長女青木幸子にそれぞれ2分の1ずつ相続させる。

ケース10　廃除したい相続人がいる

相続人の廃除（➡P68）を遺言する場合は、遺言執行者の指定が必要。

> 1　長男山崎隆一は、長年にわたって遺言者と妻に暴言・暴力をふるい、同時に遺言者の金品をだまし取るなどの非行を重ねたので、推定相続人から廃除する。
> 2　この遺言の遺言執行者として東京都千代田区○○1丁目5番6号の弁護士大野一郎を指定する。

ケース11　子を認知したい

遺言で認知する場合は、遺言執行者が認知の届けをする必要があるため、執行者の指定が必要。また、認知された子どもはほかの子どもと同様に相続の権利があるが、トラブルを防ぐために、特定の財産を相続させるように遺言しておくとよい。

> 1　次の者は遺言者と谷口正子の間の子であるので認知する。
> 　　本籍　千葉県市川市△△567番地4
> 　　住所　千葉県千葉市○○区△△4丁目3番2号
> 　　氏名　谷口正吾　○年○月○日生まれ
> 2　谷口正吾に○○銀行△△支店の遺言者名義の定期預金（口座番号123456）を相続させる。
> 3　この遺言の遺言執行者として東京都千代田区○○1丁目5番6号の弁護士大野一郎を指定する。

ケース12　遺言執行者を指定したい

遺言執行者は指定されても辞退することができる。確実に遺言を執行するためには、事前に承諾を得ておくとよい。

> 1　この遺言の遺言執行者として東京都千代田区○○1丁目5番6号の弁護士大野一郎を指定する。
> 2　1の指定についてはすでに同氏の承諾を得ているので、相続開始と同時に同氏に連絡をすること。
> 3　上記執行者の報酬は150万円とする。

遺言の作成②
公正証書遺言の作成手順と必要な費用

> **重要** 費用はかかるが、**無効になるリスクが低い**
> **注意** 証人が必要なので、内容を完全に**秘密にはできない**

公正証書遺言の場合、身体が多少衰えて字を書くのがおっくうでも、公証人が遺言を作成してくれるので安心です。また、病気などで公証役場に行けない場合、**公証人に自宅や病院に来てもらって、遺言を作成することも可能**です。

公正証書遺言は、どこの公証役場でも作成できます。

公証役場は全国各地にあり、場所がわからないときは、**日本公証人連合会**（03-3502-8050）に問い合わせると、最寄りの公証役場を教えてくれます。

また、公正証書遺言は、財産の額に応じて費用がかかります。何度でも書き直すことはできますが、その都度、費用が発生します。

具体的な作成は公証人が行う

公正証書遺言は、**公証役場**に出向き、**公証人**に作成してもらいます。遺言者が、公証人に作成したい遺言の内容を伝えると、その内容を遺言書として書面にしてくれます。

大まかな手順は143ページのとおりです。

まず、だれにどの財産を渡すのかを決め、近くの公証役場に遺言作成を依頼します。

遺言作成当日は、**証人2名**とともに公証役場に出向きます。書面にした遺言の内容を公証人が読み聞かせてくれるので、その内容を証人とともに確認します。

相続人1人あたりの公正証書遺言の作成手数料

財産の価額	手数料
100万円まで	5,000円
200万円まで	7,000円
500万円まで	11,000円
1,000万円まで	17,000円
3,000万円まで	23,000円
5000万円まで	29,000円
1億円まで	43,000円

財産の価額	手数料
1億円超　3億円まで	5,000万円ごとに13,000円を加算
3億円超　10億円まで	〃　11,000円を加算
10億円超	〃　8,000円を加算

- 手数料は、相続または遺贈を受ける人ごとに計算し、合算する
- 財産の総額が1億円未満の場合は、1万1,000円を加算する

計算例 遺言で長男に5,000万円、長女に2,000万円を相続させる場合
長男分　　　長女分　　　加算分　　　合計手数料
29,000円 ＋ 23,000円 ＋ 11,000円 ＝ 63,000円

公正証書遺言の作成の手順

事前準備

❶ 遺言の内容を整理
- 遺言にしたい内容をメモしておく

❷ 証人の依頼
- 2人の証人が必要
- 証人が見つからないときは、公証役場で紹介してもらうことも可能（有料）

❸ 公証人と打合せ
- 必要書類をそろえる
- 打合せは公証役場に直接出向くか、電話またはFAXで行う

❹ 証書（遺言書）文案のチェック
- 遺言作成日前にFAXなどで文案が送られるので、内容をチェックする

当日

❺ 証人とともに公証役場に出向く
- あらかじめ予約をした日時に出向く
- 遺言者は実印、証人は認印を持参

❻ 証書の作成
- 公証人が遺言の内容を遺言者と証人に読み聞かせる
- 問題なければ、遺言者、証人、公証人が署名捺印する

❼ 証書の完成、保管
- 証書の原本は公証役場に保管される
- 遺言者には正本と謄本が交付される

証人になれない人
- 未成年者
- 遺言によって財産を引き継ぐことになる人とその配偶者、直系血族
- 公証人の配偶者、4親等内の親族
- 公証役場の書記や職員など
- 遺言書の内容が読めない人や理解できない人

作成に必要なおもな書類
- 遺言者の印鑑登録証明書
- 遺言者と相続人の関係がわかる戸籍謄本
- 受遺者の住民票
- 登記事項証明書及び固定資産の評価証明など（財産に不動産が含まれている場合）
- 証人予定者の名前、住所、生年月日、職業などを記載したメモ

*詳しくは公証役場に確認

公正証書遺言の作成例

作成年度と番号が記載される ── ○年第○○○号

遺言公正証書

　本公証人は、遺言者山崎和男の嘱託により、○年○月○日、証人武田次郎、証人梅本信二の立会いをもって、次のとおり遺言の趣旨の口授を筆記し、この証書を作成する。

1　遺言者は下記の財産を遺言者の妻山崎良子（○年12月1日生）に相続させる。
　（1）　土地
　　　　所在：千葉県船橋市○○3丁目
　　　　地番：4番5
　　　　地目：宅地
　　　　地積：220.00平方メートル

　（2）　建物
　　　　所在：同所3丁目4番地5
　　　　家屋番号：4番5
　　　　種類：居宅
　　　　構造：木造瓦葺2階建
　　　　床面積：1階90.45平方メートル　2階68.77平方メートル

2　遺言者は遺言者の長男山崎隆一（○年6月15日生）に、以下の財産を相続させる。
　（1）　○○銀行○○支店の遺言者名義の定期預金　口座番号012345
　（2）　○○株式会社の株式全部

3　遺言者は遺言者の長女青木幸子（○年2月8日生）に、△△銀行△△支店の遺言者名義の預金（口座番号987654）全部を相続させる。

4　遺言者は1ないし3に記載した以外の遺言者の一切の財産を妻良子に相続させる。

5　長男山崎隆一には住宅取得資金として600万円を贈与しているが、この分は同人の相続分から控除しないものとする。

6　遺言者は祭祀を主宰すべき者として長男山崎隆一を指定する。

7　遺言者はこの遺言の遺言執行者として東京都千代田区○○1丁目5番6号の弁護士大野一郎（登録番号○○○番、○年8月23日生）を指定する。

本旨外要件

　　千葉県船橋市○○3丁目4番地5号
　　自営業
　　遺言者　　山崎和男
　　○年5月6日生
同人は印鑑証明書の提出により人違いでないことを証明させた。

　　千葉県美浜区○○町7丁目8番地
　　会社員
　　証人　　　武田次郎
　　○年7月2日生

　　埼玉県さいたま市○○1丁目2番地3号
　　会社員
　　証人　　　梅本信二
　　○年11月11日生

証人2人

上記のとおり遺言者及び証人に読み聞かせたところ、各自この筆記の正確なことを承認し、署名押印した。

　　　　　　　　　　　　　　山崎和男　㊞
　　　　　　　　　　　　　　武田次郎　㊞
　　　　　　　　　　　　　　梅本信二　㊞

遺言者、証人がそれぞれ署名捺印する

この証書は、民法第969条第1号ないし第4号により作成し、同条第5号に基づき、次に署名押印する。

　　　　　○年○月○日
　　　　　本公証人役場において
　　　　　　　千葉県船橋市○○3番10号
　　　　　　　千葉地方法務局所属
　　　　　　　　公証人　　田中俊介　㊞

遺言書を作成した公証人が署名捺印する

column
「エンディングノート」の活用法

気軽に始められるのが魅力

　以前は生前から死んだときのことを考えるのは不謹慎だと思われてきました。しかし最近では、自分が亡くなったときや、認知症などで意思疎通ができなくなってしまったときのために備えておきたい、という人が増えています。そんななか、注目を集めているのが、「エンディングノート」です。エンディングノートとは、万が一自分に何かあったときのため、自分の思いをまとめておくものです。遺言と違って法的効力は有しませんが、逆にその気軽さやさまざまなことを自由に書ける柔軟さで人気があるようです。

　現在は、書籍や文具としてさまざまな種類のエンディングノートが市販されています。とくに決まった形式はありませんが、一般的には「病気になった際の延命治療を望むかどうか」「介護が必要になった際に希望すること」「万が一のときに連絡してほしい人」「葬儀や墓に対する希望」などを書き込めるようになっています。自分史や幼少時の思い出などを記載できるものも多いようです。

遺言作成の前段階として活用する

　市販のエンディングノートはかなり細かい内容が網羅されています。「思い出の品物についての情報」「遺品の整理や形見分けの希望」「財産の分割方法について」などもまとめられます。これらは相続について考えるきっかけにもなります。

　いきなり遺言を作成したり、相続の生前対策を考えるのは難しいと感じるのであれば、まずはこうしたノートを使って、自分のこれまでとこれからについてまとめてみましょう。自分の情報や考えが整理されてきて、相続の面での生前対策で必要なことも見えてきます。そこから遺言の作成に着手してもよいでしょう。

4章

賢い節税と納税のしかた

遺産が多ければ多いほど相続税は高額になります。しかし、早めに対策を講じることで、負担を軽減することは可能です。ここでは、さまざまな節税方法と納税資金を確保するための方法を紹介します。

相続税対策の基本

節税よりも納税資金の確保を優先する

- **重要** 節税だけではなく、まずは**納税資金をしっかり確保**することを考える
- **重要** 相続税対策は**早めにスタート**するのが効果的
- **注意** 延納や物納は条件が厳しい

対策の優先順位を間違えない

2015年からの新税制施行により、相続税の課税対象者は確実に増えています（→P74）。新税制施行前が亡くなった人のうちの約4％だったのに対し、施行直後の2015年は8％と、ほぼ倍増しました。

まずは資産を確認し、相続税がかかりそうかどうかを確認しましょう（→P149）。そのうえで相続税への対策が必要であれば早めにスタートするのが効果的です。ここで気をつけたいのは、対策の順番です。

たとえば、相続税の節税対策として、保有している土地にアパートを建てる方法があります（→P178）。

そして、次に大事なのが納税資金を確保することを、望んではいないでしょう。

残された家族が幸せに暮らすことでしょうし、家族への被相続人の一番の願いは、残された大切なのは、①の遺産分割対策です。一番の柱があります（→P122）。

相続対策には、①遺産分割対策、②納税資金対策、③節税対策の3つの柱があります。

続税を払えます。く、それぞれが相続した預貯金で相るので、相続人同士がもめることな続税が高くてもスムーズに分けられその点、預貯金で残していれば、相けるかでもめる可能性が出てきます。は得られても、相続人同士でどう分にくい不動産である場合、節税効果しかし、相続財産の大部分が売却し

現金の確保か節税対策をするか

納税資金をあらかじめ準備する方法としては、生命保険の活用や不動産の売却などがあります。一般に同じ金額なら、現金で所有したほうが不動産で所有したほうが評価額が低くなり、節税効果は高いです（不動産は実勢価格のおおむね80％で評価）。

しかし、節税に努めるあまり、肝心の納税資金を確保できないのは本末転倒です。バランスをよく考えながら、対策を立てなくてはなりません。どんな対策がベストか、無理なく納税できる方法を考えましょう。

対策です。相続税は、相続発生から10か月以内に現金一括で納めるのが原則です。期限までに納税できない場合は、延納や物納という方法もありますが、いずれも条件が厳しく簡単には利用できません（→P118）。また、延納にかかる利子税はかなり高額なため、場合によっては銀行でお金を借りて相続税を払ったほうが有利なケースもあります。

納税資金対策が必要かチェックしよう

チェック 1
財産リストを作成し、財産の総額を把握する ➡P126

⬇

チェック 2
財産の総額から基礎控除額を引くと、相続税の申告が不要である
基礎控除額 ＝ 3,000万円 ＋ 600万円 × 法定相続人の数

→ はい → 納税資金対策も節税対策も必要なし

⬇ いいえ

チェック 3
相続税の特例を使うと相続税の納税が不要である ➡P76
とくに節税効果が高い「配偶者の税額軽減」や「小規模宅地等の特例」を使えないか検討する。

→ はい → 納税資金対策も節税対策も必要なし

⬇ いいえ

チェック 4
相続税は現金一括で払えそう
財産リストで遺産の種類を確認し、預貯金に加え金融資産など換金性の高いものがどれくらいあるか確認する。

→ はい → 無理のない範囲で節税対策を行う ➡P150

⬇ いいえ

納税資金対策が必要！

おもな納税資金対策

❶ 生命保険を活用する
生命保険金に加入して、相続時に現金を受け取れるようにしておく。 ➡P174

❷ 不動産などを売却し、現金化する
よい条件で売却するためには、売り急がずに時間に余裕を持って取り組むこと。

❸ 物納の準備
現金で納付できず、延納もできない場合、物納が可能な場合がある。ただし要件が厳しいので、要件を満たすよう整備しておくなど早めに準備に取りかかる。 ➡P118

❹ 節税対策をして、相続税額を減らす
節税対策によって相続税が減れば納税資金の負担も減るので、無理のない範囲で節税対策を行う。 ➡P150

節税対策の基本

相続税の節税の考え方とおもな方法

重要 節税の基本は相続財産を減らすか、評価額を下げるか
重要 税制上の特例は必ず検討する
注意 税制改正が相続税対策に影響をおよぼすことがある

生前贈与は節税対策の王道

節税対策はいろいろありますが、基本的な考え方は、次の3つです。

① 財産そのものを減らす
② 財産の評価額を下げる
③ さまざまな制度を利用する

①の代表的な方法は生前贈与です。生前に財産を贈与すれば、相続税の対象となる財産を減らすことができ、結果、節税につながります。贈与税がかかるので金額やタイミングをよく考える必要はありますが、比較的簡単にできる方法です。

また、生前贈与は単に節税だけでなく、もらう側にとってお金を使いたい時期にもらえるというメリット

があります。相続まで待つよりも、マイホーム購入や子どもの教育費など、一番お金が必要なときにもらえるほうがうれしいはずです。

預貯金より不動産のほうが相続財産としては有利

②は財産自体を減らすのではなく、財産の評価額を下げることで節税する方法です。相続税の財産評価において、預貯金や株式は相続時の時価と相続税の評価額はほぼ同じですが、不動産は、時価よりも低く評価されます。宅地の評価基準になる路線価評価額は時価のおおむね80%、固定資産税評価額は時価のおおむね70%になっているからです。また、不動産を人に貸した場合、その宅地は自由に処

分できないため、その点を考慮して、さらに評価額が下がります。加えて小規模宅地等の特例を利用できれば土地の評価額は、一定の面積まで50%または80%減額できます。

そのほか、③の制度の利用としては、養子縁組や、配偶者の税額軽減などもあります。相続税の税額控除や特例はいろいろあるので、それらを利用すれば、より節税になります。

税金対策の落とし穴！

税制改正というリスク

相続税は、負担が大きくなりすぎないようさまざまな特例が設けられています。しかし、気をつけたいのは税制改正です。

2015年からの基礎控除額の引下げは大きな改正ですが、細かい改正を含めると税制はほぼ毎年変わります。数年後に利用しようと思っていた特例が、いざ使おうと思ったら以前より節税効果が薄くなっていたり、その特例自体がなくなっていたということも……。税制関係のニュースは、こまめにチェックしておきましょう。

節税のポイントとおもな方法

節税ポイント ❶ 財産そのものを減らす

方法
- だれにでも贈与できる**暦年課税**による贈与 ➡P152
- **配偶者**への自宅の贈与 ➡P158
- 子や孫への**住宅取得資金**の贈与 ➡P159
- 子や孫への**教育資金**の贈与 ➡P160
- **相続時精算課税**による大型贈与 ➡P162

＊最終的には相続財産となるが、値上がり時に効果がある

節税ポイント ❷ 財産の評価額を下げる

方法
- **アパート**などの賃貸経営 ➡P178
- **広大地評価**の適用 ➡P170
- **土地の形状**などによる評価減 ➡P172
- **土地の分割方法**による評価減 ➡P172
- **小規模宅地等の特例**の活用 ➡P166
- 現金から不動産への**資産の組み替え**

節税ポイント ❸ さまざまな制度を利用する

方法
- 墓地などの**非課税財産**の購入 ➡P182
- **生命保険**の非課税枠の活用 ➡P174
- **養子縁組**による法定相続人の増加 ➡P180
- **配偶者の税額軽減**の適用 ➡P114、184
- 非上場株式等の相続税の**納税猶予の特例**の活用 ➡P188

生前贈与①
暦年課税による生前贈与を活用する

> **重要** 1人あたり**年間110万円**までの贈与は**非課税**
>
> **注意** 同じ金額の財産をもらうなら、相続税より贈与税のほうが**税率が高い**
>
> **注意** **名義預金**は贈与とは認められない

暦年課税による贈与は年間110万円まで非課税

相続財産を減らせば、それだけ課税対象額が減り、節税につながります。そこで有効なのが、生前に贈与する方法（**生前贈与**）です。

個人から個人への贈与には、**贈与税**がかかります。贈与税には、**暦年課税**と**相続時精算課税**（→P162）の2つの課税方式があります。ここでは、一般的な課税方式である暦年課税による贈与について説明します。

暦年課税は、1年間に贈与された財産の合計額をもとに贈与税額を計算する方法です。1月1日から12月31日までの1年間にもらった財産の合計額が、110万円の基礎控除額を超える場合に、その超える部分に対して贈与税がかかります。

相続税とくらべると、贈与税の基礎控除額は少なく見えます。また、税率を比較しても、同じ金額を渡すのであれば相続税のほうがはるかに有利です。

しかし、贈与も使い方次第では、十分な節税効果が得られます。ポイントは、「**贈与は何回でもできる**」ということです。

相続税の基礎控除額は、相続財産全体に対して1回かぎりであるのに対し、贈与税の基礎控除額は、「**もらう人1人あたり110万円**」で、それぞれの人が「**年間**」で利用できます。つまり1人あたり年間110万円までであれば、何人に贈与しても無税です。あるいは1人の人に毎年110万円ずつ10年間贈与し、トータルで1100万円あげても、贈与税はかからないのです。

暦年課税の贈与税額の計算式

1月1日から12月31日までの1年間に受けた贈与額の合計

(1年間の贈与額 − 基礎控除額110万円) × 税率 − 控除額 = 贈与税額

153ページ上の速算表参照

贈与税と相続税の基礎控除額と税率の比較

贈与税

● 基礎控除額

年間 110万円 （もらう人1人あたり）

POINT! 相続税よりも基礎控除額は低いが、年間1人あたり110万円以下で贈与する分には、何人に贈与しても税負担ゼロ！

● 速算表

基礎控除後の課税価格	20歳以上の者が直系尊属から贈与を受ける場合		左記以外	
	税率	控除額	税率	控除額
200万円以下	10%	ー	10%	ー
200万円超 300万円以下	15%	10万円	15%	10万円
300万円超 400万円以下	15%	10万円	20%	25万円
400万円超 600万円以下	20%	30万円	30%	65万円
600万円超 1,000万円以下	30%	90万円	40%	125万円
1,000万円超 1,500万円以下	40%	190万円	45%	175万円
1,500万円超 3,000万円以下	45%	265万円	50%	250万円
3,000万円超 4,500万円以下	50%	415万円	55%	400万円
4,500万円超	55%	640万円	55%	400万円

＊2014年12月31日までは一部税率が異なる

相続税

● 基礎控除額

3,000万円 ＋ 600万円 × 法定相続人の数 （相続財産全体）

● 速算表

基礎控除後の課税価格	税率	控除額
1,000万円以下	10%	ー
1,000万円超 3,000万円以下	15%	50万円
3,000万円超 5,000万円以下	20%	200万円
5,000万円超 1億円以下	30%	700万円
1億円超 2億円以下	40%	1,700万円
2億円超 3億円以下	45%	2,700万円
3億円超 6億円以下	50%	4,200万円
6億円超	55%	7,200万円

POINT! 相続税の基礎控除額は相続財産全体に対してであることがポイント。贈与する人数と贈与額の組み合わせによっては、贈与税を払ってでも贈与したほうが相続より得な場合がある。 ➡P154

＊2014年12月31日までは一部税率が異なる

贈与税を払っても得な場合がある

110万円の基礎控除額を超えてある程度の贈与税を払っても、その税率が相続税の実効税率より低ければ、結果的に得になります。たとえば、310万円までの贈与は、最低税率の10％で贈与できます（110万円の基礎控除額を超えた200万円分に、10％の贈与税がかかる）。

そこで、相続人3人に310万円ずつ10年間贈与すると贈与税は600万円になります。仮に、贈与前の財産が3億円だった場合、同じ条件で贈与をしなかった場合とくらべると822万5000円の節税になります（▶P155下表）。

暦年課税による贈与は、**少ない金額を多くの人に何年にもわたって行う**のがより効果的です。

なお、一度にたくさんの財産を贈与したい場合には、相続時精算課税も選択できます（▶P162）。しかし、選択後は、暦年課税の基礎控除は受けられません。

名義預金はNG！妻のへそくりも要注意

贈与を相続税の軽減のために活用するには、その財産の受け渡しが、お互いに「あげる」「もらう」という双方の合意のもとに成り立つ契約行為です。合意がないと贈与とは認められません。生前贈与は、「**贈与**」と認められなければなりません。

そこで、贈与の証明が必要です。一番よい方法は**契約書を交わすこと**です。加えて、金銭の場合は**銀行振込み**にして証拠を残し、株式の場合は必ず**名義の書換え**をしましょう。

さらに、贈与財産を「もらった」という実態も必要です。たとえば親が子ども名義の預金口座を作り、毎年、贈与税の基礎控除額内で積み立てていても、通帳や印鑑を親が管理していると「**名義預金**」と考えられて、贈与とは認められません。親子であっても契約書を交わし、**通帳や印鑑などは子どもが管理**しましょう。

また、妻が夫の給料から自分名義の預金にへそくりを移した場合も、実際には「あげた」「もらった」がないため、夫の財産のままであるとされ、贈与にはなりません。

毎年、同じ人に贈与するときは注意が必要

たとえば、贈与をするときに「1,000万円を贈与する」という取決めをして、毎年100万円×10年の分割払いにした場合（**定期贈与**という）、「定期金に関する権利（10年間にわたり毎年100万円ずつの給付を受ける権利）」の贈与をしたものとして贈与税がかかります。

一方、取決めをせずに、結果的に毎年100万円を10年にわたり贈与した場合、贈与税はかかりません。後者のように単に毎年繰り返し贈与することを**連年贈与**といいます。

贈与を行う際は、あくまでも、1回1回独立した贈与として実行しましょう。税務署からあらぬ疑いをかけられないためにも、贈与のたびに契約書を交わすことが重要です。さらに、贈与日や贈与額を毎年変えるなど工夫があってもよいでしょう。

暦年課税による贈与とは？

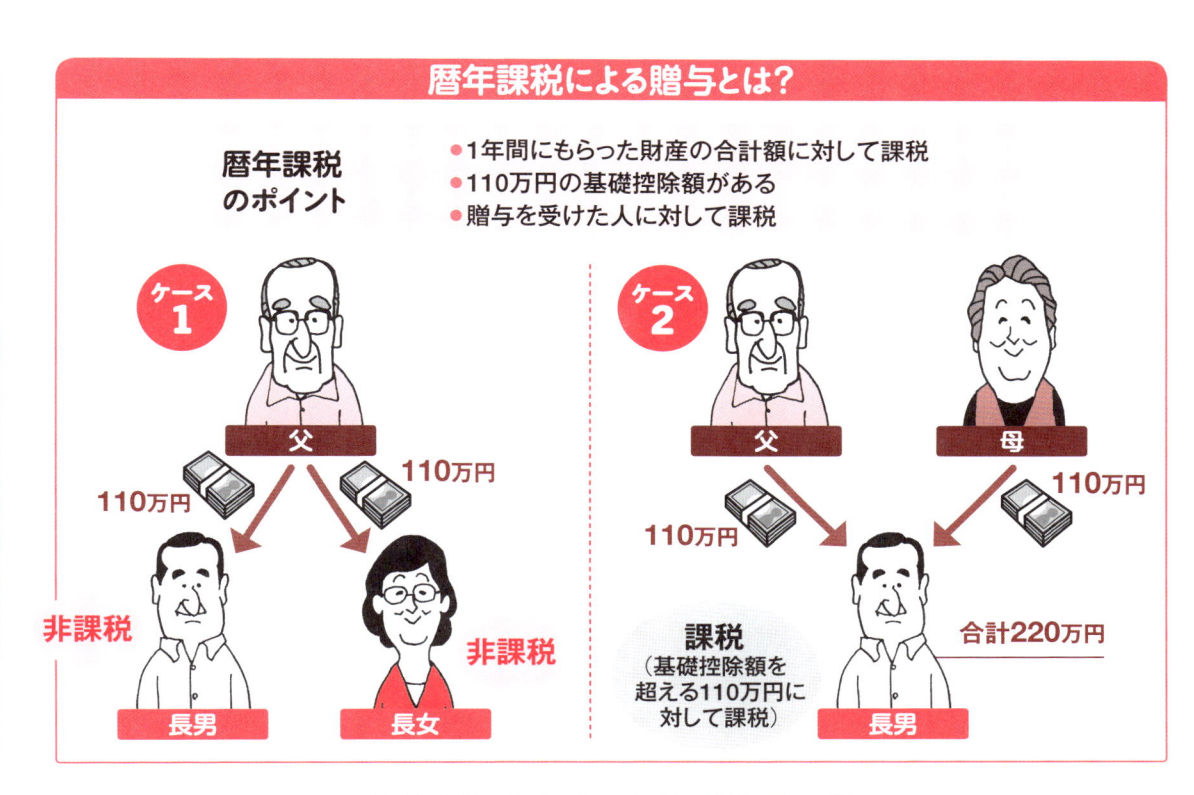

暦年課税のポイント
- 1年間にもらった財産の合計額に対して課税
- 110万円の基礎控除額がある
- 贈与を受けた人に対して課税

ケース1
父 → 長男 110万円（非課税）
父 → 長女 110万円（非課税）

ケース2
父 → 長男 110万円
母 → 長男 110万円
合計220万円 → 課税（基礎控除額を超える110万円に対して課税）

生前贈与を利用した節税効果の例

相続財産3億円、相続人は妻と子ども2人の計3人。法定相続分で取得した場合

	①贈与をしなかった場合	②3人に110万円ずつ10年間贈与した場合	③3人に310万円ずつ10年間贈与した場合
10年間の贈与額	0円	3,300万円	9,300万円
贈与税の総額（A）	0円	0円	600万円
10年後の相続財産	3億円	2億6,700万円	2億700万円
相続税の総額（B）	2,860万円	2,282万5,000円	1,437万5,000円
税額合計（A+B）	2,860万円	2,282万5,000円	2,037万5,000円
節税効果	0円	577万5,000円	822万5,000円

＊相続税額は法定相続分で相続した場合の子の納付税額の合計。
妻は配偶者の税額軽減により納付税額はゼロ。小規模宅地等の特例などは利用していないものとする

生前贈与はここに注意！

注意1 「贈与」の原則を理解し正しく行う

贈与は双方の合意のもとに成立する。名義預金は、「贈与」とは認められない。

対策

- **契約書を交わす**など双方の「あげた」「もらった」の意思を書面に残す
- 印鑑や通帳を相手に渡し、**もらった人が自由に使えるようにする**
- 現金は**銀行振込み**にして証拠を残す
- 株式は**名義の書換え**を必ず行う

注意2 「定期贈与」と認定されないようにする

最初に贈与する金額について双方が合意してから、その金額を分割で贈与するというかたちをとると、「定期金に関する権利」の贈与があったとされ、贈与税が課税される。

対策

- 贈与のたびごとに**契約書を作成**する
- 毎年、**同じ時期に同じ金額**を渡さない

注意3 「相続開始前3年以内の贈与」は相続税の対象になる

被相続人が亡くなる前に生前贈与を行って、相続税を逃れるような行為を防ぐため、「相続開始前3年以内の贈与」は、相続税の対象になるという決まりがある。ただし、相続人や遺贈を受けた人以外にはこの適用がない。

対策

- 相続直前の贈与は、**相続人ではない人や遺贈を受けない人**に行う

注意4 なるべく不公平感のないようにする

遺産分割は、生前贈与も考慮して行う。相続人の間で贈与の額に差があるときは、相続後トラブルにならないような分け方を遺言で残しておきたい。

対策

- 贈与額に差があるときは、相続分と合わせて公平感が出るような内容で**遺言を作成**しておく
- 遺言で**特別受益の持戻しの免除**をしておく
  ➡P57、140

贈与の契約書の例

贈与契約書であることがわかるようにタイトルをつける

贈与契約書

贈与者山崎和夫（以下、「甲」という）と受贈者山崎隆一（以下、「乙」という）との間で、次のとおり、贈与契約を締結した。

第1条　甲は乙に対し、下記の財産を贈与し、乙はこれを承諾した。

だれの財産をだれに贈与するかを記載し、受贈者が承諾している旨を書く

記

1、現金　　　100万円

以上

贈与財産は具体的に書く。不動産を贈与するときは、土地・家屋の別に、物件を特定できるよう具体的に書く

第2条　甲は、上記財産を〇年〇月〇日までに乙に引き渡すこととする。

以上の内容を証明するため、本契約書を作成し、甲乙各1通を保有するものとする。

〇年　〇月　〇日

契約書作成日を必ず書く

甲（住所）　千葉県船橋市〇〇3-4-5
　（氏名）　山崎　和夫　㊞

乙（住所）　千葉県船橋市〇〇2-18-5
　（氏名）　山崎　隆一　㊞

POINT!
契約書自体は自筆でもパソコンでもよいが、日付、住所、氏名はできれば自筆が望ましい。

贈与者と受贈者の住所・氏名を記載し、それぞれが押印する。三文判でもよいが、できれば実印がベター

生前贈与②
配偶者控除を適用して自宅を贈与する

> **重要** 配偶者への自宅の贈与は**2,000万円まで非課税**
>
> **注意** 不動産の贈与の場合、**登録免許税や不動産取得税**がかかる

夫婦間の不動産の贈与に適用される

暦年課税による贈与の基礎控除額は年間110万円ですが、**婚姻20年以上の配偶者**に居住用不動産や、居住用不動産を取得するための資金を贈与する場合には、**別途2000万円を控除**できる特例があります。

これは、一般に**贈与税の配偶者控除**と呼ばれるものです。

たとえば夫が妻に自宅の一部（または全部）を贈与すれば、相続財産が減り、相続税が減るだけではなく、**妻が老後に暮らしていく場所を確保**できます。夫が亡くなったとき、前もって妻に自宅を贈与しておくことで、自宅の遺産分割でもめないよう、自宅を贈与しておくとよいでしょう。

また、贈与は、贈与税の配偶者控除を適用した贈与は、相続開始前3年以内の生前贈与加算（→P78）の対象となりません。贈与をした年に、相続が開始した場合でも、適用が認められます。

相続後の争いを防ぐことができます。

売却の可能性があるなら家屋と土地を夫婦共有に

不動産を贈与する場合、①敷地だけ、②家屋だけ、③敷地と家屋の両方の3パターンが考えられます。それぞれ一部の贈与でもかまいません。

ただし、将来的に自宅を売却する可能性があるなら、敷地と家屋の両方を夫婦の共有財産にしておくとよいでしょう。自宅を売却する場合に、譲渡益に対して**3000万円の特別控除の特例**がありますが、この特例は、家屋、または家屋とともに敷地を売却した場合のみに適用されます。敷地と家屋の両方を夫婦の共有にすれば、夫婦それぞれに最高3000万円の特別控除が適用されます。

諸経費や相続税の特例も踏まえて検討を

贈与税の配偶者控除は、相続税の節税という点だけで考える場合には、注意が必要です。不動産を贈与すると、別途**不動産取得税、登録免許税**がかかるので、その費用を見込んでおく必要があります（→P49）。

また、相続時にも配偶者の税額軽減（→P114）、小規模宅地等の特例（→P88）など税負担を軽減できる特例があります。自宅を贈与時に移転するのがよいのか相続時がよいのか、各家庭の事情に合わせ、慎重に検討しましょう。

なお、贈与税の配偶者控除を受けるには、納税額がゼロでも**贈与税の申告が必要**です。

158

贈与税の配偶者控除とは

贈与額の2,000万円まで控除

夫(妻) → 妻(夫)
- 自宅家屋
- 自宅敷地
- 居住用不動産取得資金

基礎控除額110万円と合わせて**最大2,110万円控除可能**

適用される要件

- 夫婦の婚姻期間が**20年以上**であること
- 贈与を受ける人の**居住用不動産**（敷地だけも可）、また居住用不動産の**取得資金**の贈与であること
- 贈与の**翌年3月15日**までにその居住用不動産に居住し、その後も引き続き住む見込みであること
- 同じ夫婦間で、この控除の適用を**これまでに受けたことがない**こと

ココに注目！

子どもや孫への住宅資金の援助にも非課税枠あり

父母、祖父母などの直系尊属が20歳以上の子どもや孫に住宅取得資金を援助する場合、一定の要件を満たせば、一定限度額まで非課税となる特例があります（住宅取得等資金の贈与税の非課税の特例＊）。非課税枠は贈与の契約の締結時期によって異なり、2016年1月～2019年3月の契約は700万円（耐震・エコ住宅は1,200万円）です。また、基礎控除額の110万円も別途利用できます。この特例の適用を受けるには、贈与税がゼロでも、贈与税の申告期限内（→P164）に申告する必要があります。

受贈者のおもな要件
- 贈与を受けた年の1月1日の時点で20歳以上の子どもや孫
- 贈与を受けた年の所得金額が2,000万円以下 など

家屋の要件
- 床面積が50㎡以上240㎡以下
- 中古の場合は、築20年以内（耐火建築物は25年以内）、あるいは耐震基準に適合している など

＊住宅取得等資金の贈与税の非課税の特例は、2021年12月31日までの時限措置
＊2019年7月1日より、婚姻期間20年以上の夫婦間での居住用不動産の遺贈・贈与については、特別受益とみなされなくなります

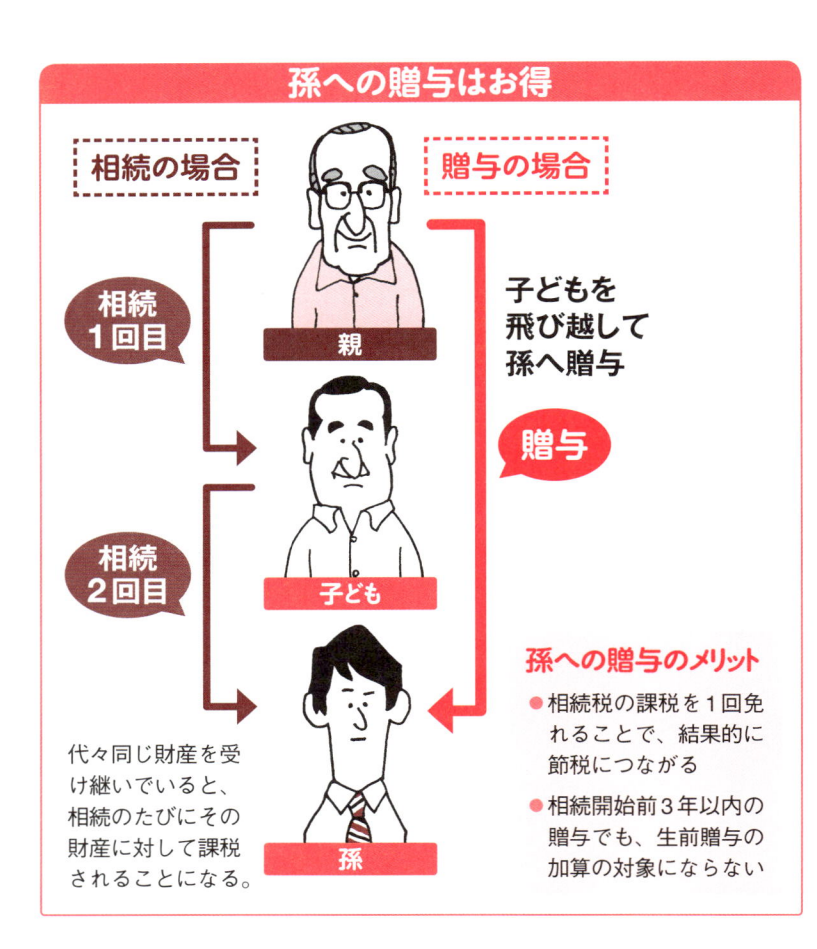

生前贈与③ 孫に対して教育費などを贈与する

> **重要** 孫へ贈与すれば、相続税の課税を**1回免れる**
>
> **重要** 孫への生活費や教育費は、**その都度**渡せば非課税
>
> **注意** 授業料などを**まとめて払う**と贈与税の対象

孫への贈与はお得

相続の場合 / **贈与の場合**

親 → 子ども → 孫（相続1回目、相続2回目）

親 → 孫（子どもを飛び越して孫へ贈与）

代々同じ財産を受け継いでいると、相続のたびにその財産に対して課税されることになる。

孫への贈与のメリット
- 相続税の課税を1回免れることで、結果的に節税につながる
- 相続開始前3年以内の贈与でも、生前贈与の加算の対象にならない

一世代飛び越して孫へ贈与する

かわいい孫のためならば資金援助はおしまないという人も多いのではないでしょうか。相続税の節税の観点からも、実は、**孫への贈与はお得**です。通常、財産は親から子、子から孫へと代々継承されますが、**子ではなく先に孫に贈与**すれば、相続税の課税を1回免れることができるからです。

相続時に孫に遺贈することでも相続税の課税を1回免れることと同じ効果になります。ですが、遺贈の場合、孫は**相続税の2割加算の対象**（→P112）となるため、その分、遺贈よりも生前贈与のほうが得といえます。

さらに、通常、相続人の相続開始前3年以内の贈与は相続税の対象になりますが（**生前贈与加算**）、孫への贈与は、生前贈与加算の対象になりません。

ただし、孫が遺贈を受けた場合を除きます。

その都度払う生活費や教育費はもともと非課税

孫の大学資金などを祖父母が負担するケースもよくあります。

実は、この場合、**必要なときにその都度贈与している**のであれば、年間110万円を超えても贈与税はかかりません。なぜなら、もともと扶養義務のある親子間や親族間における生活費や教育費の贈与は、贈与税の課税対象とならないからです。

扶養義務のある親族間には、遠方に住んでいる祖父母も含まれます。

つまり、遠くに住む祖父が孫の大学の入学金を支払う場合は、基礎控除額に関係なく非課税なのです。

ちなみに「扶養義務者」とは、次の者をいいます。

① 配偶者
② 直系血族および兄弟姉妹
③ 家庭裁判所の審判を受けて扶養義務者となった三親等内の親族
④ 三親等内の親族で、生計を一にする者

領収書などの証拠を残しておこう

生活費も教育費も「通常必要と認められるもの」であれば非課税です。上限額や、教育費・生活費の具体的な範囲は定められていませんが、たとえば、大学に通うための下宿代や、医学部などの高額な入学金・授業料は非課税になります。

ただし、下宿代や大学の授業料であっても、4年分まとめて渡すと、贈与税の対象になります。下宿代も大学の授業料も、**その都度渡すこと**がポイントです。

また、必要な生活費や教育費に使ったことを証明するために、**振込用紙や領収書を残しておくか、直接祖父母が大学などに振り込むよう**にしましょう。

贈与を受けた孫が、もらったお金で車を購入したり、貯蓄をしたり、目的と違う使い方をすると、その分は贈与税の対象となります。

ココに注目！
教育費を1,500万円までまとめて贈与しても非課税になる！

教育費をまとめて贈与したい場合は、「教育資金の一括贈与に係る贈与税の非課税措置」を検討するとよいでしょう。これは、直系尊属（祖父母や父母）から30歳未満の子どもや孫に教育資金を一括贈与した場合に、受贈者（子どもや孫）1人あたり最大1,500万円まで非課税となる制度。孫3人に1,500万円ずつ贈与すれば、計4,500万円を非課税で贈与でき、相続財産を大きく減らせます。

また、直系尊属から20歳以上50歳未満の子どもや孫への結婚・子育て資金を一括贈与した場合、受贈者1人あたり最大1,000万円（結婚資金は300万円まで）が非課税になる、「結婚・子育て資金の一括贈与に係る贈与税の非課税措置」もあります。

いずれの制度も、最初に祖父母などが信託銀行などの金融機関に子どもや孫の口座を開設し、資金を一括で預ける必要があります。その後、子どもや孫が教育資金などを使うたびに、それを証明する書類（領収書など）を金融機関に提出して口座から払い出すしくみです（ほかの方法もあり）。なお、教育資金は受贈者が30歳になった時点、結婚・子育て資金は受贈者が50歳になった時点で、口座に資金が残っていれば、それに対して贈与税がかかります。

---

*「教育資金の一括贈与に係る贈与税の非課税措置」と「結婚・子育て資金の一括贈与に係る贈与税の非課税措置」は併用可。いずれも2021年3月31日までの時限措置

生前贈与④ 多額の贈与なら相続時精算課税も検討を

重要 2,500万円までの**特別控除**がある
重要 **値上がりしそうな財産**を贈与するのが効果的
注意 一度選択したら**暦年課税**へは戻れない

贈与税と相続税を一体化した制度

相続時精算課税は、贈与税の課税方式のひとつです。相続税と贈与税を一体化した制度で、**60歳以上の親または祖父母から、20歳以上の子どもまたは孫への贈与**が対象となっています。

相続時精算課税による贈与の場合、**2500万円までの特別控除**があるため、一度にまとまった贈与が可能です。2500万円を超える部分は**一率20%**の贈与税がかかります。

ただし、贈与者が亡くなったとき、つまり相続時には、相続財産に贈与を受けた財産を加えて相続税を計算します。

この制度を利用するには届出が必要です（➡P164）。ただし、**一度選択すると暦年課税に戻れないので注意が必要**です。

なお、父からの贈与は相続時精算課税制度と、母からの贈与は暦年課税制度と、贈与者ごとに制度を変えることはできます。

2つの贈与税の課税方式の違い

項目	相続時精算課税	暦年課税
贈与者	60歳以上の**父母や祖父母**＊	だれでも
受贈者	20歳以上の**子どもや孫**	だれでも
贈与財産の種類	何でも	何でも
控除額	贈与をする人ごとに、制度を選択した年から**通算で2500万円**（特別控除額）	贈与を受ける人ごとに**年間110万円**（基礎控除額）
税率	一律**20%**	**10〜55%**の累進課税
変更	暦年課税への**変更不可**	相続時精算課税の**選択可**
確定申告	贈与税額が0円でも**申告が必要**	年間110万円以下の贈与は**申告不要**
相続時の課税対象	相続時精算課税の選択後に、被相続人から贈与を受けた財産の全部	相続開始前3年以内の贈与財産にかぎり相続税の課税対象

＊住宅取得資金等の贈与の場合は、贈与者が60歳未満でも可（2021年12月31日まで）

相続時精算課税制度のしくみ

相続時精算課税のポイント
- 贈与時に2,500万円の特別控除がある
- 2,500万円を超えた分は一率20%で課税
- 相続時に贈与財産を加算して相続税を計算する

ケース
- 父の相続財産1億円を、長男長女が1/2ずつ分ける
- 長男は生前に、相続時精算課税による贈与で現金4,000万円をもらった

贈与時
累計贈与額 4,000万円
- 特別控除額(非課税枠) 2,500万円
- 課税価格 1,500万円
- 1,500万円 × 20% = 300万円 ← 贈与税額

相続時

死亡時本来の相続財産
- 長男の取得分 3,000万円
- 長女の取得分 7,000万円

※長男は生前に4,000万円を贈与されているため相続時は3,000万円

相続財産にプラスする
- 基礎控除額 4,200万円 (3,000万円+600万円×2人)
- 課税遺産総額 9,800万円

支払済の贈与税額を控除
- 長男の相続税額 780万円 − 300万円 = 480万円 ← 納付税額
- 長女の相続税額 780万円 − 0円 = 780万円 ← 納付税額

※控除しきれない額があるときは還付される

相続時精算課税制度を利用するメリットは？

相続時精算課税による贈与は、あくまでも相続財産の前渡しになります。贈与した分は相続時の相続財産にプラスするため、暦年課税のように、贈与した分だけ相続財産が減るわけではありません。

ただし、将来値上がりしそうな株式や土地などの資産を贈与すれば相続税の軽減効果があります。

相続時に相続財産に加算する贈与財産の評価額は、贈与時の評価額です。そのため、値上がりしそうな土地や株式を先に贈与すれば、そのまま保有して相続するよりも、結果的に値上がり分を圧縮できることになります。

また、アパートやマンションなどの収益性の高い物件を贈与するのも、このケースでは効果的でしょう。贈与後の家賃収入は、受贈者の所得税の対象になり、相続税の対象にはならないので、実質的に相続財産を減らすことにつながります。

贈与税の申告

贈与を受けた人が申告・納付する

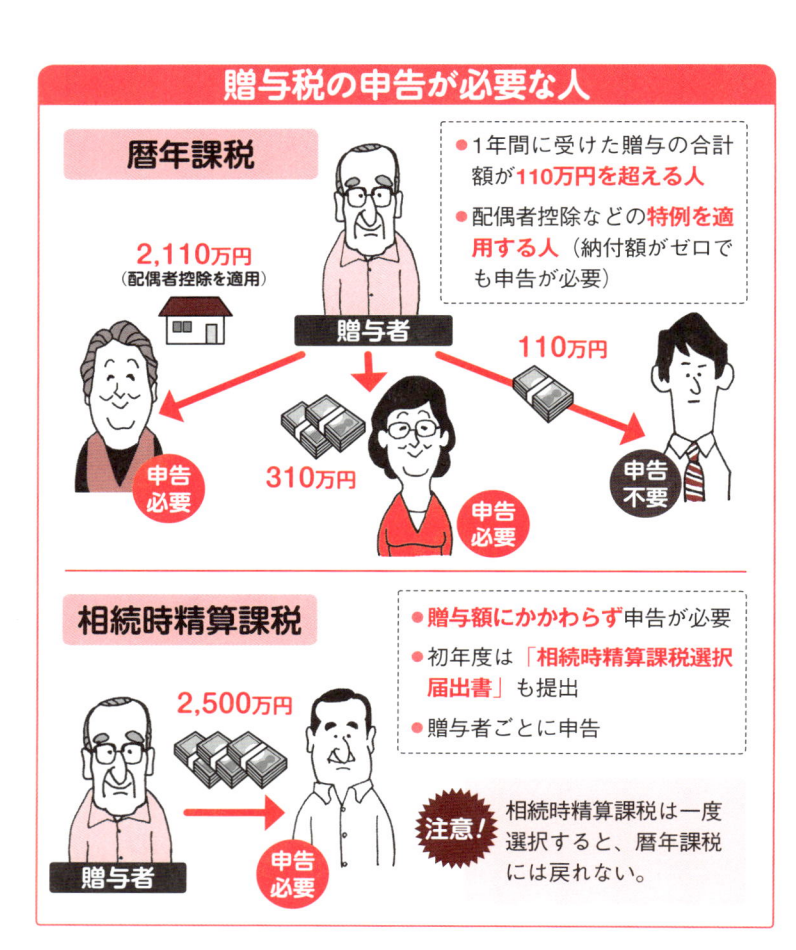

期限	翌年2月1日〜3月15日までに申告・納付
重要	**基礎控除額を超える贈与**を受けたら申告が必要
重要	**相続時精算課税による贈与**は、贈与額に関係なく申告が必要

贈与税の申告が必要な人

暦年課税

- 1年間に受けた贈与の合計額が**110万円を超える人**
- 配偶者控除などの**特例を適用する人**（納付額がゼロでも申告が必要）

2,110万円（配偶者控除を適用）→ 申告必要
310万円 → 申告必要
110万円 → 申告不要

相続時精算課税

- 贈与額にかかわらず申告が必要
- 初年度は「**相続時精算課税選択届出書**」も提出
- 贈与者ごとに申告

2,500万円 → 申告必要

注意！ 相続時精算課税は一度選択すると、暦年課税には戻れない。

贈与を受けた人が申告・納付する

　贈与税の申告は、**贈与を受けた人（受贈者）**が行います。申告先は、自分の住所地を所轄する税務署です。

　暦年課税（→P152）の場合、基礎控除額を超えて贈与を受けた場合に申告が必要です。配偶者控除など贈与税の特例の適用を受ける場合は、贈与税の納税額がゼロでも申告が必要です。

　相続時精算課税（→P162）を選択する場合は、贈与額に関係なく申告が必要です。この方式を選択した初年度は、贈与税の申告書に加えて、「**相続時精算課税選択届出書**」も提出します。期限までに提出しない場合は、相続時精算課税は選択できず、暦年課税が適用されます。

　贈与税の申告期限は、贈与を受けた**翌年の2月1日〜3月15日**です。期限内に申告や納税をしなかったり、申告後に申告漏れに気づいた場合は、延滞税や加算税がかかるので注意してください（→P234）。

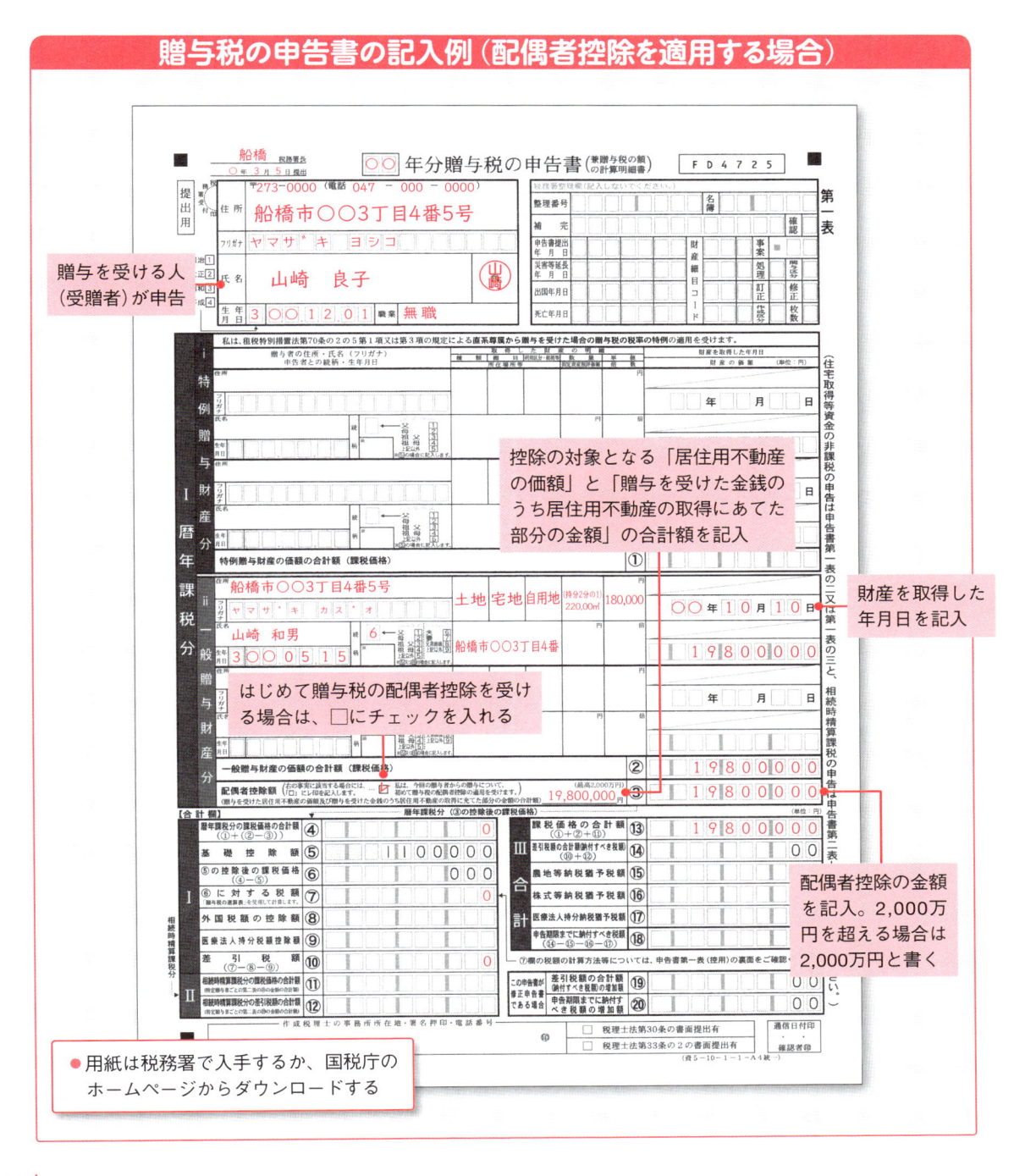

贈与税の申告書の記入例（配偶者控除を適用する場合）

- 贈与を受ける人（受贈者）が申告
- 控除の対象となる「居住用不動産の価額」と「贈与を受けた金銭のうち居住用不動産の取得にあてた部分の金額」の合計額を記入
- 財産を取得した年月日を記入
- はじめて贈与税の配偶者控除を受ける場合は、□にチェックを入れる
- 配偶者控除の金額を記入。2,000万円を超える場合は2,000万円と書く
- 用紙は税務署で入手するか、国税庁のホームページからダウンロードする

土地の評価減①
小規模宅地等の特例を活用して節税する

> **重要** 特例の適用ができるよう住替えという選択も考える
> **重要** 居住用と事業用の併用で最大730㎡まで利用可能

要件をしっかり確認して確実に適用を受ける

相続税の負担を大きく減らす効果があるのが、**居住用の宅地や事業用の宅地を対象にした小規模宅地等の特例**です。要件を満たせば、評価額が一定面積まで**80％または50％減らせる**という大変お得な制度です。

居住用の宅地を相続した人でこの特例を適用できるケースは、次の3パターンあります。

① 配偶者
② 同居親族
③ **相続開始前3年間以上賃貸暮らしの別居親族**（①も②もいない場合）

①の配偶者は、被相続人の配偶者であること以外に要件はありません

が、②と③は、**相続税の申告期限まで相続した宅地を所有し続けるなど、いくつかの要件があります**（→P88）。

急いで売却して特例を利用しそこねることのないよう、十分注意してください。

また、特例を受ける場合は、相続税の納税があってもなくても**申告が必要**です。相続税の申告期限までに遺産分割協議を済ませておく必要があります。

特例の利用を見越して住み替えるという手も

小規模宅地等の特例は節税額が大きいだけに、特例が利用できるよう**生前から準備しておくことも検討す**べきでしょう。

たとえば、二世帯での同居、あるいは**郊外の広い敷地に建つ自宅から都心の坪単価の高い場所に引っ越す**方法もあります（→P167上図）。

都心の立地のいい場所に住み替えれば、**相続後に売りやすい、貸しやすい**というメリットがあります。特例を使い低い評価額で相続した不動産を申告期限まで所有したあと、相続時より高値で売ることも可能です。

とはいえ、実際の暮らしやすさが大事です。ライフスタイルと節税効果の両面からよく検討しましょう。

居住用宅地と事業用宅地はダブルで使える

居住用宅地は330㎡まで、事業用宅地は400㎡までの面積が減額の対象です（限度面積）。これらを両方利用すると最大**730㎡の宅地で評価額を80％減額**できます。

貸付用宅地がある場合は注意が必要です。居住用宅地や事業用宅地と併用するときには、それぞれの限度面積をめいっぱい使えるわけではなく**調整が必要**です（→P167下図）。

同じ価額の土地でも、面積で節税効果に差が出る！

● 郊外にある広い土地A

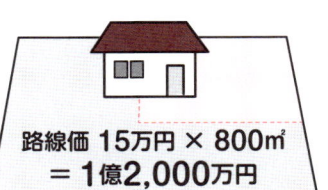

路線価 15万円 × 800㎡
＝1億2,000万円

➡ 限度面積の**330㎡部分のみ80％減額**

1億2,000万円 × $\frac{330㎡}{800㎡}$ × 80％ ＝ 3,960万円 ←減額できる額

1億2,000万円 － 3,960万円 ＝ **8,040万円** ←評価額

● 都心にある狭い土地B

路線価 60万円 × 200㎡
＝1億2,000万円

➡ 限度面積内なので**土地全体が80％減額**

1億2,000万円 × 80％ ＝ 9,600万円 ←減額できる額

1億2,000万円 － 9,600万円 ＝ **2,400万円** ←評価額

都心のコンパクトな敷地の家に住み替えることで**5,640万円の減額**

小規模宅地等の種類と減額の割合

種類	限度面積	減額の割合
特定居住用宅地等	330㎡	80％
特定事業用宅地等	400㎡	80％
特定同族会社事業用宅地等	400㎡	80％
貸付事業用宅地等	200㎡	50％

居住用宅地と貸付用宅地を併用するときの限度面積の求め方

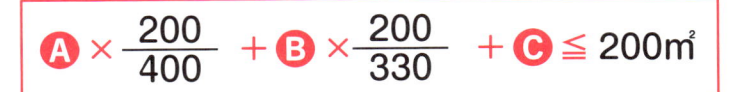

Ⓐ × $\frac{200}{400}$ ＋ Ⓑ × $\frac{200}{330}$ ＋ Ⓒ ≦ 200㎡

Ⓐ …特定事業用宅地等および特定同族会社事業用宅地等
Ⓑ …特定居住用宅地等
Ⓒ …貸付事業用宅地等

計算例

自宅の土地220㎡、貸駐車場の土地が100㎡の場合

220㎡ × $\frac{200}{330}$ ＋ C ＝ ≦200㎡

133.333…㎡ ＋ C ＝ ≦200㎡

C ＝ 200㎡ － 133.333…㎡ ＝ **66.666…㎡**

貸駐車場100㎡のうち66.666…㎡は50％減

小規模宅地等の特例にまつわる Q&A

Q 同居していた子どもの転勤中に相続が起こったら？

A 被相続人と同居していた子どもが、親の相続時には単身赴任中のため、親と同居していなかったとしても、**その妻や子どもが家に残り、親と同居していた場合には、特例の適用を受けられます**。家族全員が転勤先に転居していた場合には、同居親族ではなくなるため、特例の適用を受けられません。

ただし、その場合でも、ほかに配偶者や被相続人と同居していた親族がいない場合には、転勤中の子どもが**別居親族**として特例の適用を受けられるケースがあります。

Q 二世帯住宅はどこまで特例が使える？

A 従来は玄関が別々で、内部の行き来ができないような**完全分離型の二世帯住宅**は、原則として特例の適用を受けられませんでした。しかし、2014年の税制改正により、そのような二世帯住宅でも**親子がいっしょに同居していると考えて、敷地全体が特例の対象となる**よう、要件が緩和されました。

ただし、建物をあえて**区分所有登記**している場合には、同居しているとは考えないため適用を受けられません。

Q 同じ敷地に建てた親子別々の家に住んでいる場合は？

A 親子別々の家に住んでいる場合には、親子は同居していないため、特例の適用を受けられません。ただし、別居でも親子が「**生計を一**」にしていた場合は、**親ではなく子どもの家の敷地部分について、特例の適用を受けられます**。「生計を一」するとは、お財布の主たる部分をいっしょにしているということです。別々に住んでいる場合なら、たとえば財産や収入のない子どもや孫の生活費を、親や祖父母が負担している、またはその逆の場合をいいます。

というケースは多いでしょう。とくに首都圏の場合には、小規模宅地等の特例が使えないと相続税の負担が重くなるので、子どもが資金の一部を出すなら、共有で登記するなどの注意が必要です。

親の家を二世帯住宅に建て替える際、資金の一部を子どもが出す

168

Q 住民登録先は別の娘が被相続人の自宅で住込みで介護していたら

A 状況にもよりますが、娘の生活の本拠が別の場所にある場合には、特例の適用を受けられません。自分の夫や子どもなど、娘が自分の家族と住む家がほかにあるなら、実家で行っている被相続人の介護はあくまで一時的なもので、被相続人と同居していたとはいえないからです。

Q 被相続人が老人ホームに入っていた場合は？

A 2014年の税制改正で、老人ホームに入居していた場合についての取り扱いが明確化され、適用を受けられるケースが増えました。被相続人が老人ホームへ入所しても、被相続人の配偶者や、いっしょに住んでいた親族が老人ホームに入る前からいっしょに住み続けた場合は、特例の適用を受けられます。

しかし、その自宅へ、新たに生計を別にする親族が居住した場合には、適用を受けられないため、注意が必要です。

Q 子どもがマイホームを買ってしまったら、特例の適用は無理？

A 親と別居していた子どもがすでにマイホームを「保有」していても、被相続人である親の相続開始前3年以内に、子どもや、子どもの配偶者のマイホームに「居住」していなければ、特例の適用を受けられることになっています。ただし、被相続人に、配偶者や同居していた親族がいる場合には、別居していた親族はそもそも対象になりません。

Q 「青空駐車場」でも特例が使える？

A 小規模宅地の特例は建物や構造物の敷地であることが適用要件のひとつです。ですから、敷地をロープなどで区切っただけの「青空駐車場」では利用できません。

ただし、アスファルト舗装がしてある、あるいは屋根、フェンスやブロックなどが施されているような場合は、貸付事業用宅地として50％の減額が認められます。

Q 自宅兼賃貸住宅はどこまで特例が使える？

A 自宅部分、賃貸部分それぞれの要件を満たしたうえで、建物の床面積割合で按分すれば、限度面積まで自宅部分は80％減額となり、賃貸部分は50％減額になります。

土地の評価減②

評価を大幅に下げられる広大地評価

> [重要]「広大地」と認められると**4割程度**評価額が下がる
> [重要] 農地や山林も、条件に合えば広大地と認められる
> [注意] 広大地の判定には**専門的な知識**が必要

大都市圏なら500㎡以上の土地が対象

相続税評価額が下がる土地はいろいろありますが、「広大地」もそのひとつです。

広大地とは、単に広い土地というだけでなく、広さに加えて、**戸建住宅用地の開発に適した土地**であり、かつその開発の際に新たに道路や公園を造る必要があるなど、開発にあたり「つぶれ地」が発生する土地をいいます。

広大地の評価方法は、路線価に**広大地補正率**と土地の面積をかけて計算します。この補正により、路線価の**4割以上の評価減**になります。広大地に該当する土地の面積の目安は、**大都市圏で500㎡以上、地方都市で1000㎡以上**です。1つのまとまった土地でこの広さが必要です。市街化区域内にある農地や山林、原野、雑種地も、条件に合えば対象になります。

マンションに適した土地は対象外

一方で、マンションや商業ビルに適した土地、工業用地などは対象になりません。もともと広い土地を広大地として評価する理由は、広い土地を宅地開発する際に、区画割りをして建物を建てるには、道路などのつぶれ地が発生してしまうためです。つぶれ地が必要な土地は、売るときにはその分、安くなってしまいます。相続税の財産評価でも、その点を考慮しているのです。

したがってマンションや大規模工場などのように、新たに道路を造る必要がない場合にはつぶれ地も生じないため、原則として広大地評価は適用できません。

> **知っ得アドバイス** 💡 **広大地評価に強い専門家に相談を**
>
> 広大地かどうかを素人が判断するのは至難の業です。広大地の判定はかなり複雑で、実は税理士でも詳しくないという人がけっこういます。そのため実際は広大地評価が使えるのに、適用していないケースも意外と多いようです。
>
> 広大地は節税効果が高いので、面積の広い土地を所有している場合は一度専門家に相談することをおすすめします。不動産鑑定士や不動産に強い税理士などに相談してみるとよいでしょう。

＊2017年度税制改正を受けて、広大地の評価方法は、現行の面積に比例して減額する方法から、土地の形状・面積に基づき評価する方法に見直されるほか、適用要件が明確化された。この改正は2018年1月1日以後の相続等により取得した財産に適用

広大地判定チャート

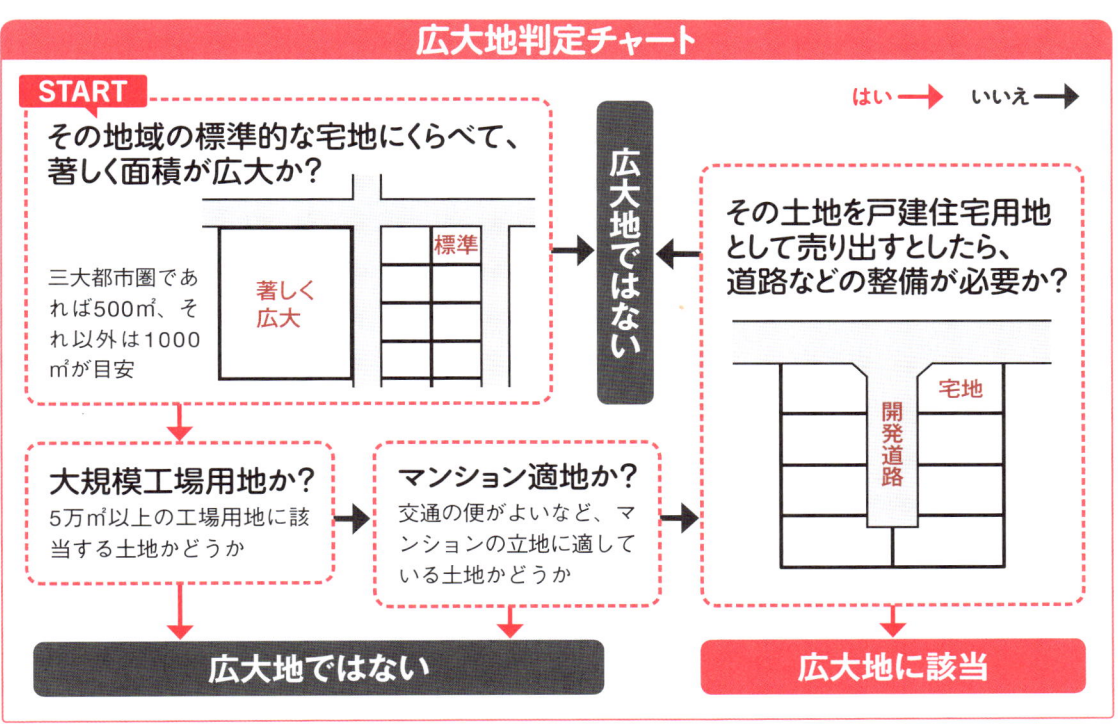

START: その地域の標準的な宅地にくらべて、著しく面積が広大か？
- 三大都市圏であれば500㎡、それ以外は1000㎡が目安

はい → 大規模工場用地か？
- 5万㎡以上の工場用地に該当する土地かどうか

はい → 広大地ではない
いいえ → マンション適地か？
- 交通の便がよいなど、マンションの立地に適している土地かどうか

はい → 広大地ではない
いいえ → その土地を戸建住宅用地として売り出すとしたら、道路などの整備が必要か？

はい → 広大地に該当
いいえ → 広大地ではない

（最初の質問で「いいえ」→ 広大地ではない）

広大地評価額の算出方法と計算例

【計算式】

路線価 × 広大地補正率 × 土地の面積 ＝ 評価額

広大地補正率 ＝ $0.6 - 0.05 \times \dfrac{広大地の面積}{1,000㎡}$

計算例

路線価10万円の1,500㎡の土地の場合（50m × 30m、1,500㎡、普通住宅地区、路線価10万円）

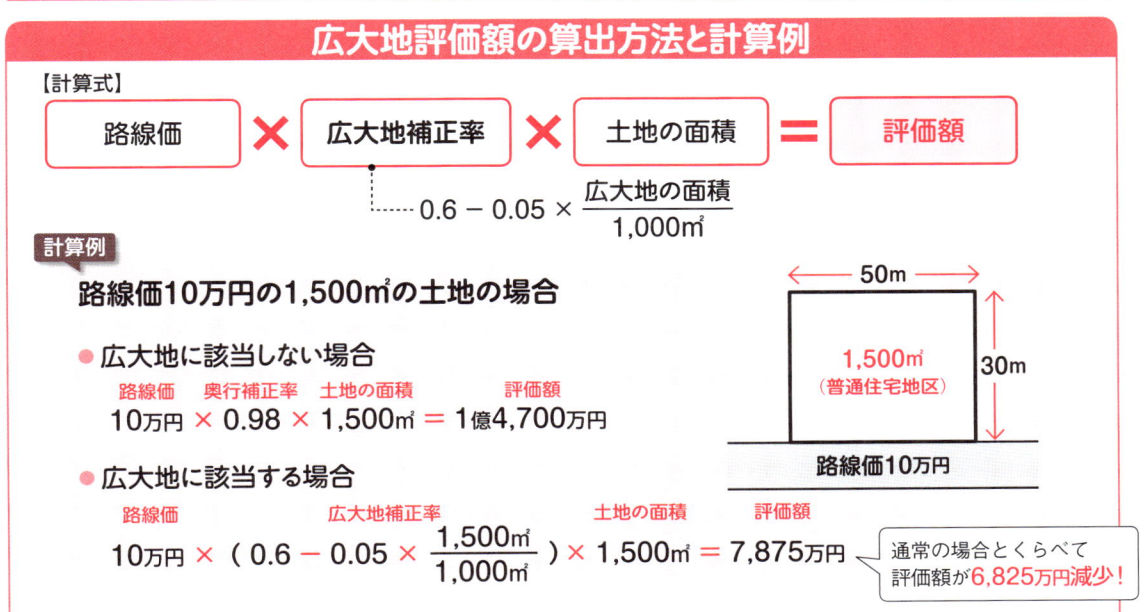

● 広大地に該当しない場合

　路線価　　奥行補正率　　土地の面積　　　　評価額
　10万円 × 0.98 × 1,500㎡ ＝ 1億4,700万円

● 広大地に該当する場合

　路線価　　　　　広大地補正率　　　　　　土地の面積　　評価額
　10万円 × $\left(0.6 - 0.05 \times \dfrac{1,500㎡}{1,000㎡}\right)$ × 1,500㎡ ＝ 7,875万円

通常の場合とくらべて評価額が**6,825万円減少！**

土地の評価減③
土地の形状や分割方法で評価額を下げる

重要 **マイナス要素**のある土地は評価額が下がる

重要 1つの土地を**複数の相続人で分割する**ことで節税できることも

土地のマイナス要素は評価減につながる

小規模宅地等の特例や、**広大地評価**ほどのインパクトはありませんが、ほかにも土地の評価額を下げる方法はいろいろあります。

奥行が長い、間口が狭いなどといった宅地は、路線価に補正を加えることで評価額を下げることが可能です（**画地調整➡P84**）。

ほかにも、地盤に著しい凸凹がある、騒音や悪臭がひどい、墓地に隣接している、上空に高圧電線が引かれているなど、こういった住環境に問題がある宅地の場合で、税務署に「**利用価値が著しく低下している**」と認められれば、**土地の評価を10％減**額できます。

また、土壌汚染がある土地、埋蔵文化財がある土地なども、評価額が下がる可能性があります。

ただし、すでにそのマイナス要素が**路線価**に反映されている場合は減額できません。

減額を受けるなら専門家に依頼を

なお、どの程度なら減額されるのかといった明確な基準はないため、それぞれの土地ごとに判断することになります。

いずれにしても土地の減額の適用を受けるには、相続税の申告の際に、**減額の根拠を示す資料を添付**しなければなりません。この資料を作成するには専門的な知識が必要なので、税理士などの専門家に依頼したほうがよいでしょう。

土地の分割方法で節税できることもある

宅地は、相続人が取得した宅地ごとに評価します。

そのため、173ページ下図のような角地の場合、1人が単独で相続するより、**複数の人が分割して相続するほうが全体としての評価額を下げる**ことができます。土地をどのように分割するかで、全体の節税額も変わってきます。

ただし、狭い土地を無理に分けるのでは、ゆくゆく売却したりする場合に資産価値が下がる可能性があります。また、あまりにも不合理な分け方をすると、税務署から認められないこともあるので、注意してください。

土地の評価や分割については、税理士に相談したり、場合によっては不動産鑑定士に評価を依頼してもよいでしょう。

評価が下がる可能性のある土地

- 墓地に隣接している
- 高圧線下にある
- 騒音がある
- 異臭などがあり住環境が悪い
- 地盤に著しい凸凹がある
- 地下鉄が通っている
- 土壌が汚染されている
- 道路と高低差がある
- 私道が含まれている
- 埋蔵文化財がある
- 近隣にくらべて著しく大きい ➡P170
- 奥行が長い ➡84
- 間口が狭い ➡P84
- がけ地を含む ➡P84
- 形がいびつ（不整形な土地）➡P84
- セットバックが必要な土地 ➡P85

土地の分割方法で節税になることもある

①単独または共有で相続

正面路線価 35万円
側方路線価 30万円
300㎡
評価額 1億770万円
20m
15m

②土地を分割して相続

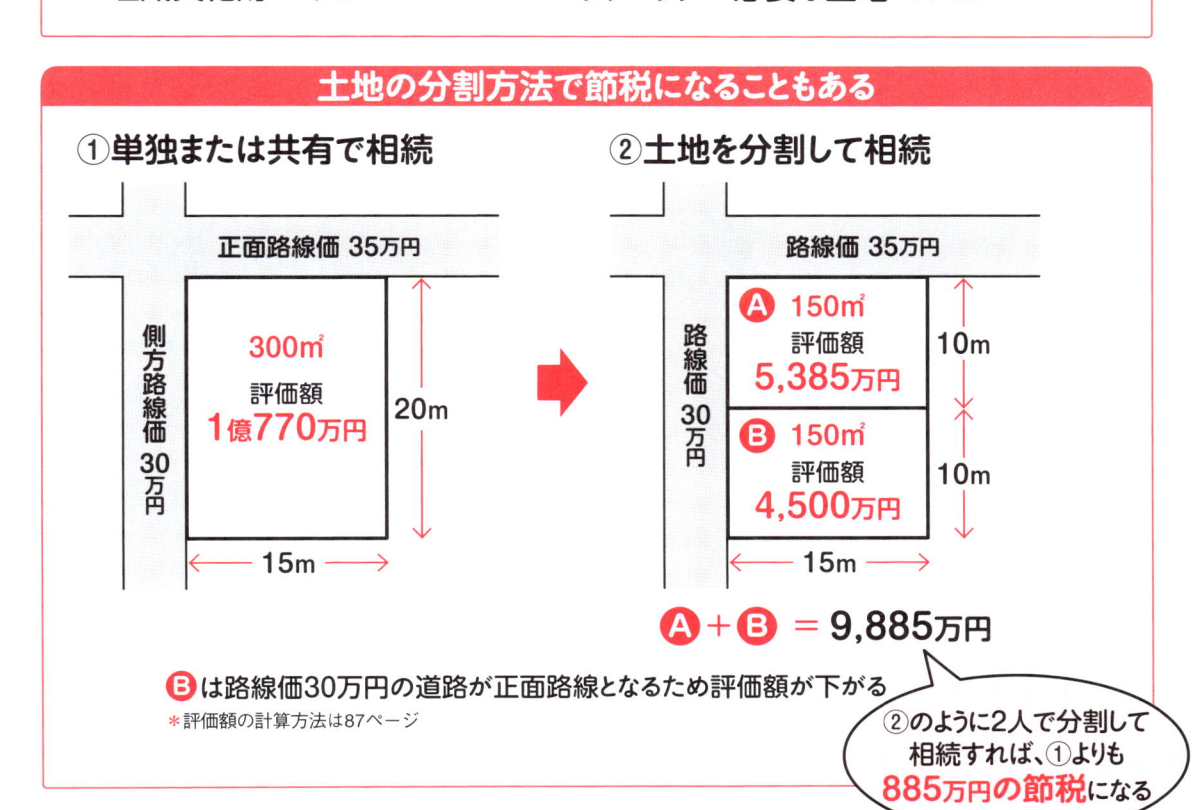

路線価 35万円
路線価 30万円
Ⓐ 150㎡ 評価額 5,385万円 10m
Ⓑ 150㎡ 評価額 4,500万円 10m
15m

Ⓐ＋Ⓑ ＝ 9,885万円

Ⓑは路線価30万円の道路が正面路線となるため評価額が下がる
＊評価額の計算方法は87ページ

②のように2人で分割して相続すれば、①よりも**885万円の節税**になる

さまざまな活用法がある 生命保険

生命保険活用のメリット

1 遺族の**生活保障**や**納税資金**にあてられる

2 相続税の**非課税枠**があるので節税になる

3 **代償金**の原資にできる

4 **受取人**を指定でき、相続人以外の人にもお金を残せる

5 **相続放棄**してももらえる ➡P64

6 **遺産分割**や**遺留分**の対象にならない

7 **遺産分割前**に保険金を受け取れる ➡P242

- 重要　一定の非課税枠がある
- 重要　納税資金や代償金の原資として有効
- 注意　契約形態によって支払う税金や、節税効果が異なる

納税や代償金の資金源にする

生命保険にはさまざまなメリットがありますが、一番の特長は死亡時に現金が支払われることです。そのため、残された家族の生活保障になるのはもちろん、**相続税の納税資金**としても活用できます。

さらに、**生命保険金は受取人固有の財産**になるので遺産分割の対象にはなりません。財産を残す側からすれば、財産を渡したい人に確実に渡せるというメリットがあります。

また、受け取った保険金は相続税の対象になりますが、**非課税枠（500万円×法定相続人の数）**があるため、これを利用すれば節税も可能です。相続人が3人いる場合、非課税枠は1500万円です。現金で1500万円持つよりも、その現金で生命保険に加入すれば、課税財産を1500万円分減らすことができ、結果的に節税につながります。ただし、**相続人以外が受け取った保険金は、非課税にはなりません**。

生命保険金を使った代償分割の例

ケース
長男に自宅を相続させたい
- 法定相続人は長男と長女の2人
- 相続財産は5,000万円の自宅と1,000万円の預貯金
- 法定相続分は長男・長女は3,000万円ずつ。

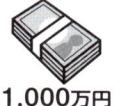

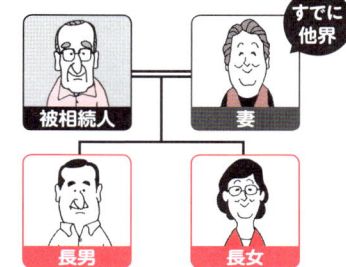

（被相続人／妻（すでに他界）／長男／長女）
自宅 5,000万円　預貯金 1,000万円

方法
① 父親（被相続人）が、**長男を受取人**にする生命保険に加入し、保険料を負担する

② 「長男に自宅を相続させる」という**遺言**を作成

③ 相続発生。**長男が保険金を受け取る**

④ 長男が受け取った保険金を**長女に代償金として渡す**

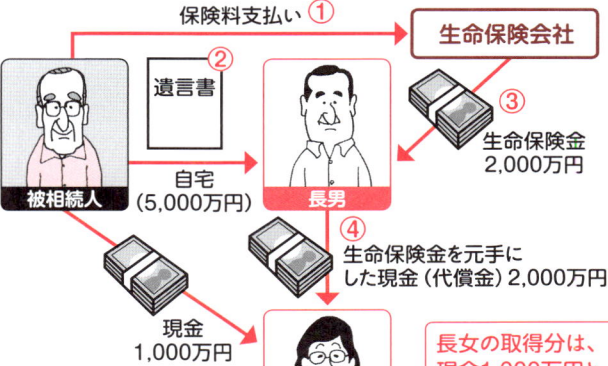

図解：
① 保険料支払い → 生命保険会社
② 遺言書：被相続人 → 長男へ自宅（5,000万円）
③ 生命保険会社 → 長男へ生命保険金 2,000万円
④ 長男 → 長女へ 生命保険金を元手にした現金（代償金）2,000万円
被相続人 → 長女へ 現金 1,000万円

長女の取得分は、現金1,000万円と代償金2,000万円の合計3,000万円

相続税ではなく所得税を払って節税する方法も

生命保険は、**遺産分割対策**としても有効です。たとえば、子どもが2人いて、おもな相続財産が親が長男家族と同居する自宅だけという場合、長男に家を渡すと、長女に渡す財産がなくなってしまいます。長女に代償金を支払えばよいのですが、その資金力がないというケースもよくあります。そこで、長男を受取人とする生命保険に加入しておけば、相続が発生した際に、長男はその**受け取った保険金を代償金にあてる**ことができます（→上図）。

このように代償金で解決を図る場合には、生前から家族でよく話し合っておく必要もあるでしょう。そのうえで長男に自宅を相続させると明記した遺言を残すと安心です。

生命保険にはさまざま契約形態があり、それにより**課税される税金も変わります**（→P.177）。

一般的な契約形態は、父が被保険者かつ契約者（保険料を支払う人）

となり、妻や子どもが受取人になるケースでしょう。この場合、受取人が相続税を支払います。相続人が受取人の場合は、非課税枠があるので、相続税対策では、まずこの契約パターンから検討するべきでしょう。

しかし、非課税枠を超える保障が必要な場合や、高額な遺産のために相続税の適用税率が高い場合は、非課税枠を限度額まで使っても税負担が重くなることがあります。

そこで検討したいのが、父が被保険者で、子どもが契約者になる契約パターンです。この場合、子どもが受け取る保険金は一時所得となり、所得税と住民税を支払います。

一時所得の場合、受け取った保険金から、それまでに支払った保険料と特別控除額を差し引き、その半分の額が課税対象となります。また、その年のほかの所得と合わせて税率が決まる総合課税なので、所得が低ければ支払う税金も少なくなります。

相続税を支払う場合と、所得税＋住民税を支払う場合と、どちらが節税になるかは遺産の総額や子どもの所得金額などで異なります。しっかり試算をしてから判断しましょう。

一時所得にする場合、子どもが契約者となって保険料を支払う必要がありますが、子どもに保険料を支払う能力がないケースもあります。その場合は、生前贈与と組み合わせる方法（一般に保険料贈与プランという）を検討しましょう。保険料相当額を、父が毎年子どもに贈与し、そのお金で子どもが保険会社に保険料を支払うのです。生前贈与を行うことで、相続財産そのものを減らしつつ、保険料を確保する方法です。

終身タイプを選ぶのが基本

相続はいつ起こるか予測できないので、相続対策には死亡保障が生涯続く生命保険がよいでしょう。具体的には、終身保険、終身型の変額保険などです。

必要とする保険は年齢を重ねるごとに変化します。今加入しているご保険を見直して、相続対策にあった保険に換えていくことも必要です。

保険料贈与による節税方法

被保険者　父（被相続人）　→生前贈与→　契約者・受取人　子ども　→保険料支払い→　生命保険会社

保険料相当額を贈与。贈与の際は、その都度契約書を交わす

受け取った現金を支払いにあてる

相続発生　生命保険金　保険金は子の一時所得（所得税＋住民税）

納税資金確保

この方法は、生前贈与を行うことで、相続財産を減らしつつ、保険料を確保することができる

契約パターン別生命保険金にかかる税金

	被保険者	契約者 （実際に保険料を 支払った人）	保険金受取人 （死亡保険金を受け取る 権利のある人）	税金の種類
ケース1	被相続人 （夫）	被相続人 （夫）	相続人 （子ども）	相続税 ＊非課税枠あり
ケース2	被相続人 （夫）	被相続人 （夫）	相続人 以外の人	相続税 ＊非課税枠なし
ケース3	被相続人 （夫）	相続人 （子ども）	相続人 （子ども）	所得税 住民税
ケース4	被相続人 （夫）	相続人 （妻）	相続人 （子ども）	贈与税

● 生命保険金の課税価格の求め方

ケース1 **相続税**がかかる場合（相続人が受取人の場合）
→ 受取保険金額 － 非課税枠（500万円×法定相続人の数） ＝ 課税対象額

ケース2 **相続税**がかかる場合（相続人以外が受取人の場合）
→ 受取保険金額 ＝ 課税対象額

ケース3 **所得税、住民税**がかかる場合
→ （受取保険金額 － 払込保険料 － 特別控除額50万円）× $\frac{1}{2}$ ＝ 課税対象額

ケース4 **贈与税**がかかる場合
→ 受取保険金額 － 基礎控除額110万円 ＝ 課税対象額

土地活用

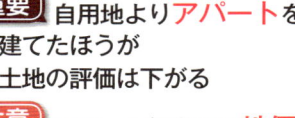

アパートや駐車場経営で節税する

重要 自用地より**アパート**を建てたほうが土地の評価は下がる

注意 アパート経営には**地価の下落や空室リスク**もある

土地、建物の評価減がポイント

相続税の節税対策として従来から行われている方法に、使っていない土地にアパートなどを建てて賃貸経営するという方法があります。

相続税の財産評価では、アパートやマンションを建てて他人に貸している土地（**貸家建付地**）の場合、評価額が下がります。アパート建築のために現金を支出することで財産も減少。銀行から借金をした場合でも、**債務**として相続財産から控除できるため、課税財産を減らすことができます。

一方でアパートを建てると家屋という財産が増えます。しかし、家屋はもともと評価額が低く、貸家であれば、さらに**貸家権割合**が引かれるので、財産の評価額を圧縮できます。

くわえて、アパートの敷地は**貸付事業用宅地**に該当するので、要件を満たせば**小規模宅地等の特例**を適用できます。

また、アパート経営は**家賃収入**というおまけもついてきます。その結果、財産が増えますが、生命保険の保険料にあてたり、生前贈与を行うなど、相続税対策の幅が広がります。**相続時精算課税制度**を利用してどもにアパートを贈与してしまう方法もあります。このとき土地を贈与してしまうと、相続時に小規模宅地等の特例を使えなくなってしまうので注意しましょう。

家賃収入を得られるがリスクも大きい

アパート経営はうまくいけば非常に節税効果の高い方法です。でも、それは机上の話。実際には「経営（事業）」の難しさがあり、**リスクを常に意識しなくてはなりません**。

まず**空室のリスク**です。空室が増えれば、建築費用を回収できず赤字経営が続きます。アパートが老朽化すればなおさら空室率が高くなり、賃料を下げざるを得なくなるでしょう。ゆくゆくは大規模修繕費用も必要になります。

仮に、経営が安定し、うまく節税できたとしても、**アパートは、相続の際に分けにくい**というデメリットがあります。更地にして売却することも簡単にはできません。アパート経営は、節税目的よりも、まずは事業として有望かどうか、その事業を自分や家族ができるかどうか、遺産分割で問題が起きないかどうかを慎重に考えて判断しましょう。

なお、土地の有効活用として**貸駐**

アパート建築による評価額圧縮のしくみ

ケース

8,000万円の評価の土地（自用地）と、現金5,000万円がある場合

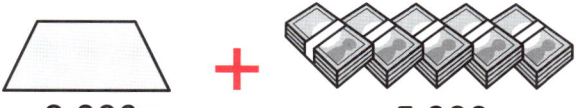

自用地 8,000万円 ＋ 現金 5,000万円

そのまま持っていると、評価額は **1億3,000万円**

この自用地に建築費5,000万円でアパートを建てると…

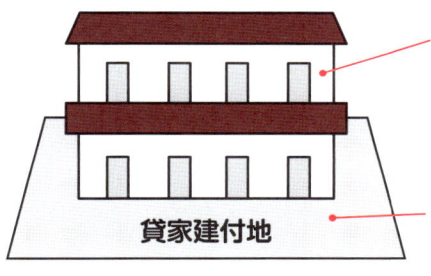

●建物の評価

固定資産税評価額　借家権割合
（5,000万円 × 0.6）×（1 − 0.3）＝ 2,100万円

家屋の新築時の固定資産税評価額は、建築費のおおむね60〜70％で評価される

●土地の評価（貸家建付地）

自用地としての評価額　借地権割合　借家権割合
8,000万円 ×［1 − 0.6 × 0.3］＝ 6,560万円

●合計評価額

建物の評価　土地の評価
2,100万円 ＋ 6,560万円 ＝ **8,660万円**

アパート建築前にくらべ財産評価額が**4,340万円減少！**

＊小規模宅地等の特例も適用できれば、さらに土地の評価額が下がる

アパート経営のメリットとデメリット

メリット	デメリット
●土地の評価額が下がる ●建築費用と建物評価額の差額の分が節税できる ●小規模宅地等の特例を利用できる ●アパートなどの賃貸収入が納税資金対策にもなる	●空室リスクがある ●修繕費がかかる ●不動産価格下落のリスクがある ●売却しにくくなる ●財産の分割がしにくい

車場経営という方法もあります。アパートほどの節税効果はありませんが、設備投資が少なくすみ、比較的リスクの低い方法です。それでもアパート経営同様、事業として有望かなどをしっかり見極めて判断することが大事です。

養子縁組
養子縁組で法定相続人を増やす方法も

> **重要** 基礎控除額が増え、生命保険の非課税枠も増える
>
> **重要** 養子は、養親と実親の両方の相続の権利を持つ
>
> **注意** 相続税の計算にカウントできる養子の数は制限あり

養子縁組で基礎控除額が増える

アパート経営と並んで、相続税の代表的な節税対策といわれてきたのが**養子縁組**です。養子縁組をすることで法定相続人が増えるため、そのぶん**基礎控除額**が増え、**生命保険金や死亡退職金の非課税枠も大きくなる**からです。

ただ、過去に節税目的で不当に養子縁組をするケースが多かったため、現在は、相続税の計算に含めることのできる養子の数に制限があります（民法上は養子の数に制限はない）。

- **実子がいる場合は1人まで**

相続税の計算上法定相続人の数に含めることができる養子は、

- **実子がいない場合は2人まで**

です。

くわえて2015年からの相続税の基礎控除額の縮小により、以前にくらべ、養子縁組による節税効果は少なくなっています。

とはいえ節税効果がまったくないわけではありませんし、**本来財産をもらう権利がない人に財産を渡すことができる**という点では、遺贈や生前贈与とともに、養子縁組も有効な手段といえます。たとえば、介護をしてくれた義理の嫁に財産を渡したい、将来的に家業を継ぐ予定の孫に早めに財産を渡しておきたいといったケースです。

なお、再婚による連れ子を養子にした場合は、養子ではなく実子として扱われ、何人でも相続税の計算に含めることができます。

養子縁組届は役所に提出する

養子をとる場合、おじやおばといった上の世代の親族や、年上の人を養子にすることはできません。それ以外の人であれば血縁関係に関係なく、養子縁組は可能です。

手続きも意外と簡単で、市区町村役場でもらえる**養子縁組届**に養親と養子、さらに証人2人が署名・押印して役所に届ければ成立します（養子が未成年者の場合は、原則家庭裁判所の許可が必要）。

なお、養子は、養親の相続の権利を持ったからといって、実親の相続の権利まで失うわけではありません（特別養子を除く）。**養子は養親と実親と両方の相続の権利を持つ**ことになりますが、くわえて養親と実親の両方の扶養義務も負うことになるのです。

養子縁組については、メリットとデメリットをよく考えて実行しましょう。

養子縁組をした場合の節税効果

ケース

相続財産2億円の場合
- 介護してくれた長男の嫁と養子縁組
- 相続人は法定相続分どおりに相続する
- 配偶者は被相続人よりも前に亡くなっている

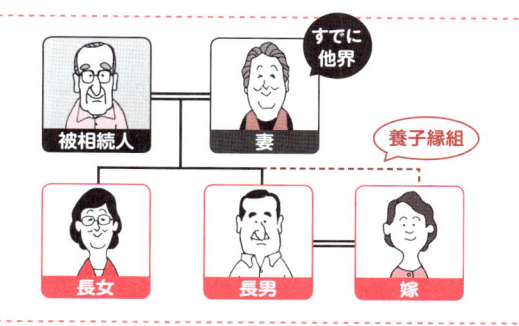

(家系図：被相続人 — 妻（すでに他界）／長女、長男、嫁（養子縁組）)

● **養子縁組しない場合**（法定相続人は子ども2人）

基礎控除額　3,000万円 ＋ 600万円 × 2人 ＝ **4,200万円**

相続税額　**3,340万円**

注意！ 孫が養子になる場合は、孫の相続税に2割加算がある ➡P112

● **長男の嫁を養子縁組する場合**（法定相続人は子ども2人、長男の嫁）

基礎控除額　3,000万円 ＋ 600万円 × 3人 ＝ **4,800万円**

相続税額　**2,460万円**　このケースでは養子縁組によって880万円の節税

基礎控除額が**600万円アップ！**

＊相続税の計算方法は106〜115ページ参照

養子縁組の落とし穴！

遺産分割協議が長引く可能性も……

養子縁組をすれば、その分、基礎控除額が増えて、全体の節税効果は上がります。しかし、相続人が1人増えるわけですから、ほかの相続人の相続分は当然減ってしまいます。相続が発生してはじめて、ほかの相続人が養子縁組の事実を知った場合、相続人同士でもめることにもなりかねません。

また、もめることで遺産分割協議が長引けば、相続税の申告期限に間に合わず、利用しようと思っていた相続税の特例などが使えなくなってしまうこともあります。養子縁組は、相続人全員の理解を得たうえで行うのがよいでしょう。実行の際は、少なくとも**ほかの相続人の同意を得る**などの配慮が必要です。

そのほかの対策

お墓の購入やリフォーム、整地で節税

> **重要** 生前に購入した**お墓は非課税**になる
> **重要** **自宅の建替え**や**リフォーム**で評価額を下げる
> **重要** 売却や物納を考えているなら**宅地の整地**などをする

墓地、墓石、仏壇などの購入は生前に

先祖代々のお墓に入る予定がなく、お墓を新たに用意する必要があるなら、死亡後ではなく生前に購入しておくのがおすすめです。墓地、墓石、仏壇などの祭祀財産は、相続税法上非課税財産とされており、相続税の課税対象にならないからです。相続開始後に遺族などが購入した場合は、購入した人の財産になります。被相続人が残した財産ではないため、このメリットが生かせません。

生前にお墓を準備するなんて縁起でもないと思うかもしれませんが、実際に相続が発生した際には、残された家族は葬儀の準備やさまざまな手続きに追われます。そうした家族の負担を軽減するために生前に用意しておくのも、家族への思いやりといえるでしょう。

ただし、墓石や仏壇をローンで購入するときは要注意です。祭祀財産は相続税法上の相続財産に該当しないため、被相続人の死亡時にローンが残っていても債務控除（→P106）の対象になりません。節税効果のためなら、なるべく現金で購入しておきましょう。

なお祭祀財産は、よほど高額なものでないかぎり非課税財産と認められるかぎります。**一般的な礼拝に関するもの**にかぎります。純金の仏像や仏具、値打ちのある骨董の仏像などは美術品・骨董品扱いとなり、非課税財産

自宅をリフォームすると節税効果がある

もし家の建替えやリフォームを考えているなら、生前に行うほうが節税効果があります。

財産を現金で持っていると、相続税評価額は額面どおりで評価されますが、建替え直後の家屋はその家の建築費用の50〜70％、リフォームはその家の固定資産税評価額にリフォーム費用の70％を加算した額が評価額になるからです。固定資産税評価額が増加しない小規模なリフォームであれば、リフォーム費用の全額を相続財産から減らせる場合もあります。

とはいえ、単に節税できるからという理由で建替えやリフォームに踏み切るのは本末転倒です。あくまでも「必要があれば」というのが大前提です。

生前に土地の測量や整地をしておく

相続後に土地の売却を考えている

になりません。

お墓の購入は生前がお得

生前に購入
被相続人が総額300万円で購入

→ 300万円は**非課税財産**

ここに注意!
- **著しく高価なものや美術品や骨董品は×**
売買の対象となる美術品や骨董品にあたるものや、日常礼拝しないものは認められない。

相続後に購入
被相続人の死亡後に、相続人が相続した300万円で購入

→ 300万円は**課税財産**

- **ローンは債務控除にならない**
購入代金のローンは債務控除の対象にならないので、相続財産から差し引くことはできない。

場合には、生前に土地の測量や整地をしておくのもよいでしょう。きちんと測量して土地の**境界**をはっきりさせ、整地をして土地を使いやすい状態にしておくことで、**売却がしやすくなります**。また、土地の**物納**を考えている場合には、最低限、境界を明確にしておく必要があります。

相続後に土地の境界が不明確であることが発覚し、隣人とトラブルになってしまうと、相続税の申告期限まで遺産分割の話し合いがまとまらなくなることもあるなど、相続の一連の手続きに影響が出てくることもあります。

なお、生前に測量や整地をしておけば、その費用の分だけ**相続財産を減らす**ことができ、節税効果も生まれます。ただし、がけ地を削って平坦にするような大がかりな造成を行ったりすると**評価額が上がることもあります**。

土地の測量や整地は節税効果といううよりも、**納税資金対策**の意味合いを重視して、必要があれば、早めに準備しておくとよいでしょう。

二次相続

次の相続を踏まえて特例を使う

注意 配偶者の税額軽減を最大限使うと、二次相続の税負担が重くなることも

重要 相続が立て続けに起こった場合には税額控除がある

一次相続で得したつもりが二次相続で大きな負担に

子どもの立場からみると、相続は2回体験するのが一般的です。父親が亡くなったときと、母親が亡くなったときです。

たとえば1回目の相続（一次相続）で父親が亡くなり、2回目の相続（二次相続）で母親が亡くなったとします。一次相続では、母親が配偶者の税額軽減を使えるので、これを限度額まで使えば相続税の負担を大きく減らすことが可能です。

しかし、二次相続では、配偶者の税額軽減が使えず、法定相続人が1人減るので、基礎控除額も減ってしまいます。くわえて、母親が父親から受け取った財産をほとんど手つかずで残した場合、一次相続で母親が相続した財産を、そのまま子どもたちが相続することになります。

184ページは、一次相続と二次相続をトータルで考えたときの節税効果の比較です。これを見ると、一次相続で配偶者の税額軽減を使い切るよりも（ケース1）、法定相続分どおりに分けた場合（ケース2）、配偶者が法定相続分より少ない額を相続した場合（ケース3）のほうが、二次相続での相続税が安くなっています。

もちろん、母親が受け取った財産は生活費や娯楽費として使うものなので、二次相続までに減っている可能性は高いでしょう。一方で、母親が自分の親の財産を新たに相続する

など、一次相続時よりもさらに相続財産が増える可能性もあります。母親がどの程度財産を残して亡くなるか想定するのは難しいですが、想定しうる状況を事前にシミュレーションして、各家庭にとってより望ましい財産の分け方を選択しましょう。

また、どの財産をだれがもらうのかでも、節税効果が変わります。たとえば不動産の場合、今後値下がりしそうな財産は配偶者、値上がりしそうな財産は子どもへ引き継ぐのが得です。なぜなら、配偶者が相続した財産が二次相続で子どもに引き継がれるとき、値下がりした分だけ評価額が下がるからです。

財産が将来どんな価値を持つのかを踏まえたうえで、財産の分け方を考えましょう。

短期間で相続が起こると税額控除がある

短期間の間に相続が立て続けに起こってしまった場合、納税負担が非常に重くなることから、相続税では、

184

トータルでお得な分け方は？

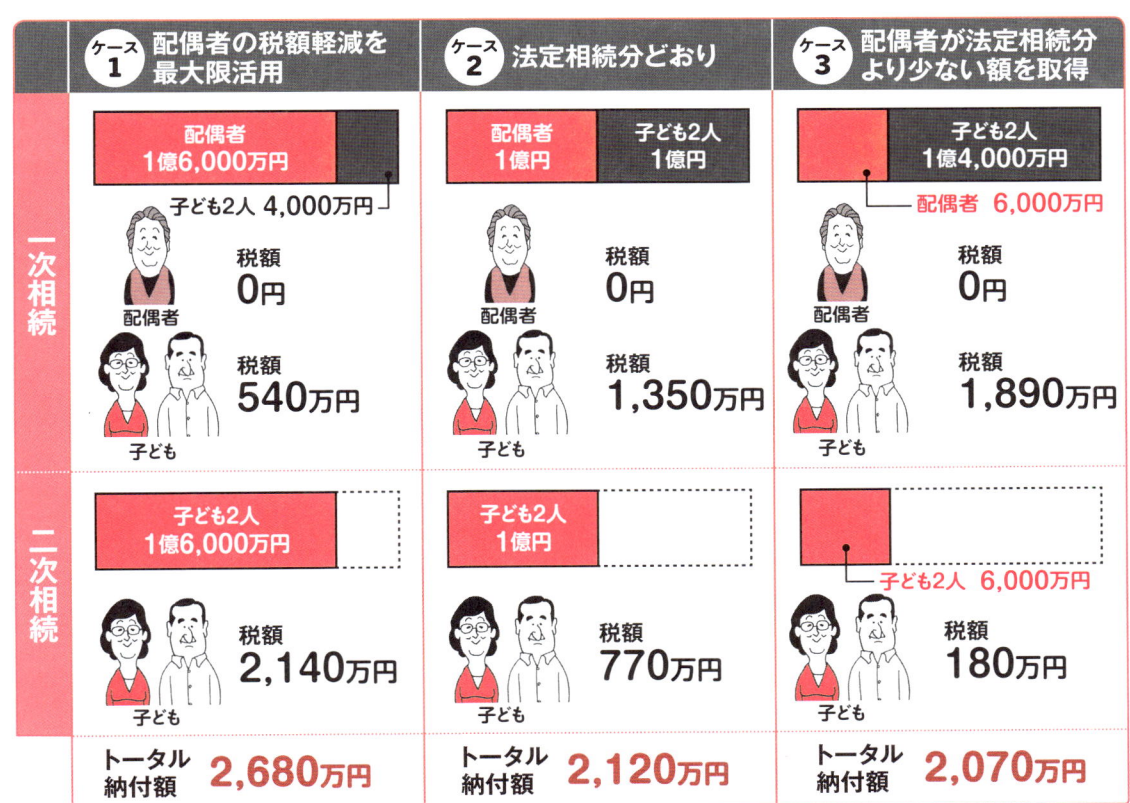

相続財産2億円、配偶者と子ども2人の計3人で相続する場合

ケース1 配偶者の税額軽減を最大限活用

一次相続
- 配偶者 1億6,000万円
- 子ども2人 4,000万円
- 配偶者 税額 0円
- 子ども 税額 540万円

二次相続
- 子ども2人 1億6,000万円
- 子ども 税額 2,140万円

トータル納付額 2,680万円

ケース2 法定相続分どおり

一次相続
- 配偶者 1億円
- 子ども2人 1億円
- 配偶者 税額 0円
- 子ども 税額 1,350万円

二次相続
- 子ども2人 1億円
- 子ども 税額 770万円

トータル納付額 2,120万円

ケース3 配偶者が法定相続分より少ない額を取得

一次相続
- 子ども2人 1億4,000万円
- 配偶者 6,000万円
- 配偶者 税額 0円
- 子ども 税額 1,890万円

二次相続
- 子ども2人 6,000万円
- 子ども 税額 180万円

トータル納付額 2,070万円

相次相続控除の計算方法

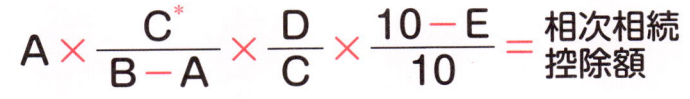

$$A \times \frac{C^*}{B-A} \times \frac{D}{C} \times \frac{10-E}{10} = 相次相続控除額$$

- A … 二次相続の被相続人が、一次相続でもらった財産にかかった相続税額
- B … 二次相続の被相続人が、一次相続でもらった財産の価額
- C … 二次相続の相続人等の全員が、もらった財産の価格の合計額
- D … 相次相続控除を受ける相続人が、二次相続でもらった財産の価額
- E … 一次相続から二次相続までの経過年数（1年未満の端数は切捨て）
- ＊ $\frac{C}{B-A}$ が1を超えるときは1で計算する

相次相続控除と呼ばれる税額控除があります。この控除は、一次相続から10年以内に相続が起こった場合に適用できます。

ただし、二次相続の被相続人が、一次相続の際に相続税の納付額がゼロの場合は、相次相続控除はありません。

独身者の相続

できるだけ生前に準備をしておく

> **重要** 法定相続人がいる場合でも**遺言を残す**のがベスト
> **重要** 法定相続人がいなければ**国庫**へ入る
> **重要** **特別縁故者**が相続することもある

血縁よりも身近な人に財産を渡す方法もある

独身者で子どもがいない人の財産は、法定相続人の第2順位の親に引き継がれます。親が亡くなっていれば第3順位の兄弟姉妹が、兄弟姉妹も亡くなっていれば、兄弟姉妹の代襲相続人である甥や姪が引き継ぐことになります。

独身者が亡くなったあとに、親や兄弟姉妹が葬儀などの段取りをつけて、相続人として財産を引き継ぐことは、ある程度想定内のことといえるでしょう。

問題は、甥や姪が相続人になる場合です。その場合、日頃親しくしている甥や姪であれば、生前に葬儀のことなどをお願いしつつ、財産を引き継いでもらうということで問題ないと思います。

しかし、あまりつき合いのない甥や姪の場合、急に葬儀の段取りなどを任されるほうも困惑しますし、自分としても「遠くの親戚より近くの他人」に葬儀の段取りをしてもらったり、財産を残したいと考えることもあるのではないでしょうか。

お世話になった人や団体へ、これまでのお礼として財産を残したい、母校や慈善団体に残った財産を寄附したいといった希望がある場合は、遺言を残せば、財産は自由にできます。法定相続人には、どんな遺言があっても最低これだけはもらえるという遺留分がありますが、第3順位の兄弟姉妹や甥、姪には遺留分がないからです（親には3分の1の遺留分があります）。

さらに特定の兄弟姉妹や甥、姪にだけ財産を残したい場合も、遺言を残すことによって、希望どおりに財産を移転することができます。

自分の死後は、財産の問題だけでなく、葬儀の手はずや住宅の解約など、死後の一切の手続きについてもだれかの世話になります。可能なかぎりは生前に段取りをつけ、万が一の場合はだれにそれをお願いするのかを決めておきたいものです。そういったお世話になった人に、残った財産を遺贈するのもよいでしょう。

法定相続人がいない場合は？

法定相続人にあたる親族がなく、財産の処分方法に関する遺言もない場合、財産は、家庭裁判所に選任された相続財産管理人によって処理され、最終的には国庫に入り、国の財産になります。

ただし、被相続人と婚姻関係には

独身者の遺産のゆくえ

遺言なし ✗遺言書

- 子ども（または孫など）が相続
  - 子どもがいない場合 ↓
- 親（または祖父母など）が相続
  - 親がいない場合 ↓
- 兄弟姉妹が相続
  - 兄弟姉妹がいない場合 ↓
- 甥や姪が相続（代襲相続）
  - 甥や姪がいない場合 ↓
- 国庫または特別縁故者へ

遺言あり ○遺言書

↓
- 受遺者が財産をもらう

ただし、子どもや父母（または祖父母）がいる場合は、遺留分がある。➡P52

特別縁故者の例
- 内縁の妻や夫
- 養子縁組をしていない再婚相手の連れ子
- 親族や知人などでとくに被相続人の療養看護に尽くした人など

ないけれど長年連れ添ってきた人や、面倒を見てきた人などがいる場合、その人が**家庭裁判所に相続財産分与の申立て**をすれば、**特別縁故者**として認められ、遺産をもらえる場合があります。

特別縁故者とは、次のいずれかに該当する人を指します。

① **被相続人と生計を同じくしていた者**
② **被相続人の療養看護に努めた者**
③ **その他特別の縁故があった者**

具体的には、内縁の妻や夫、配偶者の連れ子、長期にわたって世話や看病をしてくれた親族や知人、また老人ホームなどの法人が該当するケースもあります。

ただし、本来は相続や遺贈で財産分与をするのがルールであるため、**簡単には認められません**。特別縁故者として認められるかどうかは家庭裁判所の個別の判断によります。特別縁故者として認められたとしても、さまざまな手続きがあり、最終的に財産をもらうまでに10か月以上かかります。

事業承継が必要な人の相続対策

事業承継

- 注意 相続で**自社株が分散**すると経営に影響が出る
- 重要 税負担を軽くするため、自社株の評価額を**引き下げて**生前贈与をする
- 重要 相続税の**納税猶予**を利用する

遺留分に配慮した対策が必要

中小企業のオーナーが亡くなった場合、大きな問題になるのは**自社株式の問題**と、**納税資金不足**でしょう。

企業の経営を安定させるためには自社株式はなるべく後継者に集中して渡したい財産ですが、**相続人が複数いれば分ける必要が出てきます**。

たとえ「後継者に自社株式をすべて相続させる」という遺言を残しても、遺留分（→P52）を侵害している内容だと、株式の一部を後継者以外の相続人に渡さなければならないこともあります。そのため、**生命保険金を原資にして代償金を支払う**（→P174）などの対策をとること

が必要になります。

評価額の引下げと生前贈与を併用する

しかし、もともとの自社株式の評価額が高額だと、代償金を用意するには限界があります。

ですから、まずは**株価を引き下げる工夫が必要**です。具体的には、役員退職金を支給したり、含み損のある資産を売却するなどの方法があります。ほかにもいろいろあるので、税理士と相談して、実行しましょう。

そのうえで後継者の相続税の負担を軽くするために、贈与税の負担が重くならない程度で、**暦年課税による生前贈与**を行います。その後、株価を引き下げたところで、**相続時精算**

課税による贈与（→P162）を行えば、低い株価でまとまった株式を贈与できます。

また、**相続時に相続財産に加算する贈与財産の評価額は、贈与時の時価**です。そのため後継者の経営努力により、相続時に自社株の評価が上がっていれば、その差額分を節税できたことになります。

相続税の納税猶予の活用

株価を引き下げてもある程度の相続税が発生する場合、問題は納税資金です。自社株式は簡単に売却できません。

こういった場合に相続税の納税対策として有効な制度があります。

「**非上場株式等についての相続税および贈与税の納税猶予および免除（事業承継税制）**」です。

一定の要件を満たせば、その株式にかかる**相続税の80％または贈与税の100％に対して、税金の支払いの猶予と免除を認めたもの**です。

「猶予」とありますが、この制度は何

188

事業承継をスムーズにするための方法

❶ 株価を引き下げる

自社株式を後継者へ渡しやすくするため、まずは株価そのものを引き下げることが重要。税理士と相談しながら無理のない範囲で行う。

❷ 贈与を活用する

暦年課税による贈与でコツコツ贈与を重ねつつ、株価が下がったところで、相続時精算課税による贈与で一気に贈与する方法も。

❸ 贈与税・相続税の納税猶予を利用する

「事業承継税制」を利用して、贈与税や相続税を猶予・免除してもらう。

❹ 遺留分対策をしておく

事業の後継者以外に相続人がいる場合は、遺留分に配慮しながら遺言を作成する。そのうえで生命保険金で代償金を用意するなど、ほかの相続人にも納得してもらう方法をとる。

回でも使えます。

そのため、親から子、子から孫、孫から曾孫……と、同族内で事業を引き継いでいく意思があるなら、永遠にこの制度を利用し続けて、**納税を先延ばしにする**ことも法律上は可能です。

事業承継税制は中小企業にとってありがたい制度ですが、スタート当初は要件が厳しく、なかなか浸透しませんでした。しかし、制度が改正され、以前より利用しやすくなっています。

この制度で相続税の猶予の適用を受ける場合には、**相続開始日の翌日から8か月以内**に所定の申請書を**経済産業局**へ提出します。

なお、事業承継の場合、税務対策だけでなく、のちのちのトラブルを防止するための「争族」対策も重要になります。

顧問税理士にそのまま任せるのもよいですが、もし、顧問税理士が相続や事業承継の経験があまりない場合には、別の税理士に相談してみるのもひとつの方法です。

column

税務調査って本当に来るの?

約2割に調査が入る!

　税務調査が行われるのは相続税の申告期限から1～2年後です。通常であれば事前に相続人の代表者へ電話などで連絡があります。

　相続税はほかの税法よりも税務調査を受ける確率がかなり高く、相続税の申告件数の約2割に税務調査が入っています。そして、そのうちの8割以上が申告漏れを指摘されています。

税務署はお金の動きを把握している

　税務調査で申告漏れを指摘されている財産でもっとも多いのが現金や預貯金です。税務署は金融機関に依頼し、被相続人と相続人、また相続人以外の同居の家族の過去の取引記録を取り寄せ、お金の動きをチェックしています。そして、次のようなことがあると、税務調査の対象に選ばれやすくなります。

- 被相続人名義の預金残高と比べて、家族名義の預金残高が多い
- 生活費以外の高額な出送金があるが、贈与税の申告がない
- 被相続人の亡くなる直前に預金が引き出されている

　税務調査で悪質な財産隠しが発覚すれば、ペナルティが課されます。また、故意でない場合でも間違いがあれば、修正申告をしたうえでペナルティが課されます。

　申告漏れなどによって納めた相続税の税額が少ないことに気づいた場合は、税務署からの指摘前に自ら修正申告を行えば、ペナルティは最小限ですみます（➡P234）。いずれにしても、見つからなければ大丈夫と考えずに、きちんと申告しておきましょう。

5章 相続開始後の手続き

相続開始後は、あわただしいなかでさまざまな手続きをしていかなければなりません。また相続税の申告期限も意外と早く訪れるものです。ポイントとなる「期限」をおさえながら、必要な諸手続きについて解説します。

スケジュール

相続手続きの期限と流れをおさえる

- **期限** 相続の手続きは3か月と10か月が期限のポイント
- **期限** 自営業の場合は4か月後の準確定申告も必要
- **重要** 10か月はあっという間。早め早めに着手する

相続手続きの山は3か月と10か月

家族が亡くなると、通夜、葬儀、告別式とあわただしく時間が過ぎていきます。あわせて市区町村への届け出もしなければならず、悲しんでいる間もないほど、さまざまな手続きをこなしていかなければなりません。葬儀や死亡後の事務手続きが終われば、今度は相続の手続きを始めます。相続の手続きはさまざまあり、一つひとつ順を追って進めていくことになります。大事なことは、常に「時間」を意識しながら準備していくということ。というのも相続の手続きの多くには、期限が設けられているからです。

なかでもポイントになるのは、相続開始から3か月後と10か月後です。「3か月」というのは、相続放棄または限定承認の手続きの期限です。相続するかしないかは3か月以内に決断が必要です。決断をするためには、相続財産の内容をきちんと調べる必要があり、財産調査は意外と時間がかかります。ただ3か月後に相続するか否かを決めればいいわけではなく、それまでの準備が大変なのです。3か月以内に調査できない場合は、期限伸長の申出もできます。

一方、「10か月」は、相続税の申告と納付の期限です。正しく申告・納付するためには、前提として遺産分割の話し合いを終わらせなくてはなりません。話がまとまらず申告や納付が遅れると、無申告加算税や延滞税（→P234）が課されることもあります。

また、被相続人が個人事業者などで、生きていれば所得税の確定申告が必要だった場合には、4か月以内に準確定申告を行う必要があります。

名義変更はすみやかに給付金の申請も忘れずに

各財産の名義変更も必要です。名義変更に期限はありませんが、トラブルを防ぐためにも、遺産分割が確定したらすみやかに行いましょう。

また、相続手続きとは直接関係ありませんが、健康保険の給付金なども受け取ることができます。こうした給付金は申請しないともらえません。健康保険の申請期限は2年です。期限内に忘れずに申請しましょう。

193ページにおもな手続きと期限をまとめましたが、ほかにもさまざまな手続きがあります。相続手続きおよび、死亡にまつわるさまざまな事務手続きについては、250ページに一覧にしています。

おもな相続手続きの期限と流れ

期限（相続開始から）

被相続人の死亡（相続開始）
↓
7日以内
死亡届の提出 →P194
市区町村役所に提出
↓
戸籍の確認と相続人の確定 →P204
↓
遺言書の有無の確認と検認 →P200
↓
相続財産の調査 →P208
↓
3か月以内
相続放棄・限定承認の申述 →P210
相続するかしないかを決める
↓
4か月以内
所得税の準確定申告 →P218
被相続人が個人事業者だった場合など必要な人のみ行う
↓
遺産分割協議書の作成 →P212
↓
相続財産の名義変更 →P238、240
↓
10か月以内
相続税の申告・納付 →P222
課税対象者のみが行う

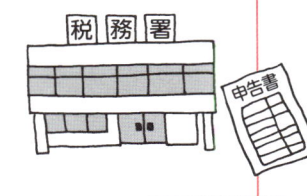

死亡直後のそのほかの事務手続き
- 健康保険証の返却 →P244
- 公的年金への死亡届等の提出 →P246
- 銀行への死亡届 →P198
- 公共料金などの名義変更・解約 →P198

ほかにも期限のあるものがあります
- 遺留分減殺請求（1年以内）→P236
- 生命保険金の請求（一般に3年以内）→P242
- 健康保険の葬祭料の請求（2年以内）→P244
- 遺族年金などの請求（5年以内）→P246

5章 相続開始後の手続き

死亡届
死亡直後の役所などへの届け出

- **期限** 死亡届の提出期限は、死亡後7日以内
- **重要** 葬儀費用は、相続税の控除の対象になるので、必ずメモしておく
- **注意** 死亡届を出さないと埋葬できない

死亡届は早めに提出を

家族が亡くなったら、市区町村に**死亡届**を提出しなければなりません。

提出期限は、死亡後**7日以内**です。

ただし、死亡届を出さないと、火葬や納骨に必要な**埋火葬許可証**が発行されないので、早めに提出しましょう。葬儀のスケジュールを考えると、**死亡日か翌日には提出すべき**です。

死亡届の用紙は、市区町村役場や病院にあります。

用紙は**死亡診断書**と一体になっていて（→P196）、死亡診断書の欄は亡くなったことを確認した医師などが記入。死亡届の欄は遺族が記入します。

死亡届の届出人欄は同居の親族などの名前を書くのが一般的ですが、実際に役所に提出するのはだれでもよく、葬儀業者などが代行してくれることもあります。

提出先は、死亡した人の本籍地か亡くなった場所、または届出人の住所地のうちのいずれかの**市区町村役場**です。

そのほか死亡後すぐに行う事務手続きは、市区町村や勤務先関係だけでもさまざまあります（→下図）。被相続人が世帯主だった場合は、世帯主変更届も必要になります。

葬儀に関する出費を記録しておく

臨終から2、3日は通夜、葬儀・

死亡後すぐに行う役所・勤務先でのおもな手続き

市区町村
- 死亡届の提出
- 世帯主変更届
- 国民健康保険証の返却 →P244
- 介護保険被保険者証の返却
- 身体障害者手帳の返却
- 年金受給停止手続き →P246
- 運転免許証の返納

勤務先
- 死亡退職届の提出
- 身分証明書の返却
- 健康保険証の返却
- 最終給与の受取り
- 退職金の手続き
- 年金受給停止手続き

死亡届の提出と前後の流れ

臨終
- 医師から死の宣告。死亡診断書を受け取る
- 親族や親しい知人に連絡

1 死亡届の提出
- 7日以内に、死亡診断書とともに市区町村役場に提出

2 埋火葬許可証の交付
- 死亡届を出すと埋火葬許可証が交付される

3 納棺

4 通夜

5 葬儀、告別式

6 出棺、火葬
- 火葬場に埋火葬許可証を提出
- 収骨後、火葬済の証明が書かれた埋火葬許可証を受け取る

7 納骨
- 墓地や納骨堂に埋火葬許可証を提出
- 納骨後に埋火葬許可証を返却してもらい、許可証はその後5年間保存する

8 初七日法要

告別式とあわただしく過ぎていきます。同時に僧侶へのお布施、飲食代、火葬代など、葬儀に関するさまざまな出費があります。

この葬儀費用は、のちに相続税を計算する際に**相続財産から控除できる**ので、必ず記録をとっておきましょう。

また、相続税の負担がなくても、葬儀にいくらかかったか、だれが葬儀費用を払ったかがあやふやだと、遺産分割協議の際にもめる原因になることがあります。葬儀業者が取り仕切ってくれるものに関しては、あとで請求書の明細などで確認できますが、自分たちで出した細かい出費に関しては領収書を保管しておきます。お布施や車代、手伝いの人たちへの謝礼など、領収書がない出費に関してもきちんと記録しておきましょう。

死亡届の記入例

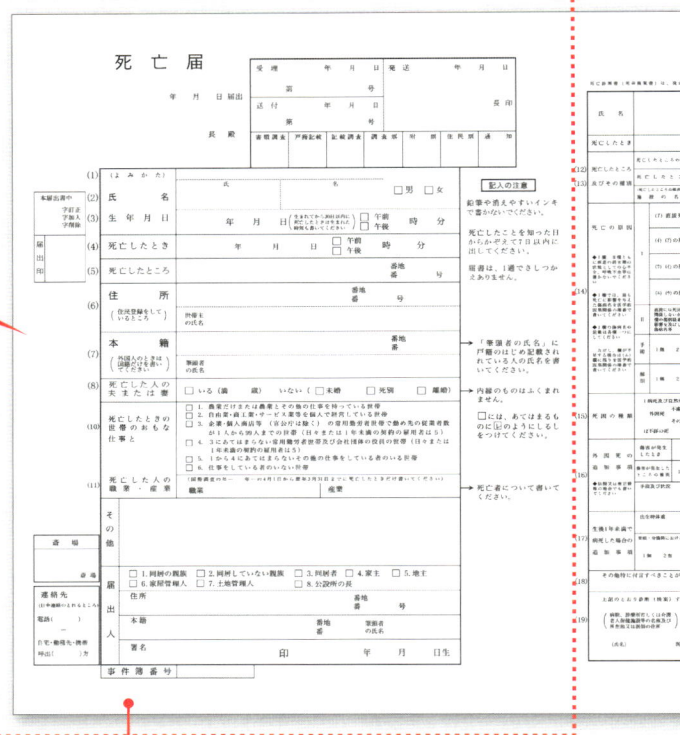

死亡届
死亡した人の氏名、死亡日時と場所、住所、本籍地などを記入。届出人の欄以外は葬儀業者が記入してくれることもある

死亡診断書
診療継続中の傷病で亡くなった場合は担当の医師が記入。それ以外は、遺体を調べた医師が記入する

知っ得アドバイス　死亡診断書はコピーを取っておこう

相続の手続きのなかで、死亡診断書が必要になることが何度かあります。なかには、コピーの提出でもかまわない手続きもあるので、死亡届を提出する前に、死亡診断書のコピーを何枚かとっておきましょう。

原本が必要な場合は、病院へ依頼します。手数料は病院によって異なりますが、およそ数千円〜1万円程度です。

5章 相続開始後の手続き

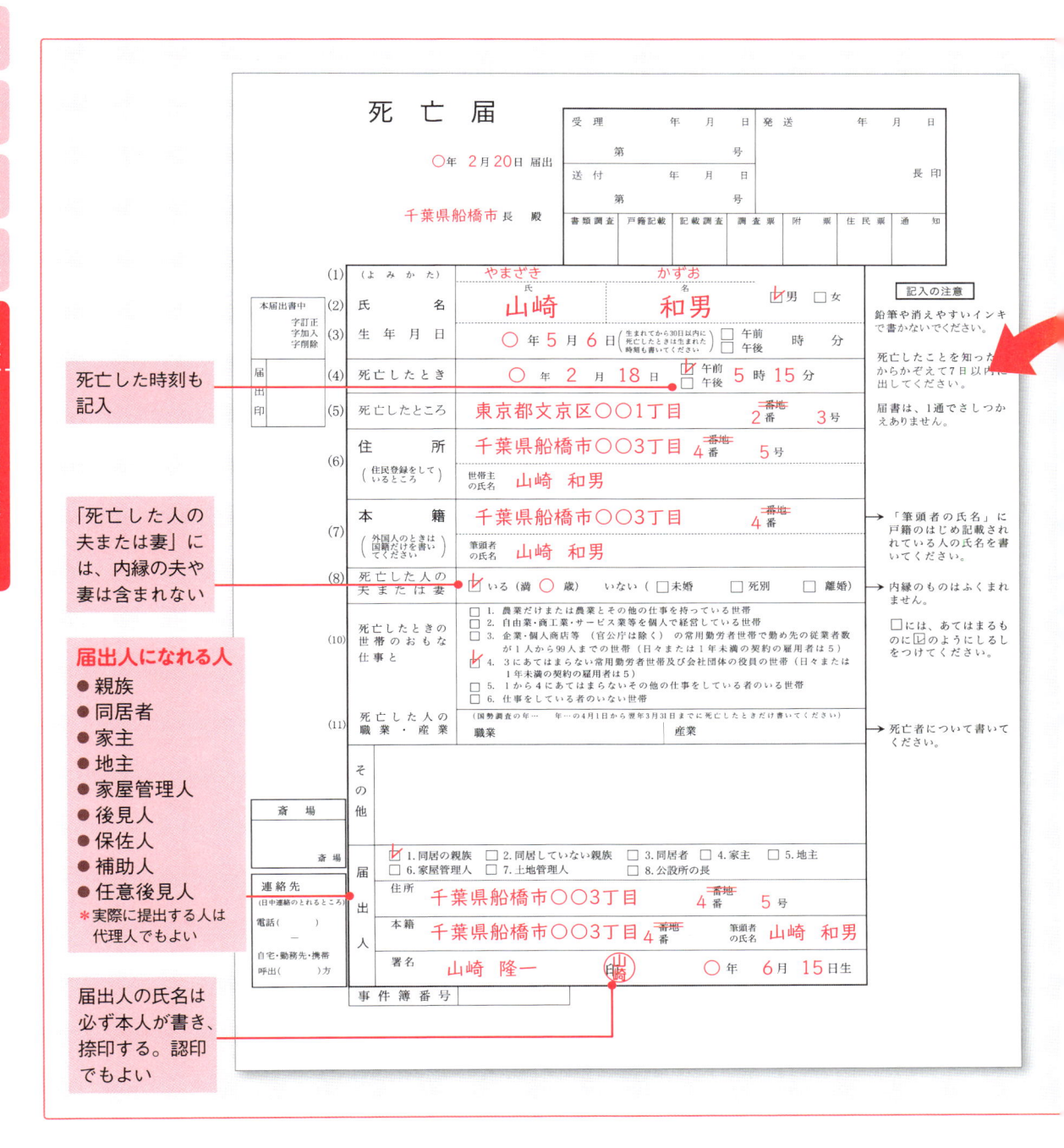

死亡した時刻も記入

「死亡した人の夫または妻」には、内縁の夫や妻は含まれない

届出人になれる人
- 親族
- 同居者
- 家主
- 地主
- 家屋管理人
- 後見人
- 保佐人
- 補助人
- 任意後見人

＊実際に提出する人は代理人でもよい

届出人の氏名は必ず本人が書き、捺印する。認印でもよい

死亡届

○年 2月20日 届出

千葉県船橋市 長 殿

受理 年 月 日 第 号	発送 年 月 日 長印
送付 年 月 日 第 号	
書類調査 戸籍記載 記載調査 調査票 附票 住民票 通知	

記入の注意
鉛筆や消えやすいインキで書かないでください。

死亡したことを知った日からかぞえて7日以内に出してください。

届書は、1通でさしつかえありません。

(1) (よみかた) やまざき かずお
(2) 氏名 山崎 和男 ☑男 □女
(3) 生年月日 ○年 5月 6日（生まれてから30日以内に死亡したときは生まれた時間も書いてください）□午前 □午後 時 分
(4) 死亡したとき ○年 2月 18日 ☑午前 □午後 5時 15分
(5) 死亡したところ 東京都文京区○○1丁目 2番地 3号
(6) 住所（住民登録をしているところ） 千葉県船橋市○○3丁目 4番 5号
　世帯主の氏名 山崎 和男
(7) 本籍（外国人のときは国籍だけを書いてください） 千葉県船橋市○○3丁目 4番
　筆頭者の氏名 山崎 和男
(8) 死亡した人の夫または妻 ☑いる（満 ○ 歳） いない（□未婚 □死別 □離婚）
(10) 死亡したときの世帯のおもな仕事と
　□1．農業だけまたは農業とその他の仕事を持っている世帯
　□2．自由業・商工業・サービス業等を個人で経営している世帯
　□3．企業・個人商店等（官公庁は除く）の常用勤労者世帯で勤め先の従業者数が1人から99人までの世帯（日々または1年未満の契約の雇用者は5）
　☑4．3にあてはまらない常用勤労者世帯及び会社団体の役員の世帯（日々または1年未満の契約の雇用者は5）
　□5．1から4にあてはまらないその他の仕事をしている者のいる世帯
　□6．仕事をしている者のいない世帯
(11) 死亡した人の職業・産業（国勢調査の年…年の4月1日から翌年3月31日までに死亡したときだけ書いてください） 職業　　産業

その他

斎場 斎場

連絡先（日中連絡のとれるところ）
電話 （ ）ー
自宅・勤務先・携帯
呼出 （ ）方

届出人
☑1．同居の親族 □2．同居していない親族 □3．同居者 □4．家主 □5．地主
□6．家屋管理人 □7．土地管理人 □8．公設所の長
住所 千葉県船橋市○○3丁目 4番 5号
本籍 千葉県船橋市○○3丁目 4番　筆頭者の氏名 山崎 和男
署名 山崎 隆一 ㊞　○年 6月 15日生
事件簿番号

→「筆頭者の氏名」に戸籍のはじめに記載されている人の氏名を書いてください。

→内縁のものはふくまれません。

□には、あてはまるものに☑のようにしるしをつけてください。

→死亡者について書いてください。

197

死亡後の銀行口座と諸手続き

銀行口座

> 注意 死亡すると**銀行口座は凍結**される
> 重要 名義変更には**相続人全員の自署と捺印**が必要
> 注意 **公共料金の引き落とし**もできなくなる

人の死亡により預貯金口座は凍結される

預貯金口座の名義人が亡くなると、銀行などの金融機関は、一部の相続人が勝手に現金を引き出せないように、**名義人の死亡を知った時点でその人の口座を凍結**します。貸金庫やそのほかの取引も同様です。

凍結された口座は、遺産分割協議が成立して、さらに**相続人全員が署名押印した遺産分割協議書などの書類**がそろうまで、原則として引出しができなくなります。

ただし、死亡後も口座が凍結されないケースもあります。もしやむを得ず引き出す場合は、何のためにいくら引き出したのか**使い道を記録し**、領収書などの証拠を残しておくようにしましょう。

なお、2019年7月1日より、遺された預貯金のうち一定額（金融機関ごとに最高150万円まで）については、他の相続人の同意なしに払い戻しできるようになります。

遺産分割後の名義変更などの手続きには、銀行が指定した書類を用意しなければなりません。手続きには、遺産分割協議書や被相続人の出生から死亡までの戸籍事項証明書（戸・除籍謄本）（→P204）、相続人全員の戸籍事項証明書と印鑑証明書などが必要になります。金融機関が死亡の事実を把握しているかどうかにかかわらず、相続の手続きをスムーズに進めるうえでも、金融機関へは早めに死亡の事実を伝え、相続手続きの案内を受けるようにしましょう。

なお「葬儀費用のため」であれば、相続人全員の同意のもと、被相続人の口座から現金を払い出してくれる金融機関もあります。

光熱費やクレジットなど各種引落しの手続きも

口座が凍結されると、現金の預入れや引出しができないのはもちろん、その口座から払われていた**水道光熱費やクレジットカードの支払い、ローンの返済などもできなくなります**。

こうした引落しに関しては、すみやかに支払方法を変更し、あわせて契約者の名義変更、あるいは解約の手続きを済ませておきましょう。

残された家族の生活費については、銀行口座の凍結を見越して、事前に考えておく必要があります。生命保険に加入していれば、**遺産分割協議が終わっていなくても受け取ることが可能**です。通常、請求から1週間くらいで振り込まれます（→P242）。

死亡後の銀行口座の手続き

1 取引銀行に連絡
- 「相続の手続きをしたい」と伝え、必要な書類をもらう

2 銀行口座の凍結
- 銀行が死亡を知った時点で口座は凍結され、その口座は使えなくなる

3 公共料金などの名義変更・解約

銀行口座の凍結により契約名義の変更や解約が必要なもの
- 電気、ガス、水道
- NHK受信料
- 新聞
- 固定電話
- 携帯電話、プロバイダー
- クレジットカード
- ローンの支払い

など

4 戸籍などの必要書類を準備
- 銀行の案内にしたがって必要な書類を準備

5 遺産分割協議を終える
- 協議内容を踏まえて、遺産分割協議書を作成する

6 金融機関の依頼書などに相続人全員が署名捺印
- 相続に関する書類には、各相続人それぞれの署名と実印での捺印が必要

解約または名義変更に必要なおもな書類
- 金融機関所定の手続き書類
- 被相続人の通帳や証書、カード、届出印
- 被相続人の出生から死亡までの戸籍事項証明書（戸・除籍謄本）
- 相続人全員の承諾書、戸籍事項証明書、住民票、印鑑証明書
- 遺言書、遺産分割協議書

7 口座の解約または名義変更
- 銀行に必要書類を持参して手続きを行う

8 手続き完了

遺言書の確認

遺言書の有無を確認し、検認を受ける

期限 遺言書の有無は相続発生後**すみやかに確認**する

重要 自筆証書遺言は、裁判所の**検認**が必要

重要 必要に応じて**遺言執行者**を指定する

自筆証書遺言の封は開封しない

葬儀や死亡後の事務手続きがひと通り終わったら、次は相続の手続きです。まずは、**遺言書があるかどうか**を確認します。

公正証書遺言（→P132）を残している場合は**公正役場に原本がある**ので、遺品の中に遺言書の謄本がなくても最寄りの公証役場に問い合わせれば遺言書の有無がわかります。**自筆証書遺言**（→P132）の場合は、自宅の中で重要なものが保管されていそうな場所を探します。被相続人が生前親しくしていた人や顧問税理士などにも、念のため遺言書を預かっていないか聞いてみるとよいでしょう。

自筆証書遺言を見つけたら、**裁判所で検認**を受けなければなりません。検認は偽造や変造を防ぐため、本人が作成したものであることを、相続人などの立会いのもと、確認・認定する手続きです。

検認の申立ては、**遺言書を発見した相続人**または**遺言書の保管者**が行います。

申立てから検認済証明書が交付されるまでは、通常2週間〜1か月、場合によっては1か月以上かかることもあるので、申立ては**すみやかに行いましょう**。

検認に立ち会えなかった相続人や利害関係のある人には、**検認済通知書**が郵送されます。

なお、封をしていない遺言書は検認の前に中を見てもよいのですが、**封をしてある場合は開封しないで家庭裁判所に持参してください**。検認の前に開封すると、**5万円以下の過料**に処せられます。

検認をしなかったことで遺言が無効になることはありませんが、検認済みという証明のない遺言書だと、不動産登記や銀行の名義変更などができないので注意が必要です。

必要に応じて遺言執行者を選任する

遺言書で**遺言執行者**（→P134）を指定していることがあります。その場合は、その遺言執行者にすぐに連絡をとってください。以後その人が、相続人の代理人として相続財産を管理し、名義変更などの各種手続きを行うことになります。

遺言書で指定がなければ、相続人同士で遺言を執行することになります。執行がスムーズにいかなそうなときには、家庭裁判所で遺言執行者を選任してもらうこともできます。

遺言書の発見から遺言執行までの流れ

1 遺言書を探す
- 初七日法要が終わって落ち着いたら、遺言書を探す

→ **遺言書はなかった** → **遺産分割協議** ➡P212

2 自筆証書遺言があった
- 封印があるとき
→開封してはいけない
- 封印がないとき
→開封して中を見てもよい

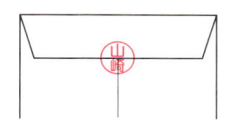

→ **公正証書遺言があった** → **遺言の執行（検認不要）**

3 裁判所に検認の申立て
- 遺言者の最後の住所地を管轄する家庭裁判所に申立てする

申立てに必要なもの
- 検認申立書
- 申立人や相続人全員の戸籍事項証明書（謄本）
- 遺言者の出生から死亡までの戸籍事項証明書（戸・除籍謄本）
- 遺言書の写し（開封されている場合）
- 収入印紙800円＋連絡用の切手代

＊上記以外の資料の提出が必要になる場合もある

申立てから2週間〜1か月後

4 家庭裁判所で検認
- 当日は、遺言書、申立人の印鑑を持参
- 封印がある遺言書はここではじめて開封される
- 遺言書の形状や日付、署名などを確認し、「検認調書」を作成

5 遺言の執行

検認申立書の記入例

申立書

受付印	家事審判申立書　事件名（ 遺言書の検認 ）

→「遺言書の検認」と記載

（この欄に申立手数料として1件について800円分の収入印紙を貼ってください。）

（注意）登記手数料としての収入印紙を納付する場合は，登記手数料としての収入印紙は貼らずにそのまま提出してください。

（貼った印紙に押印しないでください。）

→ 収入印紙800円分を貼る。押印はしない

収入印紙	円
予納郵便切手	円
予納収入印紙	円

| 準口頭 | 関連事件番号　　年（家　）第　　　　　　号 |

| **千葉** 家庭裁判所 御中　**〇** 年 **3** 月 **1** 日 | 申立人（又は法定代理人などの記名押印） | **山崎　隆一** 　㊞(山崎) |

→ 遺言書の保管者または遺言書を発見した相続人が申し立てる

| 添付書類 | （審理のために必要な場合は，追加書類の提出をお願いすることがあります。） |

申立人

本籍（国籍）	（戸籍の添付が必要とされていない申立ての場合は，記入する必要はありません。） **千葉** 都道府県　**船橋市〇〇3丁目4番**
住所	〒**273 - 000**　電話 **047（000）0000** **千葉県船橋市〇〇3丁目4番5号**　（　　方）
連絡先	〒　-　　電話　（　） **同上**　（　　方）
フリガナ 氏名	**ヤマザキ　リュウイチ** **山崎　隆一**	**〇** 年 **6** 月 **15** 日生 （ **〇** 歳）
職業	**会社員**

→ 申立人の本籍、住所、氏名などを書く

遺言者 ※

本籍（国籍）	（戸籍の添付が必要とされていない申立ての場合は，記入する必要はありません。） **千葉** 都道府県　**船橋市〇〇3丁目4番5号**
住所	〒　-　　電話　（　） **申立人の住所と同じ**　（　　方）
連絡先	〒　-　　電話　（　） 　　　（　　方）
フリガナ 氏名	**ヤマザキ　カズオ** **山崎　和男**	**〇** 年 **5** 月 **6** 日生 （　　歳）
職業	

→ 遺言者の本籍、最後の住所、氏名などを書く

→「遺言者」と記載する

（注）太枠の中だけ記入してください。
※の部分は，申立人，法定代理人，成年被後見人となるべき者，不在者，共同相続人，被相続人等の区別を記入してください。

別表第一（1/ ）

(942210)

202

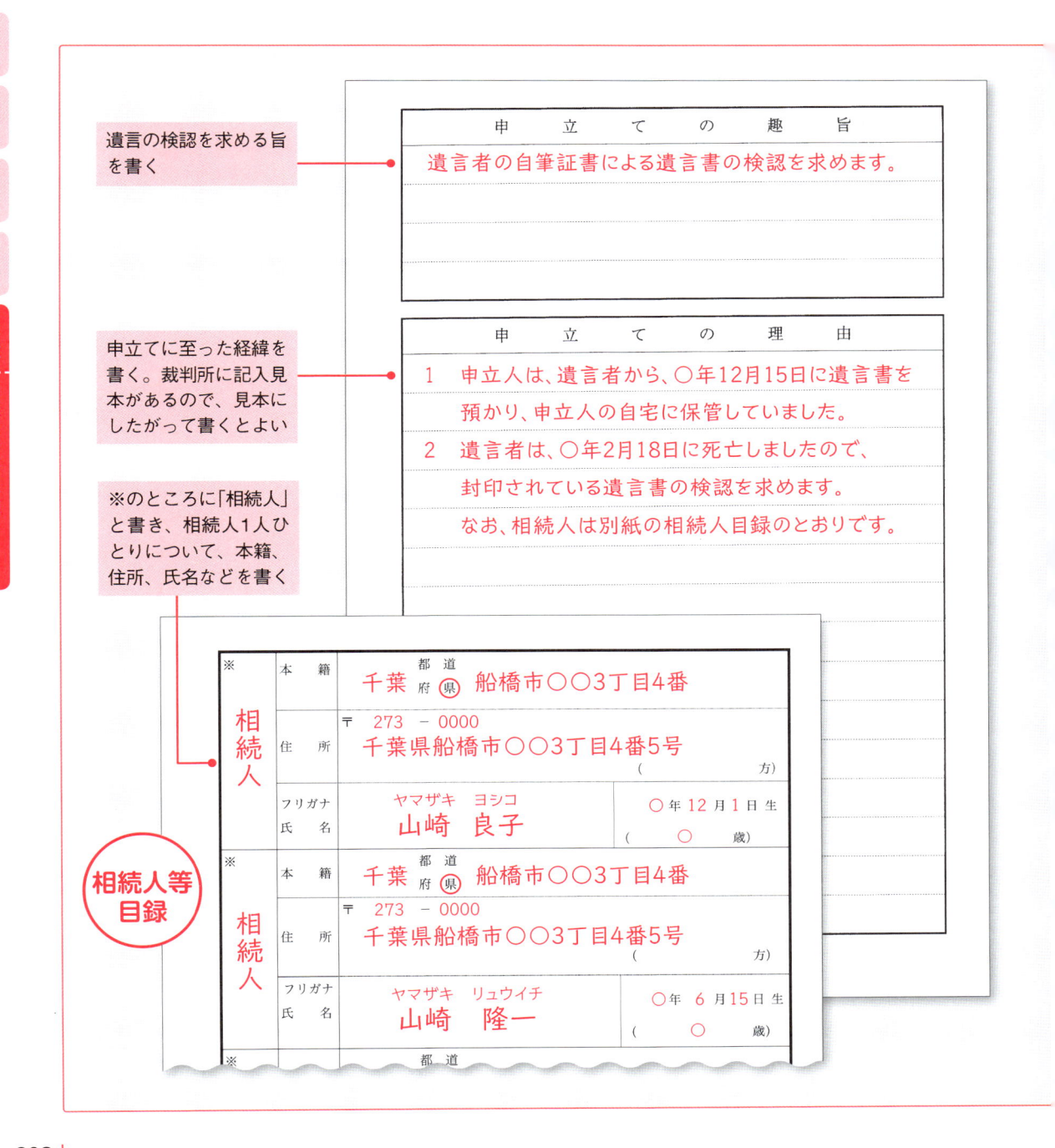

申　立　て　の　趣　旨
遺言者の自筆証書による遺言書の検認を求めます。

遺言の検認を求める旨を書く

申　立　て　の　理　由
1　申立人は、遺言者から、〇年12月15日に遺言書を預かり、申立人の自宅に保管していました。 2　遺言者は、〇年2月18日に死亡しましたので、封印されている遺言書の検認を求めます。 なお、相続人は別紙の相続人目録のとおりです。

申立てに至った経緯を書く。裁判所に記入見本があるので、見本にしたがって書くとよい

※のところに「相続人」と書き、相続人1人ひとりについて、本籍、住所、氏名などを書く

相続人等目録

※	本籍	千葉 都道府㊉県 船橋市〇〇3丁目4番	
相続人	住所	〒 273 － 0000 千葉県船橋市〇〇3丁目4番5号	（　　　　方）
	フリガナ 氏名	ヤマザキ ヨシコ 山崎　良子	〇年 12月 1日 生 （　　〇　　歳）
※	本籍	千葉 都道府㊉県 船橋市〇〇3丁目4番	
相続人	住所	〒 273 － 0000 千葉県船橋市〇〇3丁目4番5号	（　　　　方）
	フリガナ 氏名	ヤマザキ リュウイチ 山崎　隆一	〇年 6月 15日 生 （　　〇　　歳）
※		都道	

相続人の確定①

戸籍を調べて、相続人を確定する

- 期限：遺産分割協議を始める前に**相続人を確定させる**
- 重要：法定相続人は被相続人の**戸籍をさかのぼって調査**する
- 重要：被相続人の出生から死亡までの戸籍謄本は、**名義変更などにも使用**する

相続人を確定するには戸籍調査が必須

相続人全員で行う**遺産分割協議**（→P212）に入る前に、**相続する権利がある人**を確認しなければなりません。そのために必要なのが、**戸籍調査**です。

戸籍調査なんて大げさに思えますが、密かに認知した子どもがいたり、家族には内緒で甥や姪と養子縁組をしていたり、という可能性もゼロとはいえません。それらの事実を知らないまま遺産分割協議を終えても、その協議内容は無効となります。

戸籍を調査するには、被相続人の**「死亡から出生までの連続した戸籍謄本類」**を入手する必要があります。

戸籍とはそもそもどういうものか

戸籍謄本類とは、具体的には**戸籍事項証明書、戸籍謄本、除籍謄本、改製原戸籍謄本**のことです。

戸籍には、その人の出生や婚姻関係、親族関係などの重要事項が記載されています。夫婦と未婚の子どもを単位にまとめられており、市区町村単位で管理されています。子どもが生まれると、その子どもは親の戸籍に入り、結婚すると別の戸籍に移ります。戸籍内の人が死亡したときも除籍扱いになります。

こうして戸籍内の全員が除籍したり、あるいは他の市区町村に本籍地を移動したりすると（**転籍**）、その戸籍自体が**「除籍」**という呼び名に変わります。この除籍の写しを**除籍謄本**といいます。

また、法改正により戸籍は何度か作り替えられています（**改製**）。改製前の戸籍を**改製原戸籍**といい、その写しを**改製原戸籍謄本**といいます。近年では1994年、その前は1957年に、戸籍の改製が行われています。

さらに、戸籍が作り替えられるとき、すでに除籍されている人については、**新しい戸籍に転記されません**。

つまり、新しい戸籍を見ただけでは、その人に子どもがいるかどうか、以前にも婚姻歴があるかどうかなどが判断できません。

そのため、被相続人の死亡時から出生時まで、順次さかのぼって戸籍を調べていく必要があります。

戸籍をたどって死亡から出生まで追跡

戸籍調査は、被相続人の本籍地で戸籍謄本を請求することから始めま

204

戸籍謄本の請求方法

請求 できる人	● 戸籍に記載されている人、またはその配偶者、直系親族 ● 代理人（委任状が必要）
請求先	本籍地のある市町村の戸籍係 ＊郵送も可能（低額小為替と返信用封筒が必要）
必要な もの	● 申請書 ● 顔写真付身分証明書 ● 印鑑 ● 委任状（代理人の場合）
費用	● 戸籍謄本（戸籍全部事項証明書）　450円 ● 除籍謄本（除籍全部事項証明書）　750円 ● 改製原戸籍謄本　　　　　　　　　750円 ● 戸籍の附票の写し　　　　　　200〜300円

相続手続きで、山崎和男の出生から死亡までの戸籍を…

知っ得アドバイス　戸籍謄本は名義変更などの手続きでも必要です

被相続人の「死亡から出生までの戸籍（謄本）」は、相続税の申告や、不動産や銀行預金などの名義変更でも必要になります。これらの手続きでは、基本的に戸籍謄本の原本を求められますが、多くの場合、先方がコピーをとって、原本は返還してもらえます。戸籍謄本の交付には手数料がかかるので、まずは一部揃えておけばよいでしょう。

す。そして、そこに記載された情報をもとに、ひとつ前の戸籍謄本を入手します。本籍地の市区町村が変わっていれば、請求先も変わります。これを地道に繰り返し、**出生したときの戸籍までさかのぼり**、最終的には、被相続人の親の代の戸籍までたどることになります。戸籍謄本は郵送でも取り寄せることができます。

なお、各地方自治体で戸籍のコンピュータ化が進められています。コンピュータ化された戸籍謄本は、従来の縦書きから横書きになり、**戸籍謄本は戸籍全部事項証明書、除籍謄本は除籍全部事項証明書**と名称も変わっています。多少の表現の違いはありますが、記載内容は、従来の戸籍（除籍）謄本と同じです。改製原戸籍（除籍）謄本はそのままです。

戸籍調査は、慣れていないと難しい面もあるため、弁護士や司法書士、行政書士などの専門家に頼む方法もあります。

自分で請求する場合は、役所の担当者に助けてもらいましょう。「**相続手続きで、〇〇（被相続人）の出生から死亡までの連続した戸籍謄本がほしいのですが**」と伝えれば、次に取り寄せるべき戸籍の種類や、請求先なども教えてくれるはずです。

相続人の確定②

未成年者や行方不明者がいる場合

ば、親が相続人ではない場合でも、1人の子どもの代理人にしかなれず、残りの兄弟姉妹には、別の特別代理人を立てることになります。

> **注意** 親も相続人である場合は未成年の代理人になれない
> **重要** 判断能力に問題がある場合は**成年後見制度**を利用
> **重要** 行方不明者の場合は**不在者財産管理人**を選任

相続人の中に未成年者がいる場合

未成年の相続人は遺産分割協議に参加できません。その場合、一般に**法定代理人である親**が、代わりに遺産分割協議に参加します。

しかし、**その相続で親も相続人となる場合には、子どもの代理はできません**。場合によっては親が自分の都合にいいように遺産分割してしまう可能性もあり得るからです。

このようなときは、家庭裁判所に申立てをして、**特別代理人**を選任して、その人が遺産分割協議に参加します。特別代理人は未成年者ごとに立てる必要があります。その未成年者に同じく未成年の兄弟姉妹がいれ

相続人の中に認知症の人がいる場合

判断能力に欠ける認知症の相続人がいる状態で遺産分割協議を行った場合、その遺産分割協議は無効になる可能性があります。有効な遺産分割協議を行うためには、相続人は**意思能力（判断能力）**と、**行為能力**（自分1人で法律行為をなしえる能力）を有していなければならないとされているからです。

相続人が認知症などで判断能力を欠く場合は、家庭裁判所が選任した

成年後見人が、その相続人の代理として遺産分割協議に参加します。

このように、精神上の障害（認知症や知的障害など）により判断能力が不十分な人が不利益を被らないよう、代理人が生活と財産を保護する制度を**成年後見制度**といいます。

所在がわからない相続人がいる場合

遺産分割協議は相続人全員の合意がないと成立しません。そのため行方不明者がいると、遺産分割協議が滞ってしまいます。

戸籍や住民票などで調査を尽くしても行方がわからないときは、家庭裁判所に**不在者財産管理人**を選任してもらいます。その人が行方不明者の代わりに遺産分割協議に参加することで、遺産分割を進める方法があります。

通常、不在者財産管理人には、申立人が推薦する利害関係のない被相続人の親族などがなります。適当な人がいなければ、家庭裁判所が弁護士などの専門家を選任します。

本人が参加できないときは法的な制度を利用する

未成年者がいる

↓
親が法定代理人として遺産分割協議に参加

↓
特別代理人の選任申立て（親も相続人の場合）

↓
特別代理人の選任

↓
特別代理人が遺産分割協議に参加

認知症などで判断能力に欠ける人がいる

↓
成年後見人の選任申立て

↓
成年後見人の選任

↓
成年後見人が遺産分割協議に参加

成年後見制度では、判断能力によって、重いほうから①成年後見人（判断能力がまったくない場合）、②保佐人（判断が著しく不十分な場合）、③補助人（判断能力が不十分な場合）が選任される。

行方不明者がいる

被相続人／行方不明

↓
不在者財産管理人の選任申立て

↓
不在者財産管理人の選任

↓
不在者財産管理人が遺産分割協議に参加

7年以上、生死が不明な場合には法律上死亡したとみなされる失踪宣告という手続きもある。

成年後見人の落とし穴！

法定相続分はきっちりいただきます！

成年後見人は、相続人の権利を守ることが義務づけられているため、法定相続分を確保しようと努めます。そのため、成年後見人がついた相続人がいる場合には、もともと相続人が「事業を継ぐ長男の相続分を多めにしたい」「自分はそれなりに資産があるから、子どもたちの割合を多くしたい」と思っていたとしても、そのような事情を組んだ遺産分割はしにくくなるのです。

なお、成年後見人の申立てから、成年後見人が確定して遺産分割協議を開始するまでには、1、2か月程度かかります。成年後見人が必要な相続人がいる場合は、早めに申立てをしましょう。

財産調査

プラスの財産も マイナスの財産も すべて調べる

期限 相続放棄の期限である **3か月以内** に調べる

重要 **財産目録** は 遺産分割協議の資料となる

ひとつ残らず財産を リストアップする

相続人の確定作業と同時に進めておきたいのが、**財産調査**です。不動産や預貯金などのプラスの財産だけでなく、**借金などのマイナスの財産もすべてリストアップ**して、財産目録を作成しましょう。どのような財産を探すべきかは、37ページの「おもな相続財産」で確認してください。

財産目録には決まった形式はありませんが、折込付録で紹介したリストのように、プラスの財産とマイナスの財産ははっきり分けておきましょう。マイナスの財産が多いようなら、**相続放棄や限定承認**の検討が必要になります（➡P210）。

この目録は相続人全員で行う遺産分割協議の基本資料になります。また、限定承認を選択した場合は、財産目録を申述書に添えて提出します。

マイナスの財産の 探し方

遺産を正確に把握することは簡単なことではありません。被相続人が生前に財産リストを作成していれば、相続発生後の相続人の労力はかなり少なくてすみます。残念ながらそうしたリストがない場合には、家の中をくまなく調べるしかありません。

また、マイナスの財産は、できれば家族にも知られたくないと、**被相続人が積極的に隠しているケースもあります**。このようなマイナスの財産を探すときは、契約書や督促状などがないか、被相続人が保管しそうな場所や郵便物などをよく確認してください。不動産の登記事項証明書を取って調べる方法もあります。もし不動産に抵当権が設定されていれば、何かしらの借金があることになります。銀行などからの借入金は、残高証明書を取り寄せれば確認できます。

知っ得 アドバイス　タンス株券を見つけたら？

2009年に株券電子化が実施されてから、上場企業の株券はすべて無効になり、現在はペーパーレスになっています。そのため自宅で所有していた人は、基本的に株券（株式）を証券会社の口座に移管したはずです。ただ、株券をそのまま記念として持っていたり、証券会社に移さずに保管しているケースも少なくありません。

財産調査の際に株券が見つかったときは、まず取引のあった証券会社に取引残高証明書を発行してもらい、その株式が口座に入っているかを調べましょう。証券会社に問い合わせてもわからない場合は、その銘柄の株主名簿管理人である信託銀行に問い合わせてください。

財産調査のチェックポイント

チェックポイント 1
書斎の机やタンスの引き出し、書棚、金庫など

- 預貯金通帳、株券、証書、不動産の権利証など、財産そのものに結びつく現物を探す

チェックポイント 2
郵便物

- 金融機関から送付される、預かり資産や年間取引の明細で金融資産の所有状況を確認
- 市区町村から毎年6月前後に送付される固定資産税納税通知書で、不動産の所有状況を確認
- 過去の郵便物はもちろん、死亡後に届く郵便物も要チェック

チェックポイント 3
預貯金通帳

- 出入金の記録で財産の手がかりを探す
- 引落しがされている項目で、貸金庫の有無、生命保険の加入、株式や債券の保有、借入金やローンの有無を確認

チェックポイント 4
各取引先、役所など

- 法務局…登記済の不動産があるなら登記事項証明書を取って借金の有無を調べる
- 金融機関…取引口座のある金融機関に連絡して、残高証明書を取り寄せる
- 市区町村役所…税務課などで名寄帳（固定資産税を払うべき不動産のリスト）を取得し、被相続人が所有していた不動産を調べる。ただし、その市区町村のものしかわからない

＊被相続人が所得税の確定申告をしていた場合は、過去の申告書からも、ある程度所有財産を推測できる

相続放棄・承認

相続するかしないかを最終決断する

- **期限** 相続開始から**3か月以内**
- **重要** 3か月以内に申述しないと**単純承認**したことになる
- **注意** 一度相続放棄したら**撤回できない**

3か月がデッドライン

財産調査が終わったら、相続するかしないかを決めます。マイナスの財産が多ければ、相続放棄や限定承認（→P64）を検討することになるでしょう。

これらの手続きは、**相続開始及び自分が相続人になったことを知った日から3か月以内**に行わなければなりません。この3か月間を**熟慮期間**といいます。相続放棄をする場合は、相続放棄をする人が、家庭裁判所に「**相続放棄申述書**」を提出します。限定承認を選択する場合は、相続人全員が共同で行います。専用の用紙がなく、「相続限定承認の家事審判申立書」に必要事項を記入し、審判を下してもらいます。

なお、認知症など判断能力を欠く人や未成年者が相続放棄をする場合は、**法定代理人（成年後見人を含む）または特別代理人**（→P206）が申述することになります。

どうしても3か月以内に決まらないとき

熟慮期間にどうしても決まらないときは、家庭裁判所に**熟慮期間の伸長**を申し立てることができます。ただし、財産が多く調査に時間がかかっているなど、正当な理由があるときだけです。安易に延長できると考えるのは危険です。

3か月が過ぎてから借金の存在を知った場合、やむを得ない事情があると認められれば、例外的に「**債務があることを知ったときから3か月以内**」であれば、相続放棄が認められる可能性もあります。念には念を入れてしっかり財産調査を行い、相続開始から3か月以内に決断するのが大原則です。

相続放棄と限定承認の申述方法

項目	相続放棄	限定承認
申述人	相続を放棄したい人	相続人全員
申述先	●被相続人の住所地を管轄する家庭裁判所	
必要書類	●申述書　●申述人・法定代理人等の戸籍事項証明書	
必要書類	●被相続人の戸籍事項証明書、住民票の除票	●被相続人の出生から死亡までのすべての戸・除籍謄本、住民票の除票 ●財産目録
費用	●収入印紙800円　●切手代	

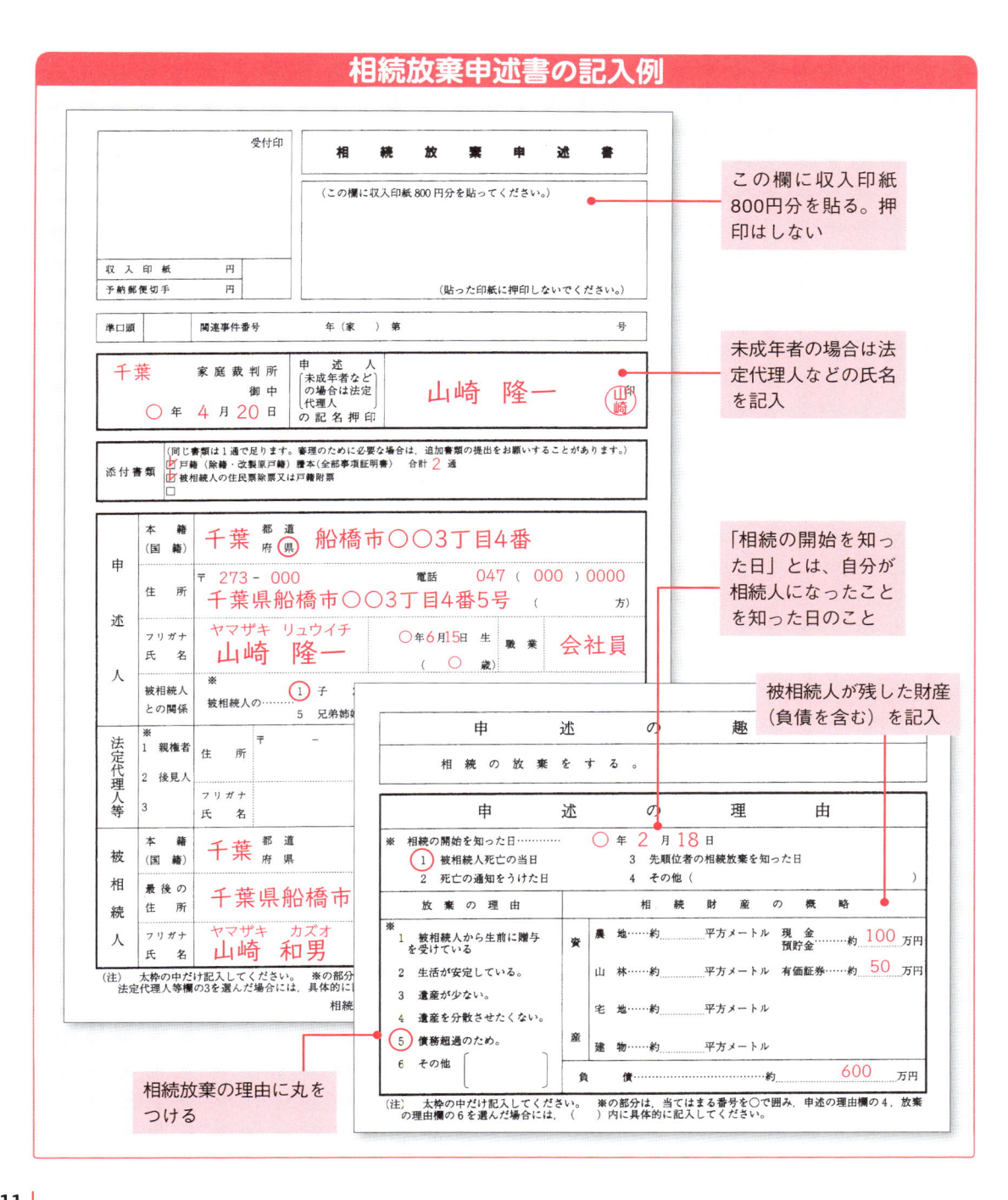

相続放棄申述書の記入例

相続放棄申述書

受付印

（この欄に収入印紙800円分を貼ってください。）

収入印紙　　円
予納郵便切手　　円

（貼った印紙に押印しないでください。）

→ この欄に収入印紙800円分を貼る。押印はしない

準口頭　関連事件番号　年（家）第　　　号

千葉　家庭裁判所　御中
○年 4月20日

申述人
（未成年者などの場合は法定代理人の記名押印）
山崎　隆一　㊞山崎

→ 未成年者の場合は法定代理人などの氏名を記入

添付書類
（同じ書類は1通で足ります。審理のために必要な場合は、追加書類の提出をお願いすることがあります。）
☑ 戸籍（除籍・改製原戸籍）謄本（全部事項証明書）　合計 2 通
☑ 被相続人の住民票除票又は戸籍附票
☐

申述人

本籍（国籍）	千葉 ㊣県 船橋市○○3丁目4番
住所	〒273-000　電話 047(000)0000　千葉県船橋市○○3丁目4番5号　（　　方）
フリガナ 氏名	ヤマザキ リュウイチ　山崎　隆一　○年6月15日生（　歳）　職業 会社員
被相続人との関係	被相続人の……① 子　　5 兄弟姉妹

法定代理人等

1 親権者 2 後見人 3	住所 〒
	フリガナ 氏名

被相続人

本籍（国籍）	千葉 都道府県
最後の住所	千葉県船橋市
フリガナ 氏名	ヤマザキ カズオ　山崎　和男

（注）太枠の中だけ記入してください。
法定代理人等欄の3を選んだ場合には、具体的に

→ 「相続の開始を知った日」とは、自分が相続人になったことを知った日のこと

申述の趣旨

相続の放棄をする。

申述の理由

※ 相続の開始を知った日……　○年 2月 18日
① 被相続人死亡の当日　　3 先順位者の相続放棄を知った日
2 死亡の通知をうけた日　　4 その他（　　　　　　）

放棄の理由

1 被相続人から生前に贈与を受けている
2 生活が安定している。
3 遺産が少ない。
4 遺産を分散させたくない。
⑤ 債務超過のため。
6 その他

相続財産の概略

資	農地……約　　平方メートル	現金・預貯金……約 100 万円
	山林……約　　平方メートル	有価証券……約 50 万円
産	宅地……約　　平方メートル	
	建物……約　　平方メートル	
負債		約 600 万円

（注）太枠の中だけ記入してください。※の部分は、当てはまる番号を○で囲み、申述の理由欄の4、放棄の理由欄の6を選んだ場合には、（　）内に具体的に記入してください。

→ 被相続人が残した財産（負債を含む）を記入

→ 相続放棄の理由に丸をつける

遺産分割協議

相続財産の分割方法を話し合う

- **期限** 相続税の申告期限（10か月後）に間に合うように進める
- **重要** 分割方法が決まったら**遺産分割協議書**を作成する
- **重要** 話がまとまらなければ**調停**や**審判**で決める

遺言があっても「協議」が必要なことも

相続人が確定し、財産調査も終わったら、遺産の分け方を決めなくてはなりません。これについての話し合いを**遺産分割協議**といいます。

遺言がなく、相続人が2人以上いる場合は、必ずこの協議が必要です。法定相続分通りに分ける場合でも、どの財産をだれが引き継ぐかを具体的に決める必要があります（**協議による分割**）。

一方、遺言がある場合は、原則として遺言の内容にしたがって遺産分割が行われます（**遺言による指定分割**）。しかし、「Aに2分の1、Bに2分の1」というように相続割合の指定のみの場合や、一部の財産についてのみ指定している場合は、遺産分割協議が必要です。これらの場合、だれが何を相続するかまでは決められていないからです。

また、すべての財産について詳細な指定がある遺言でも、相続人全員の合意があれば、遺言と異なる遺産分割が可能です。ただし、遺言執行者（→P134）の承諾は必要です。

相続税の申告に間に合うように進める

遺産分割協議自体は、とくに期限はありません。ただ、相続税の申告の際に、協議に基づいた**遺産分割協議書**（→P214）が必要になるの

で、課税対象者は申告期限（相続開始から10か月）に間に合うように早めに進めましょう。

また、遺産分割協議の成立には、**相続人全員の合意が必要です。1人でも欠けていれば無効**になります。

さらに協議がいったん成立したら、その内容を**一方的に取り消したり、変更したりすることはできません**。

協議はスピーディに行う必要がありますが、後悔のないよう、納得いくまで全員で十分に話し合うことが大切です。

なお、協議の際は、必ずしも相続人全員が1か所に集まる必要はありません。遠方に住んでいる相続人がいる場合は、電話などで連絡を取り合って進めることになります。

遺産分割協議書を作成する

協議が成立したら、合意内容をまとめた**遺産分割協議書**を作成します。協議書の作成は法律によって義務づけられているわけではないので、作成しなかったとしても、合意した内

遺産分割までの流れ

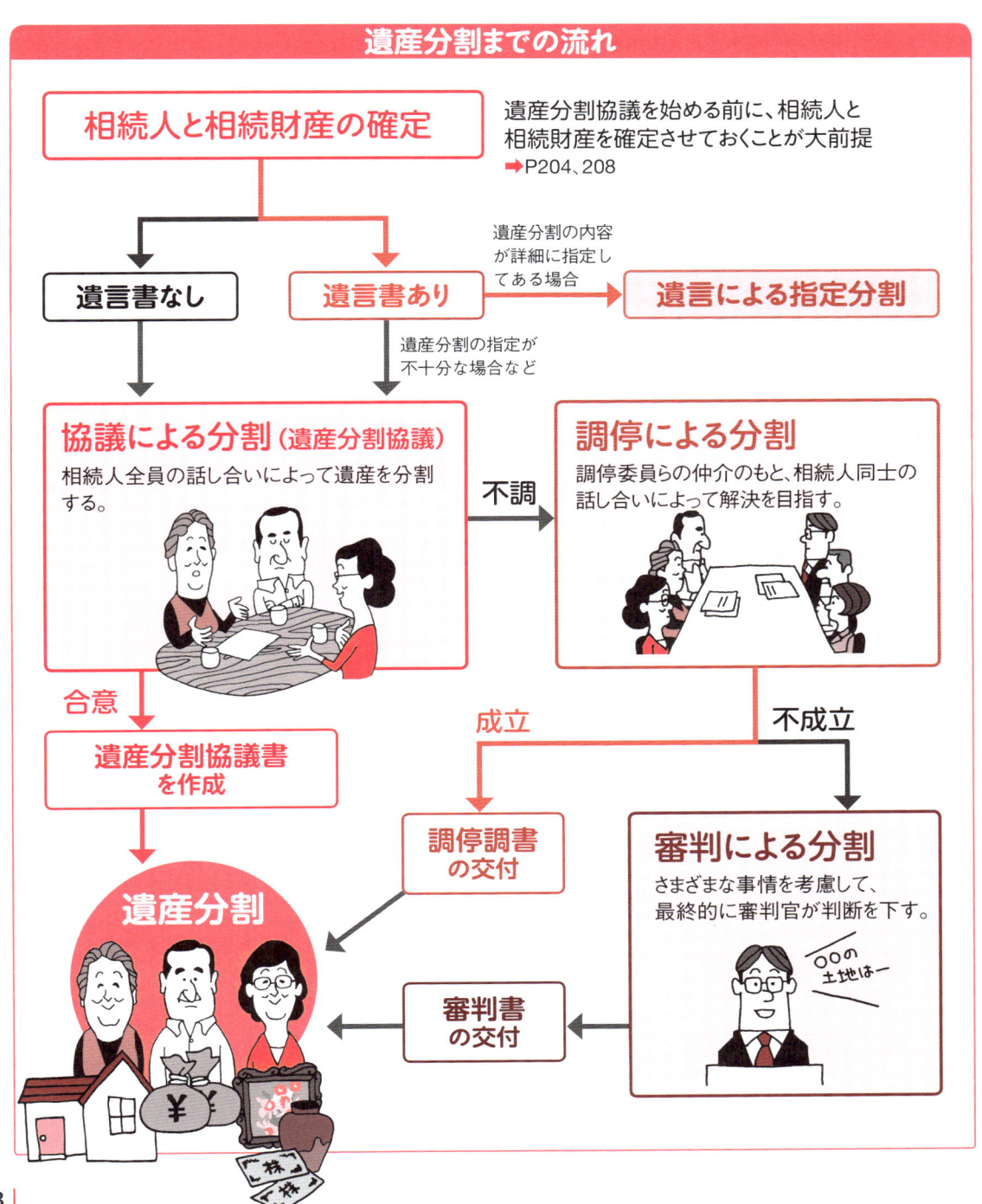

相続人と相続財産の確定

遺産分割協議を始める前に、相続人と相続財産を確定させておくことが大前提
➡P204、208

↓

- **遺言書なし**
- **遺言書あり** → 遺産分割の内容が詳細に指定してある場合 → **遺言による指定分割**

遺産分割の指定が不十分な場合など

↓

協議による分割（遺産分割協議）
相続人全員の話し合いによって遺産を分割する。

→ 不調 → **調停による分割**
調停委員らの仲介のもと、相続人同士の話し合いによって解決を目指す。

合意 → **遺産分割協議書を作成** → **遺産分割**

成立 → **調停調書の交付** → 遺産分割

不成立 → **審判による分割**
さまざまな事情を考慮して、最終的に審判官が判断を下す。
→ **審判書の交付** → 遺産分割

容は無効になりません。

しかし、協議内容をめぐって対立が起きた場合、協議書があれば証拠となるので、無用な争いを未然に防ぐことができます。

また、遺産分割協議書は、相続税の申告だけでなく、**銀行預金の名義変更や相続登記の際**にも必要になります。つまり、いずれにせよ作成が必要です。

書き方のルールはとくにありません。大事なことは、**だれがどの財産を取得するのかを、もれなく明確に**記載することです。そして、作成した書面にすべての相続人が目を通し、納得したら、**相続人全員が署名・押印**します。相続登記などでこの協議書を提出する場合、一緒に印鑑証明の提出が求められるので、**実印で押印**しましょう。

書類は相続人の人数分作成して、それぞれが保管します。

協議がうまくいかないときは調停を利用

何度話し合いをしても、分割方法が決まらない場合は、家庭裁判所の**調停を利用する方法があります（調停による分割）**。調停を希望する場合は、相続人のうちの1人または数人が、ほかの相続人に対して申し立てをします。

調停では、家事審判官(かじしんぱんかん)と調停委員の仲介のもと、相続人同士の話し合いによって解決することを目指します。ここで合意が得られたら、**調停調書**が作成されます。この調停調書は遺産分割協議書の代わりになるもので、名義変更の際などに必要になります。

調停でもうまくいかない場合は、自動的に**審判**に移行します（**審判による分割**）。

審判では、財産の種類や相続人の年齢、生活状況などを踏まえて、最終的に家事審判官が分割方法の決定を下し、遺産分割協議書の代わりになる**審判書**を出します。

この審判書には法的強制力があるので、相続人同士の合意がない場合でも、この審判書に従わなければなりません。

調停申立ての手続き

申立人	共同相続人、包括受遺者、遺言執行者など
申立先	相手方のうち1人の住所地の家庭裁判所、または当事者が合意した地域の家庭裁判所
必要書類	●遺産分割調停申立書　●相続人全員の住民票または戸籍附票 ●被相続人の出生から死亡までの戸籍　●遺産に関する証明書（財産目録、不動産登記事項証明書、固定資産税評価額など） ●相続人全員の戸籍事項証明書
費用	●被相続人1人につき収入印紙1,200円 ●連絡用の郵便切手代

遺産分割協議書の例

遺産分割協議書

　○年4月15日に死亡した被相続人山崎和夫（住所○○○…）の相続人である山崎良子、山崎隆一、青木幸子は、被相続人の遺産の分割について協議し、次のとおり分割することに同意した。

1　山崎良子は、次の遺産を取得する。

　　(1)　土地
　　　　所在：千葉県船橋市○○3丁目
　　　　地番：4番5
　　　　地目：宅地
　　　　地積：220.00平方メートル
　　(2)　建物
　　　　所在：同所3丁目4番地5
　　　　家屋番号：4番5
　　　　種類：居宅
　　　　構造：木造瓦葺2階建
　　　　床面積：1階90.45平方メートル　2階68.77平方メートル

　　　　　　　　　　　　　　　　　　→ 不動産については登記簿のとおりに記載する

2　長男山崎隆一は次の遺産を取得する。
　　(1)　○○銀行○○支店の遺言者名義の定期預金　口座番号1234567
　　(2)　株式会社○○の株式　20,000株

3　長女青木幸子は次の遺産を取得する。
　　(1)　△△銀行△△支店の遺言者名義の定期預金　口座番号9876543

　　　　　　　　　　　　　　　　　　→ 財産は、内容を特定できるように具体的に記載する

4　本協議書に記載のない遺産および後日判明した遺産は、山崎良子が取得する。

以上のとおり遺産分割協議が成立したので、本協議書3通を作成し署名押印のうえ、各自1通ずつ所持するものとする。

○年9月20日　　　← 協議が成立した日を明記する

　　　　　千葉県船橋市○○3丁目4番5号
　　　　　　　　相続人　山崎良子　㊞
　　　　　千葉県船橋市○○3丁目4番5号
　　　　　　　　相続人　山崎隆一　㊞
　　　　　千葉県松戸市○○7丁目28番10号
　　　　　　　　相続人　青木幸子　㊞

住所は印鑑証明の記載どおりに記す

相続人全員が署名捺印。捺印は、実印を使用する

- 形式や書式は自由
- 手書き・パソコンどちらでもよい
- 縦書き・横書きどちらでもよい

遺産分割協議にまつわる Q&A

Q 分割協議に参加しない相続人がいる場合は？

A 遺産分割協議は相続人全員で行う必要があり、1人でも欠いているとその遺産分割協議は無効になります。家族との折り合いが悪く話し合いにも応じないという場合でも、まずは、その相続人に対して、遺産分割協議に参加するように積極的に働きかけることが必要です。

それでも参加しない場合には、遺産分割がこじれてしまったときと同じように、調停を申し立て、第三者の力を借りて解決を図ることになります。調停を申し立てても、その相続人が対応してくれないなら、審判を申し立て、裁判所に分け方を決めてもらうことになります。

Q 協議が終わってから、新たな財産が見つかったら？

A 遺言あるいは遺産分割協議書に、「新たな財産が見つかった場合にはすべてAが取得する」「その他一切の財産はAが取得する」などのような記載があれば、遺言にしたがって「A」が相続することになります。

こうした取り決めがない遺言の場合は、もう一度、相続人全員が遺産分割協議を行う必要があります。この場合、すでに分割した財産についてはそのままの分け方でかまいません。新たに見つかった財産についてだけ、分け方を決めることになります。

Q 遺産分割が終わってから、ほかの相続人が現われたときは？

A 遺産分割協議は相続人を1人でも欠いていると無効になるので、協議をやり直す必要があります。

ただし、被相続人の死亡後に、認知の訴えや遺言により認知された相続人が現れた場合は、ほかの相続人が、その相続人に相続分に応じた額を支払えばよいことになっています。

Q 遺産分割が終わってから遺言書が見つかったら？

A 遺言は最大限に尊重され、法定相続分よりも優先されます。そのため、遺言の内容と、遺産分割協議の内容とが異なると

216

きは、協議の内容は無効となり、協議をやり直す必要があります。

ただし、**相続人全員が遺言よりも、協議の内容を優先させたいという意思があるなら、協議をやり直す必要はありません**。もし遺言で遺言執行者が指定されていた場合は、再分割の協議が必要かどうかは、遺言執行者が判断することになります。

なお、遺言で相続人以外の人が財産をもらうことになっている場合は、その部分については遺言の内容を優先させる必要があります。

Q 祭祀財産を相続した分、ほかの相続人に金銭を支払うべき？

A 民法では、お墓や仏壇などの祭祀財産は、特定の1人に承継させることになっており、通常の相続財産とは分けて考えます。（→P70）。

祭祀財産は遺産分割の対象にはなりません。そのため、祭祀財産を承継したからといって、その分をほかの相続人より減らされることはありません。逆に、今後の祭祀費用にお金がかかるからといって、ほかの相続人よりも多く相続する権利もありません。

もっとも、ほかの相続人が合意すれば、祭祀主宰者の事情を考慮して、祭祀承継者の相続分を多くするといった調整は可能です。

Q 特別受益証明書が送られてきたら？

A 特別受益証明書（相続分皆無証明書）とは、被相続人から生前に多額の贈与を受けたため、自分が相続する分はないという内容を書いた書面で、「相続分皆無証明書」「相続分のないことの証明書」と呼ばれることもあります。たとえば、「私は被相続人の生前にすでに相続分相当の財産の贈与を受けてい

る」などといった文面になっています。相続人の1人からほかの相続人に、突然この特別受益証明書が送られ、署名押印を要求されることがあります。この証明書があれば不動産の相続登記ができるため、遺産分割協議や相続放棄をする手間をなくす手段として実務上広く使われています。

そのため**「事実上の相続放棄」**とも呼ばれます。

しかし、内容をよく理解しないまま署名押印してしまうと、思わぬトラブルになることがあります。**特別受益証明書に署名捺印しても法的に相続放棄したことにはなりない**ため、万が一、被相続人に借金があった場合、プラスの財産をもらう権利がなくなっても、借金などのマイナスの財産を引き継ぐ義務は残ってしまうのです。

特別受益証明書が送られてきた場合は、安易に判を押さず、慎重に判断してください。

故人に代わり所得税の申告を行う

準確定申告

- 期限 相続開始から4か月以内
- 期限 還付を受ける場合は5年以内に申告すればよい
- 重要 納税額は相続税の相続財産から差し引ける

必要な人のみ申告を行う

被相続人が自営業者だった場合など、存命なら確定申告が必要なケースがあります。しかし、本人が亡くなっている場合には確定申告ができません。そこで、相続人が代わりに申告を行います。これを準確定申告といいます。

準確定申告は、被相続人が亡くなった年の1月1日から死亡日までの所得を計算します。これは相続税の申告とは別で、あくまでもその年分の所得税の申告です。被相続人が前年分の確定申告をしないまま死亡したときは、合わせてその申告も行います。いずれも期限は、相続の開始を知った日の翌日から4か月以内です。確定申告は翌年の2月から3月にかけて行われますが、相続の場合は期限が異なるので注意してください。たとえば、7月1日に亡くなった場合は11月1日が申告期限です。

被相続人が会社員だった場合は勤務先が年末調整を行ってくれるので基本的に申告は不要です。ただし、給与の年間収入金額が2000万円を超える場合や、給与以外に20万円を超える所得がある場合などは申告が必要です。

また準確定申告を行うことで納めすぎた税金の還付を受けられることがあります（還付申告）。還付申告の場合は5年以内に申告を行えばよいことになっています。

相続人が2人以上の場合は連名で提出を

準確定申告は、確定申告書とその付表を提出して行います。申告書は被相続人の名前で作成し、付表は相続人の連名で作成するのが基本です。一緒に作成できない相続人がいる場合は、その人も同じ内容の申告書と付表を別途提出することになります（記入例 ▶P220）。

準確定申告ならではの注意点は、生命保険料や社会保険料、医療費控除の対象になる医療費などは死亡日までに支払った額が限度になることです。被相続人の治療費でも、被相続人が亡くなってから支払った分は控除の対象になりません。ただし、相続人と被相続人が同一生計の場合は、相続人の通常の確定申告の医療費控除に含めることができます。

なお、相続税の計算の際には、納めた所得税は、債務控除として相続財産から引くことができます。逆に還付金がある場合は相続財産にプラスされます。

準確定申告とは

被相続人（本来の納税者）
生きていれば、確定申告が必要だったが、死亡のため申告できない。

相続人
被相続人の所得税を、相続人が代わりに申告する。

税務署
相続開始を知った日の翌日から4か月以内に申告・納付。

準確定申告が必要なおもなケース

- 個人事業主だった
- 2,000万円を超える給与収入があった
- 給与所得以外に20万円を超える所得があった
- アパートなどの賃貸収入があった
- 不動産などの資産を売却した
- 医療費控除の対象となる高額の医療費を支払っていた

準確定申告の手続き

申告者	相続人または包括受遺者
申告先	被相続人の住所地を管轄する税務署
必要書類	●確定申告書および付表 ●相続人等の本人確認書類＊ ●給与や年金の源泉徴収票 ●医療費の領収書 ●生命保険や損害保険の控除証明書
期限	相続の開始があったことを知った日の翌日から4か月以内（還付の場合は5年）

＊2016年分以後の申告について必要

知っ得アドバイス 年金収入だけでも還付を受けられる可能性があります

　医療費が高額にかかった人などは、準確定申告をすることで還付が受けられる可能性があります。また、亡くなった年の収入が年金収入だけという場合も、所得税の還付を受けられることがあります。

　年の途中で亡くなった場合、その年の年金収入は減りますが、年金の源泉徴収税額は1年間の年金収入をもとに計算されています。その差額分が還付される可能性があるのです。

　被相続人の収入が年金だけであれば、申告書の作成はそれほど難しくありません。税務署が配布している「確定申告の手引き」などを参考にして、申告にトライしてみるとよいでしょう。

準確定申告書の記入例

準確定申告書A

氏名の頭に、「被相続人」と記入

準確定申告書の「第3期分の税額」欄の記載から税額を転記。還付のときは、頭に△をつける

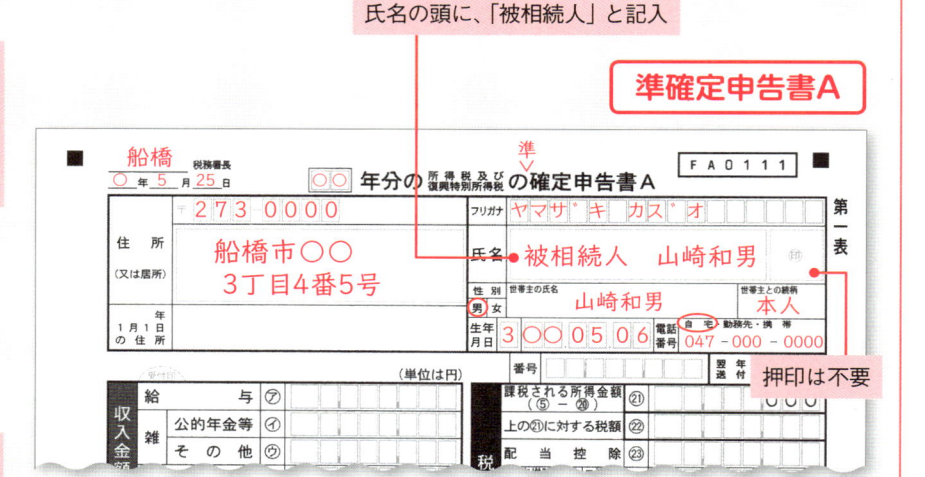

押印は不要

準確定申告書B

法定相続分によって財産を取得した人は「法定」を、遺言によって財産を取得した人は「指定」を○で囲み、その割合を記入。決まっていないときは法定相続分で記入

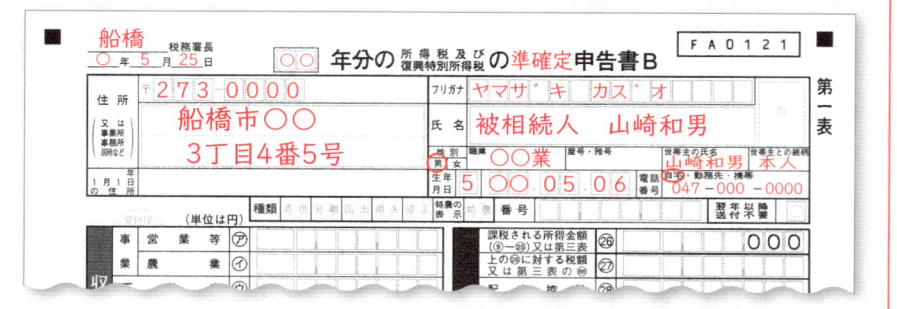

- 申告書の用紙は、通常の確定申告と同じ
- 準確定申告書ABいずれかと、準確定申告書付表を提出する
- 申告書A、申告書Bは所得の種類によって選択する
- 申告書と付表は、用紙は税務署で入手するか、国税庁のホームページからダウンロードする

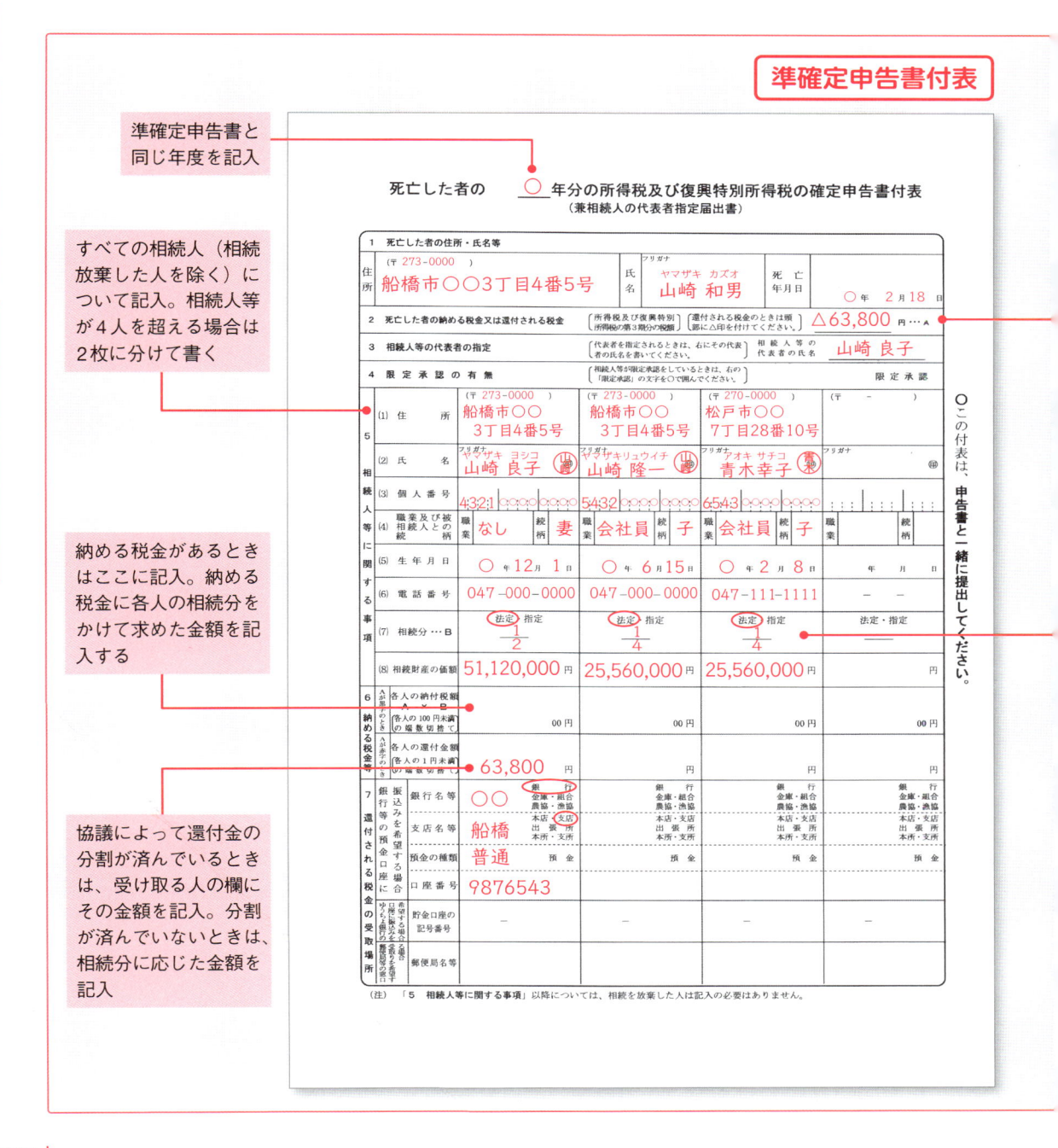

準確定申告書付表

準確定申告書と同じ年度を記入

死亡した者の ○○ 年分の所得税及び復興特別所得税の確定申告書付表
（兼相続人の代表者指定届出書）

1 死亡した者の住所・氏名等

| 住所 | (〒273-0000)　船橋市○○3丁目4番5号 | 氏名 | ヤマザキ カズオ　山崎 和男 | 死亡年月日 | ○年 2月18日 |

2 死亡した者の納める税金又は還付される税金

所得税及び復興特別所得税（所得税の第3期分の税額）／還付される税金のときは頭部に△印を付けてください。 … △63,800円 … A

3 相続人等の代表者の指定

代表者を指定されるときは、右にその代表者の氏名を書いてください。 ／ 相続人等の代表者の氏名　山崎 良子

4 限定承認の有無

相続人等が限定承認をしているときは、右の「限定承認」の文字を○で囲んでください。　**限定承認**

すべての相続人（相続放棄した人を除く）について記入。相続人等が4人を超える場合は2枚に分けて書く

5 相続人等に関する事項

		(1人目)	(2人目)	(3人目)	(4人目)
(1)	住所	(〒273-0000) 船橋市○○3丁目4番5号	(〒273-0000) 船橋市○○3丁目4番5号	(〒270-0000) 松戸市○○7丁目28番10号	(〒 -)
(2)	氏名	ヤマザキ ヨシコ 山崎 良子 ㊞	ヤマザキ リュウイチ 山崎 隆一 ㊞	アオキ サチコ 青木 幸子 ㊞	
(3)	個人番号	4321...	5432...	6543...	
(4)	職業及び被相続人との続柄	職業 なし／続柄 妻	職業 会社員／続柄 子	職業 会社員／続柄 子	職業 ／続柄
(5)	生年月日	○年 12月 1日	○年 6月 15日	○年 2月 8日	年 月 日
(6)	電話番号	047-000-0000	047-000-0000	047-111-1111	- -
(7)	相続分 … B	㊝法定・指定 1/2	㊝法定・指定 1/4	㊝法定・指定 1/4	法定・指定 ___
(8)	相続財産の価額	51,120,000 円	25,560,000 円	25,560,000 円	円

納める税金があるときはここに記入。納める税金に各人の相続分をかけて求めた金額を記入する

6 納める税金等

	A×B／各人の100円未満の端数切捨て	00 円	00 円	00 円	00 円
各人の還付金額／A×B／各人の1円未満の端数切捨て	63,800 円	円	円	円

協議によって還付金の分割が済んでいるときは、受け取る人の欄にその金額を記入。分割が済んでいないときは、相続分に応じた金額を記入

7 還付される税金の受取場所

振込みを希望する場合	銀行名等	○○ ㊝銀行・金庫・組合・農協・漁協	銀行・金庫・組合・農協・漁協	銀行・金庫・組合・農協・漁協	銀行・金庫・組合・農協・漁協
	支店名等	船橋 本店・㊝支店・出張所・本所・支所	本店・支店・出張所・本所・支所	本店・支店・出張所・本所・支所	本店・支店・出張所・本所・支所
	預金の種類	普通 預金	預金	預金	預金
	口座番号	9876543			
希望する場合	貯金口座の記号番号	-			
	郵便局名等				

（注）「5 相続人等に関する事項」以降については、相続を放棄した人は記入の必要はありません。

○この付表は、申告書と一緒に提出してください。

相続税の申告①
10か月以内に相続税の申告と納付を行う

期限 相続税の申告は、相続開始から**10か月以内**

注意 申告が遅れると**加算税**が課される

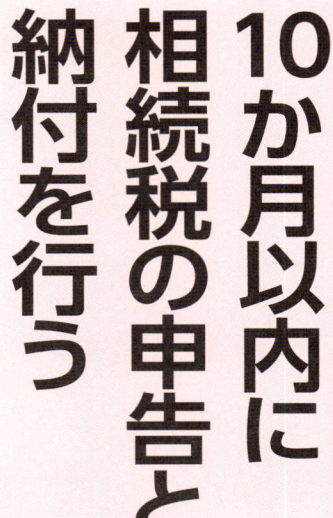

注意 特例を利用している場合は**納税額がなくても申告**する

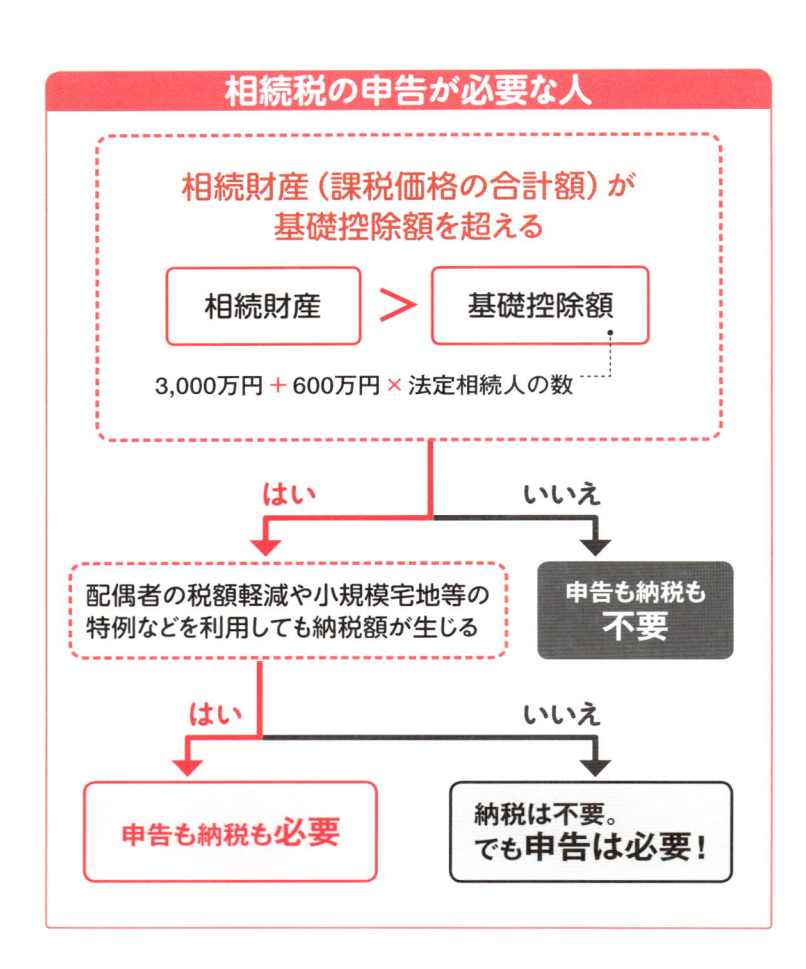

相続税の申告が必要な人

相続財産（課税価格の合計額）が基礎控除額を超える

相続財産 ＞ 基礎控除額

3,000万円 ＋ 600万円 × 法定相続人の数

- はい → 配偶者の税額軽減や小規模宅地等の特例などを利用しても納税額が生じる
  - はい → **申告も納税も必要**
  - いいえ → 納税は不要。でも**申告は必要！**
- いいえ → **申告も納税も不要**

自分でも申告は可能

相続税の申告は、申告書の枚数も多く、所得税の確定申告などとくらべると、かなり複雑です。そのため、相続財産が高額な場合や、評価の難しい財産がある場合、被相続人が事業を行っていた場合などは、**税理士**に依頼したほうが確実です。

しかし、専門家でないと申告書を作成できないわけではありません。財産の種類が自宅1軒と預貯金、数種類の上場株式程度であれば、自分で申告書を作成することも十分可能です。本書の記入例を参考にしてください（➡P226〜233）。

申告書の作成については税務署でも教えてくれます。税務署で配布される申告書の手引きを参照しつつ、わからないことは税務署に確認しながら進めるとよいでしょう。

相続税がゼロでも申告が必要なことも

相続税の申告では、単純な計算ミ

相続税の申告・納付手続きのポイント

申告する人（申告義務者）

①〜④によって財産を取得した人で、納付すべき税額がある人。

① 相続
② 遺贈
③ 死因贈与
④ 相続時精算課税による贈与

申告義務者が複数いる場合

共同で申告しても、**単独で申告**してもよい。ただし、実務的には共同で申告するほうがスムーズかつ一般的。

申告先

被相続人の住所地を所轄する**税務署**。

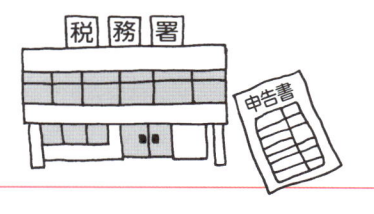

必要書類

- 相続税の申告書および各計算書・明細書
- 被相続人の出生から死亡までの戸籍謄本
- 相続人の戸籍謄本
- 相続人全員の印鑑証明書
- 遺産分割協議書または遺言書
- 財産に関する書類（不動産の登記事項証明書、銀行残高証明書など）
- 葬儀費用の領収書

＊添付書類は相続財産の種類などによって異なる

納付方法

現金一括納付が基本だが、延納や物納の制度もある。➡P118

申告・納付期限

相続開始を知った日の翌日から**10か月以内**。

相続開始 ────→ 10か月

　相続税の申告は、**相続財産（各人の課税価格の合計額）が基礎控除額を上回る場合**に行いますが、納付すべき相続税がなくても申告が必要なケースがあります。**配偶者の税額軽減**や**小規模宅地等の特例**などを利用すれば、**納税額がゼロになるケースでも申告が必要**です。申告しないとせっかくの特例が適用されないので申告漏れのないよう注意してください。

　また、相続時精算課税による贈与がある場合、その贈与財産と相続財産の合計が基礎控除額を超えなければ申告は不要です。ただし、すでに納めた贈与税がある場合には、相続税の申告をすることにより還付を受けることができます。

　相続税の申告・納付期限は**相続の開始を知った日の翌日から10か月以内**です。申告書の提出先は、**被相続人の死亡時の住所地を所轄する税務**

署です。相続人の住所地の税務署だと勘違いするケースが多いので、間違えないようにしましょう。また、相続人が複数いる場合、共同で申告書を作成し、連名で提出するのが一般的です。ルールとしては共同申告でも単独申告でもどちらでもよいことになっています。遺産分割でもめているケースなどは、単独で申告するケースもあります。

申告書は最寄りの税務署や国税庁のホームページで入手できます。

必要な書類だけに記入する

相続税の申告書は、第1表から第15表まであります。

数が多くて大変だと思うかもしれませんが、**すべてに記入する必要はありません。**たとえば、配偶者の税額軽減を利用する場合は第5表の「配偶者の税額軽減の計算書」に記入、生命保険の受取りがある場合は、第9表の「生命保険金などの明細書」に記入します。

また、申告書を作成する際は、順を追って記入していくことになります。ただし、**第1表から順番に記入するわけではありません。**一般的には、第9表→第15表→第1表→第2表→第4表～第8表→第1表の順で記載します。

まず第9表～第15表で、相続税の計算のもととなる課税財産や債務控除などについて記入します。そして、課税財産の合計額などを第1表に転記し、第2表で相続税の総額を計算します。

次に、第4表～第8表で相続税額から差し引ける税額控除の額を計算し、第1表に控除額を転記して、納めるべき納税額を確定させたら、申告書の作成は終了です。

申告には、さまざまな添付書類が必要

相続税の申告では、申告書とは別にさまざまな書類を提出します。大きく分けると次の4つのカテゴリの書類が必要になります。

① **被相続人と相続人の身分や関係に関する書類**（戸籍謄本など）
② **遺産分割に関する書類**（遺産分割協議書または遺言書）
③ **財産に関する書類**（不動産の登記事項証明書、銀行残高証明書、有価証券残高証明書、生命保険の支払い通知など）

第4表
相続税額の加算金額の計算書

第4表の2
暦年課税分の贈与税額などの控除額の計算書

第5表
配偶者の税額軽減額の計算書 ➡P231

第6表
未成年者控除額・障害者控除額の計算書

第7表
相次相続控除額の計算書

第8表
外国税額控除額などの計算書

相続税の申告書の種類と記入の流れ（納税猶予の特例の適用者がいない場合）

一般的な相続税の申告では、第9表〜第15表→第1表〜第2表→第4表〜第8表→第1表の順番で記入するとスムーズです。

→ は転記を意味します。たとえば、第9表の内容を第11表に転記し、第11表の内容を第15表と第1表に転記します。

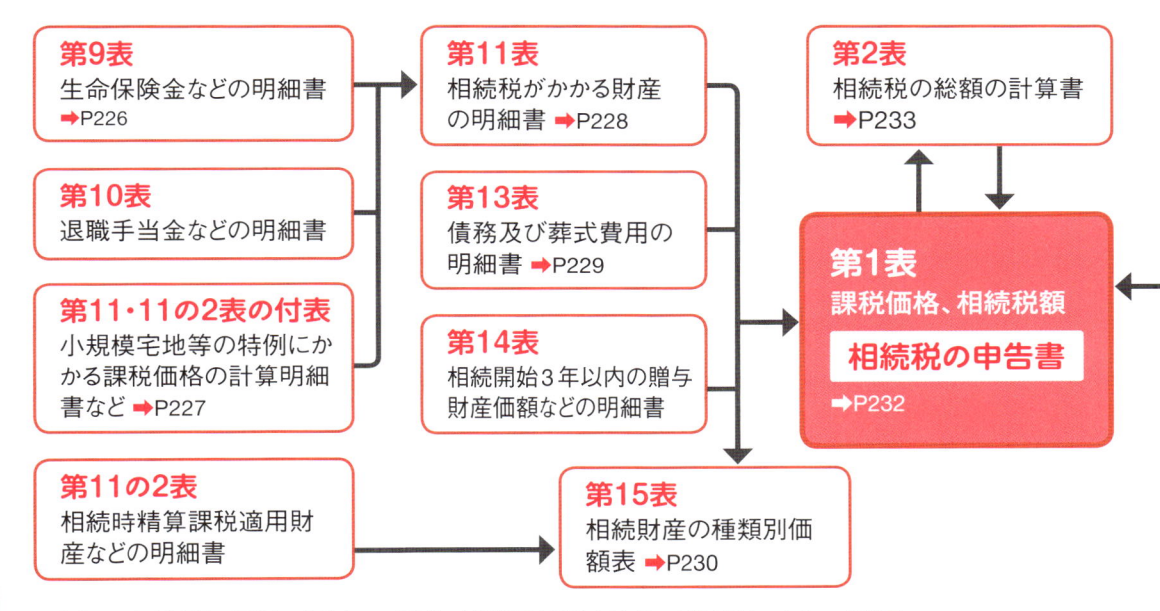

第9表 生命保険金などの明細書 ➡P226

第10表 退職手当金などの明細書

第11・11の2表の付表 小規模宅地等の特例にかかる課税価格の計算明細書など ➡P227

第11の2表 相続時精算課税適用財産などの明細書

第11表 相続税がかかる財産の明細書 ➡P228

第13表 債務及び葬式費用の明細書 ➡P229

第14表 相続開始3年以内の贈与財産価額などの明細書

第15表 相続財産の種類別価額表 ➡P230

第2表 相続税の総額の計算書 ➡P233

第1表 課税価格、相続税額
相続税の申告書 ➡P232

★農業相続人（農地等を相続する相続人で、農地等の納税猶予を受ける人）は、上記のほか、次の2つが必要
- 第12表 納税猶予の適用を受ける特例農地等の明細書
- 第3表 財産を相続した人のうちに農業相続人がいる場合の各人の算出税額の計算書

知っ得アドバイス 遺産分割協議がまとまらなくてもひとまず申告を

どうしても、相続税の申告期限までに遺産分割協議が終わらないというケースもあります。その場合は、法定相続分で相続したと仮定して、いったん申告をしてください。分割が終わっていないからといって、申告期限を延ばしてもらうことはできません。

未分割で申告した場合、配偶者の税額軽減や小規模宅地等の特例などは適用できません。ただし、相続税の申告書に「申告期限後3年以内の分割見込書」を添付し、申告期限から3年以内に遺産分割が終われば修正申告または更正の請求（➡P234）を行うことで、特例が適用できます。

④債務に関する書類（借用書、葬式費用の領収書など）

①と②は申告する人すべてに必要な書類、③と④は被相続人の財産などにより異なります。財産の種類が多いほど添付書類も多くなります。

相続税の申告書の記入例

第9表 生命保険金などの明細書

みなし相続財産として課税される生命保険金などの受取りがあるときは、第9表に記入する。

生命保険金などの明細書

被相続人：**山崎和男** ← 被相続人の氏名を記入

第9表

1 相続や遺贈によって取得したものとみなされる保険金など

この表は、相続人やその他の人が被相続人から相続や遺贈によって取得したものとみなされる生命保険金、損害保険契約の死亡保険金及び特定の生命共済金などを受け取った場合に、その受取金額などを記入します。

← 生命保険金などを支払う保険会社の名称、所在地などを記入

保険会社等の所在地	保険会社等の名称	受取年月日	受取金額	受取人の氏名
中央区○○1丁目5番6号	○○生命保険	○・3・15	30,000,000 円	山崎良子
品川区○○3丁目7番5番	○○生命保険	○・3・20	20,000,000	青木幸子
		・・		
		・・		
		・・		

(注) 1 相続人（相続の放棄をした人を除きます。以下同じです。）が受け取った保険金などのうち一定の金額は非課税となりますので、その人は、次の2の該当欄に非課税となる金額と課税される金額とを記入します。
2 相続人以外の人が受け取った保険金などについては、非課税となる金額はありませんので、その人は、その受け取った金額そのままを第11表の「財産の明細」の「価額」の欄に転記します。
3 相続時精算課税適用財産は含まれません。

2 課税される金額の計算

この表は、被相続人の死亡によって相続人が生命保険金などを受け取った場合に、記入します。

保険金の非課税限度額	〔第2表のⒶの法定相続人の数〕 （500万円 × **3** 人 により計算した金額を右のⒶに記入します。）	Ⓐ **15,000,000** 円

← 非課税限度額を計算して記入

保険金などを受け取った相続人の氏名	① 受け取った保険金などの金額	② 非課税金額 （Ⓐ × 各人の①／Ⓑ）	③ 課税金額 （①−②）
山崎良子	30,000,000 円	9,000,000	21,000,000 円
青木幸子	20,000,000	6,000,000	14,000,000
合　計	Ⓑ 50,000,000	15,000,000	35,000,000

← 保険金を受け取った相続人ごとに、その課税金額を計算して記入。相続を放棄した人など、相続人でない人については記入しない

← それぞれの課税金額と、その合計額を第11表に転記する

(注) 1 Ⓑの金額がⒶの金額より少ないときは、各相続人の①欄の金額がそのまま②欄の非課税金額となりますので、③欄の課税金額は0となります。
2 ③欄の金額を第11表の「財産の明細」の「価額」欄に転記します。

第9表　　　　　　　　　　　　　　　　　　　　　　　　　　　（資4−20−10−A4統一）

第11・11の2表の付表1
小規模宅地等についての課税価格の計算明細書

小規模宅地等の特例の適用を受ける場合は、第11・11の2表の付表1に記入する。

○この申告書は機械で読み取りますので、黒ボールペンで記入してください。

特例の対象となる宅地を取得したすべての人の氏名を記入する

★1つの宅地につき取得者が複数いる場合は、別表の記入も必要

自宅の敷地なら「1」と記入

宅地の種類に応じて、限度面積の要件を満たしているか判定

（被相続人：山崎和男）
（氏名：山崎良子）

① 山崎良子
② 船橋市○○3丁目4番目5号
③ 220
④ 39,600,000
⑤ 220
⑥ 39,600,000
⑦ 31,680,000
⑧ 7,920,000

⑩ 220
⑪ 220 ≦ 330㎡

第11表 相続税がかかる財産の明細書

第11表には、相続時精算課税の適用を受ける財産を除いた課税財産についての明細を記入する。

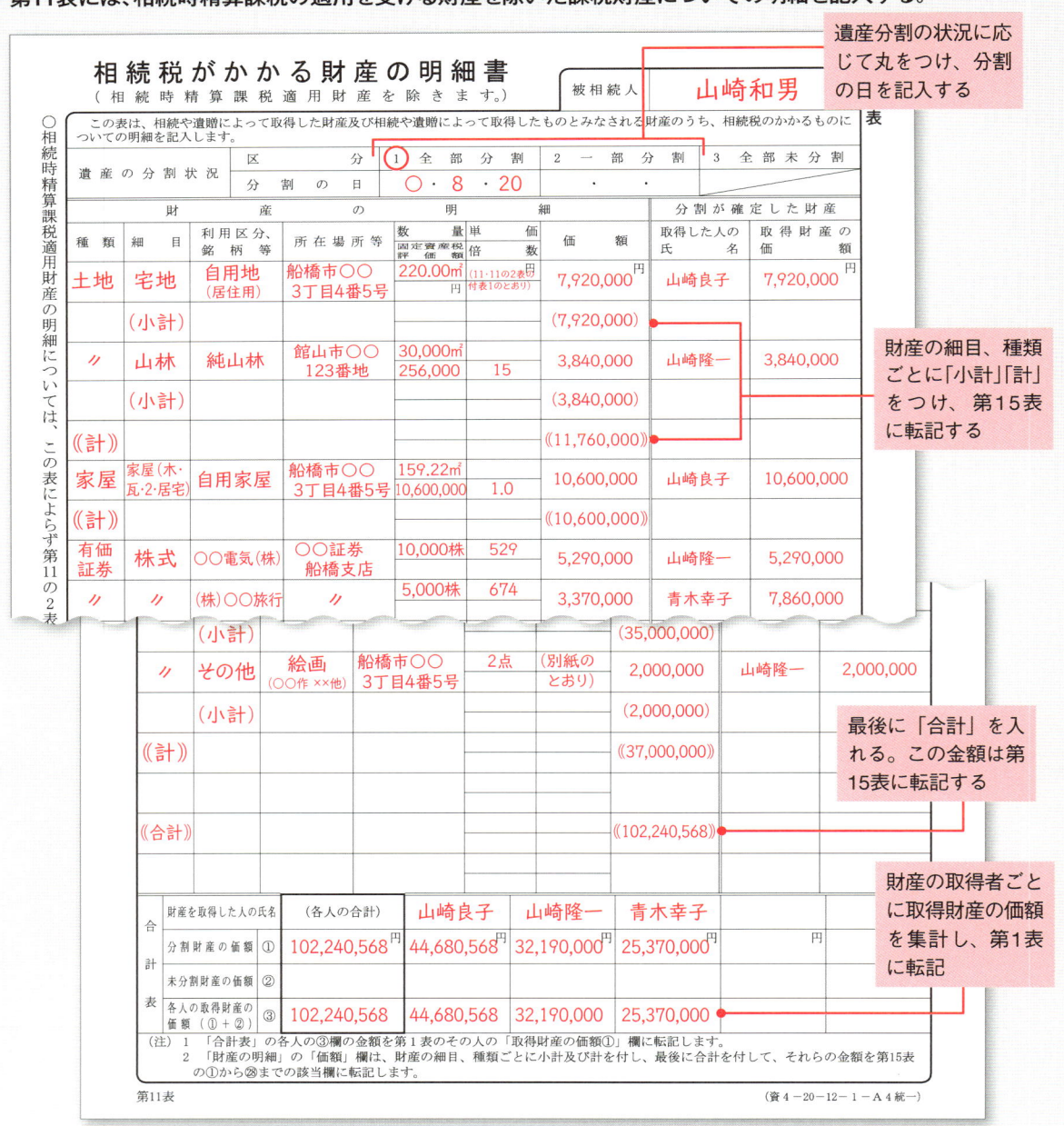

相続税がかかる財産の明細書
（相続時精算課税適用財産を除きます。）

被相続人：山崎和男

※遺産分割の状況に応じて丸をつけ、分割の日を記入する

この表は、相続や遺贈によって取得した財産及び相続や遺贈によって取得したものとみなされる財産のうち、相続税のかかるものについての明細を記入します。

遺産の分割状況	区　分	① 全部分割	2 一部分割	3 全部未分割
	分割の日	○・8・20	・・	・・

※相続時精算課税適用財産の明細については、この表によらず第11の2表

財産の明細							分割が確定した財産	
種類	細目	利用区分、銘柄等	所在場所等	数量 固定資産税 評価額	単価 倍数	価額	取得した人の氏名	取得財産の価額
土地	宅地	自用地（居住用）	船橋市○○3丁目4番5号	220.00㎡ 円	円 (11・11の2表付表1のとおり)	7,920,000 円	山崎良子	7,920,000 円
	(小計)					(7,920,000)		
〃	山林	純山林	館山市○○123番地	30,000㎡ 256,000	15	3,840,000	山崎隆一	3,840,000
	(小計)					(3,840,000)		
((計))						((11,760,000))		
家屋	家屋(木・瓦・2・居宅)	自用家屋	船橋市○○3丁目4番5号	159.22㎡ 10,600,000	1.0	10,600,000	山崎良子	10,600,000
((計))						((10,600,000))		
有価証券	株式	○○電気(株)	○○証券船橋支店	10,000株	529	5,290,000	山崎隆一	5,290,000
〃	〃	(株)○○旅行		5,000株	674	3,370,000	青木幸子	7,860,000
	(小計)					(35,000,000)		
〃	その他	絵画(○○作××他)	船橋市○○3丁目4番5号	2点	(別紙のとおり)	2,000,000	山崎隆一	2,000,000
	(小計)					(2,000,000)		
((計))						((37,000,000))		
((合計))						((102,240,568))		

※財産の細目、種類ごとに「小計」「計」をつけ、第15表に転記する

※最後に「合計」を入れる。この金額は第15表に転記する

合計表	財産を取得した人の氏名	(各人の合計)	山崎良子	山崎隆一	青木幸子	
	分割財産の価額 ①	102,240,568 円	44,680,568 円	32,190,000 円	25,370,000 円	円
	未分割財産の価額 ②					
	各人の取得財産の価額 (①+②) ③	102,240,568	44,680,568	32,190,000	25,370,000	

※財産の取得者ごとに取得財産の価額を集計し、第1表に転記

(注) 1　「合計表」の各人の③欄の金額を第1表のその人の「取得財産の価額①」欄に転記します。
　　　2　「財産の明細」の「価額」欄は、財産の細目、種類ごとに小計及び計を付し、最後に合計を付して、それらの金額を第15表の①から㉘までの該当欄に転記します。

第11表　　　　　　　　　　　　　　　　　　　　　　(資4-20-12-1-A4統一)

第13表 債務及び葬式費用の明細書

第13表は、被相続人の債務や葬式費用について、その明細と負担する人の氏名、金額を記入する。

債務及び葬式費用の明細書　被相続人　山崎和男

1 債務の明細
（この表は、被相続人の債務について、その明細と負担する人の氏名及び金額を記入します。）

債務の明細					負担することが確定した債務	
種類	細目	債権者 氏名又は名称	住所又は所在地	発生年月日 弁済期限	金額	負担する人の氏名	負担する金額
公租公課	○年分 固定資産税	船橋市役所		○・1・1	130,000円	山崎良子	130,000円
〃	〃	館山		○・1・1	4,000	〃	4,000
〃	○年分 住民税	船橋		○・1・1	540,000	〃	540,000
合計					674,000		

> 公租公課（税金など）については、「氏名又は名称」の欄に税務署名や市区町村名などを記入

2 葬式費用の明細
この表は、被相続人の葬式に要した費用について、その明細と負担する人の氏名及び金額を記入します。

葬式費用の明細				負担することが確定した葬式費用	
支払先 氏名又は名称	住所又は所在地	支払年月日	金額	負担する人の氏名	負担する金額
○○寺	船橋市○○3-5	○・2・25	1,500,000円	山崎隆一	1,500,000円
○○タクシー	船橋市○○6-8-5	○・2・25	160,000	〃	160,000
○○寿司	船橋市○○2-15-4	○・2・25	280,000	〃	280,000
○○葬儀社	船橋市○○3-35	○・2・27	2,000,000	〃	2,000,000
その他	（別紙のとおり）		64,000	〃	64,000
合計			4,004,000		

3 債務及び葬式費用の合計額

債務などを承継した人の氏名			（各人の合計）	山崎良子	山崎隆一	
債務	負担することが確定した債務	①	674,000円	674,000円	円	円
	負担することが確定していない債務	②				
	計（①+②）	③	674,000	674,000		
葬式費用	負担することが確定した葬式費用	④	4,004,000		4,004,000	
	負担することが確定していない葬式費用	⑤				
	計（④+⑤）	⑥	4,004,000		4,004,000	
合計（③+⑥）		⑦	4,678,000	674,000	4,004,000	

（注）1　各人の⑦欄の金額を第1表のその人の「債務及び葬式費用の金額③」欄に転記します。
　　　2　③、⑥及び⑦欄の金額を第15表の㉝、㉞及び㉟欄にそれぞれ転記します。

第13表　　　　　　　　　　　　　　　　　　　　　　　　　　（資4-20-14-A4統一）

> 承継者ごとに、債務、葬式費用の負担金額を集計。承継者が確定していないときは、各人が法定相続分に応じた金額を記入

> これらの金額は第15表に転記。合計金額は第1表にも転記する

第15表 相続財産の種類別価額表

第15表は、第11表から第14表までの記載に基づいて記入する。

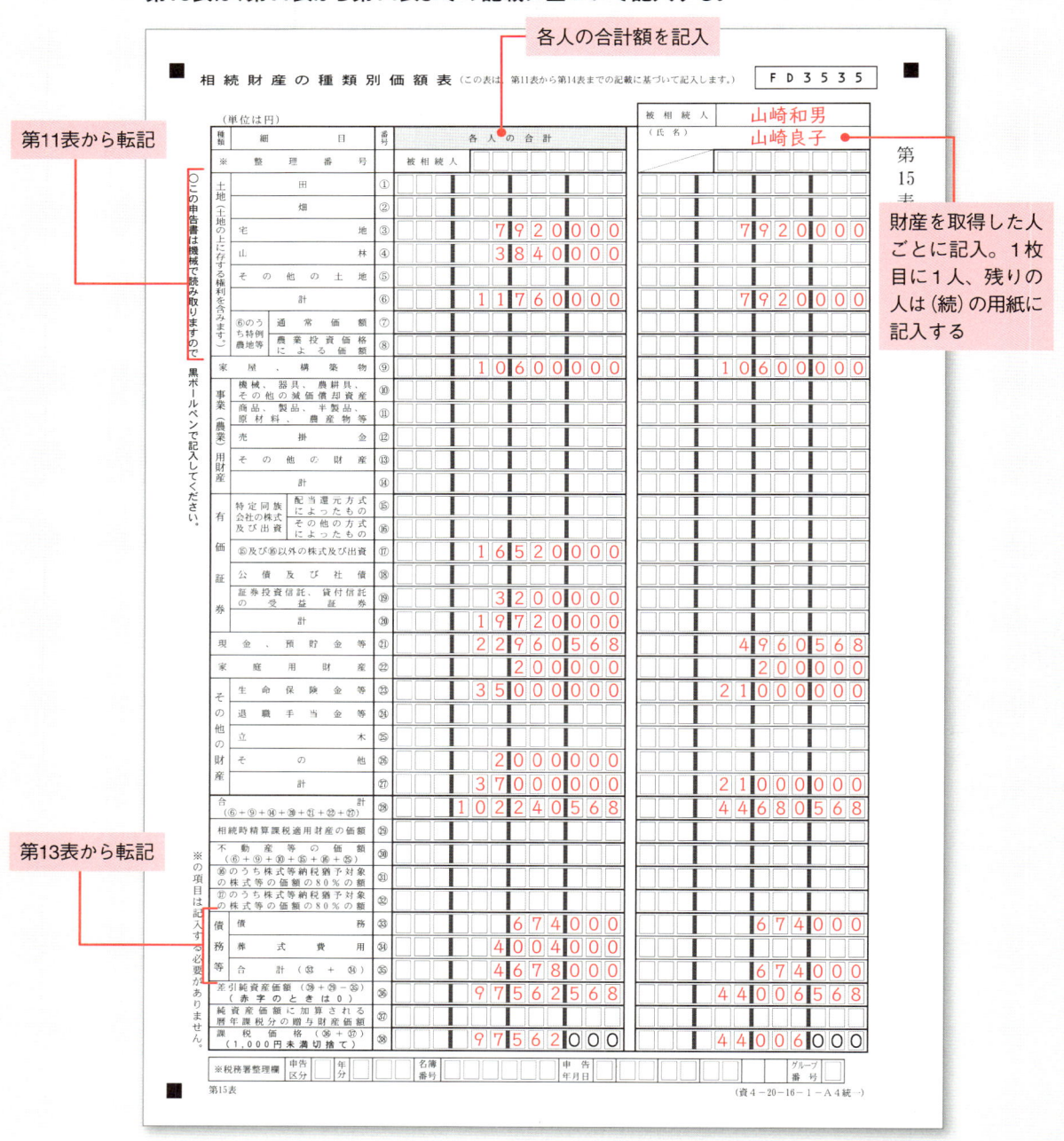

各人の合計額を記入 → 「各人の合計」欄

被相続人：山崎和男　山崎良子

第11表から転記（○この申告書は機械で読み取りますので、黒ボールペンで記入してください。）

財産を取得した人ごとに記入。1枚目に1人、残りの人は(続)の用紙に記入する

種類	細目	番号	各人の合計	（氏名）
土地（土地の上に存する権利を含みます。）	田	①		
	畑	②		
	宅地	③	7,920,000	7,920,000
	山林	④	3,840,000	
	その他の土地	⑤		
	計	⑥	11,760,000	7,920,000
⑥のうち特例農地等	通常価額	⑦		
	農業投資価格による価額	⑧		
家屋、構築物		⑨	10,600,000	10,600,000
事業（農業）用財産	機械、器具、農耕具、その他の減価償却資産	⑩		
	商品、製品、半製品、原材料、農産物等	⑪		
	売掛金	⑫		
	その他の財産	⑬		
	計	⑭		
有価証券	特定同族会社の株式及び出資	配当還元方式によったもの	⑮		
		その他の方式によったもの	⑯		
	⑮及び⑯以外の株式及び出資	⑰	16,520,000	
	公債及び社債	⑱		
	証券投資信託、貸付信託の受益証券	⑲	3,200,000	
	計	⑳	19,720,000	
現金、預貯金等		㉑	22,960,568	4,960,568
家庭用財産		㉒	2,000,000	2,000,000
その他の財産	生命保険金等	㉓	35,000,000	21,000,000
	退職手当金等	㉔		
	立木	㉕		
	その他	㉖	2,000,000	
	計	㉗	37,000,000	21,000,000
合計 (⑥+⑨+⑭+⑳+㉑+㉒+㉗)		㉘	102,240,568	44,680,568
相続時精算課税適用財産の価額		㉙		
不動産等の価額 (⑥+⑨+⑩+⑮+⑯+⑰+㉕)		㉚		
㉚のうち株式等納税猶予対象の株式等の価額の80％の額		㉛		
㉚のうち株式等納税猶予対象の株式等の価額の80％の額		㉜		
債務	債務	㉝	674,000	674,000
	葬式費用	㉞	4,004,000	
	合計 (㉝+㉞)	㉟	4,678,000	674,000
差引純資産価額 (㉘+㉙-㉟)（赤字のときは0）		㊱	97,562,568	44,006,568
純資産価額に加算される暦年課税分の贈与財産価額		㊲		
課税価格 (㊱+㊲) (1,000円未満切捨て)		㊳	97,562,000	44,006,000

第13表から転記

※の項目は記入する必要がありません。

第5表 配偶者の税額軽減額の計算書

第5表は、配偶者の税額軽減の適用を受ける場合に記入する。

配偶者の税額軽減額の計算書

被相続人　山崎和男

私は、相続税法第19条の2第1項の規定による配偶者の税額軽減の適用を受けます。

1 一般の場合
（この表は、①被相続人から相続、遺贈や相続時精算課税に係る贈与によって財産を取得した人のうちに農業相続人がいない場合又は②配偶者が農業相続人である場合に記入します。）

課税価格の合計額のうち配偶者の法定相続分相当額	（第1表のⒶの金額）97,562,000円 × [配偶者の法定相続分] 1/2 = 48,781,000円	㋑※ 160,000,000円

上記の金額が16,000万円に満たない場合には、16,000万円

配偶者の税額軽減額を計算する場合の課税価格	① 分割財産の価額（第11表の配偶者の①の金額）	分割財産の価額から控除する債務及び葬式費用の金額		④ 純資産価額に加算される暦年課税分の贈与財産価額（第1表の配偶者の⑤の金額）	⑥ （①−④+⑤）の金額（⑤の金額より小さいときは⑤の金額）（1,000円未満切捨て）
		② 債務及び葬式費用の金額（第1表の配偶者の③の金額）	③ 未分割財産の価額（第11表の配偶者の②の金額）	④ （②−③）の金額（③の金額が②の金額より大きいときは0）		
	44,680,568円	674,000		674,000	※	44,006,000

⑦ 相続税の総額（第1表の⑦の金額）	⑧ ㋑の金額と⑥の金額のうちいずれか少ない方の金額	⑨ 課税価格の合計額（第1表のⒶの金額）	⑩ 配偶者の税額軽減の基となる金額（⑦×⑧÷⑨）
5,934,100円	44,006,000円	97,562,000円	2,676,615円

配偶者の税額軽減の限度額	（第1表の配偶者の⑨又は⑩の金額）2,670,345円 − （第1表の配偶者の⑫の金額）0円	㋺ 2,670,345円

配偶者の税額軽減額	（⑩の金額と㋺の金額のうちいずれか少ない方の金額）	Ⓐ 2,670,345円

(注) Ⓐの金額を第1表の配偶者の「配偶者の税額軽減額⑬」欄に転記します。

2 配偶者以外の人が農業相続人である場合
（この表は、被相続人から相続、遺贈や相続時精算課税に係る贈与によって財産を取得した人のうちに農業相続人がいる場合で、かつ、その農業相続人が配偶者以外の場合に記入します。）

課税価格の合計額のうち配偶者の法定相続分相当額	（第3表のⒶの金額）　,000円 × [配偶者の法定相続分]　 = 　円	㋩※ 　円

上記の金額が16,000万円に満たない場合には、16,000万円

配偶者の税額軽減額を計算する場合の課税価格	⑪ 分割財産の価額（第11表の配偶者の①の金額）	分割財産の価額から控除する債務及び葬式費用の金額		⑮ 純資産価額に加算される暦年課税分の贈与財産価額（第1表の配偶者の⑤の金額）	⑯ （⑪−⑭+⑮）の金額（⑮の金額より小さいときは⑮の金額）（1,000円未満切捨て）
		⑫ 債務及び葬式費用の金額（第1表の配偶者の③の金額）	⑬ 未分割財産の価額（第11表の配偶者の②の金額）	⑭ （⑫−⑬）の金額（⑬の金額が⑫の金額より大きいときは0）		
	円				※	,000

⑰ 相続税の総額（第3表の⑦の金額）	⑱ ㋩の金額と⑯の金額のうちいずれか少ない方の金額	⑲ 課税価格の合計額（第3表のⒶの金額）	⑳ 配偶者の税額軽減の基となる金額（⑰×⑱÷⑲）
00円	円	,000円	円

配偶者の税額軽減の限度額	（第1表の配偶者の⑩の金額）円 − （第1表の配偶者の⑫の金額）円	㋥

配偶者の税額軽減額	（⑳の金額と㋥の金額のうちいずれか少ない方の金額）	Ⓑ

(注) Ⓑの金額を第1表の配偶者の「配偶者の税額軽減額⑬」欄に転記します。

※ 相続税法第19条の2第5項（隠蔽又は仮装があった場合の配偶者の相続税額の軽減の不適用）の規定の適用があるときには、「課税価格の合計額のうち配偶者の法定相続分相当額」の（第1表のⒶの金額）、⑥、⑧、⑨、「課税価格の合計額のうち配偶者の法定相続分相当額」の（第3表のⒶの金額）、⑯、⑰及び⑲の各欄は、第5表の付表で計算した金額を転記します。

第5表

手順にしたがい数字を記入し、配偶者の税額軽減額を算出する（A）

配偶者の相続税額から暦年課税分の贈与税額控除額を差し引いた金額（B）

（A）と（B）のいずれか少ないほうの金額が控除できる軽減額。この金額を第1表に転記する

第1表 相続税の申告書

第1表は、課税価格や相続人ごとの納付税額を計算するもの。
所定の計算書や明細書で算出した金額を転記していくことで、それらの金額を導き出す。

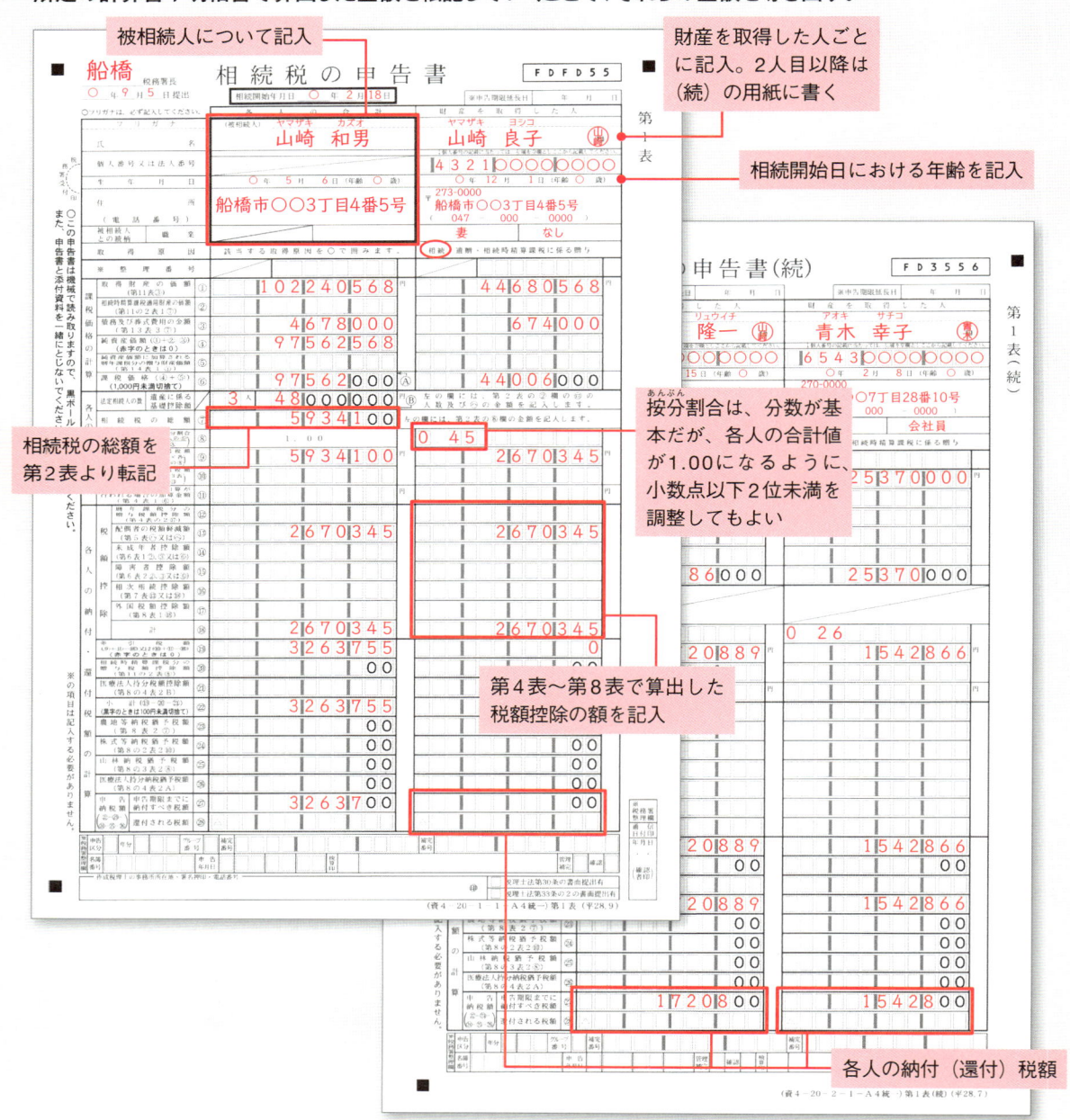

被相続人について記入

財産を取得した人ごとに記入。2人目以降は（続）の用紙に書く

相続開始日における年齢を記入

相続税の総額を第2表より転記

按分割合は、分数が基本だが、各人の合計値が1.00になるように、小数点以下2位未満を調整してもよい

第4表〜第8表で算出した税額控除の額を記入

各人の納付（還付）税額

第2表　相続税の総額の計算書

第2表では、法定相続人が法定相続分どおりに財産を取得したものとして相続税の総額を計算し、第1表に転記する。

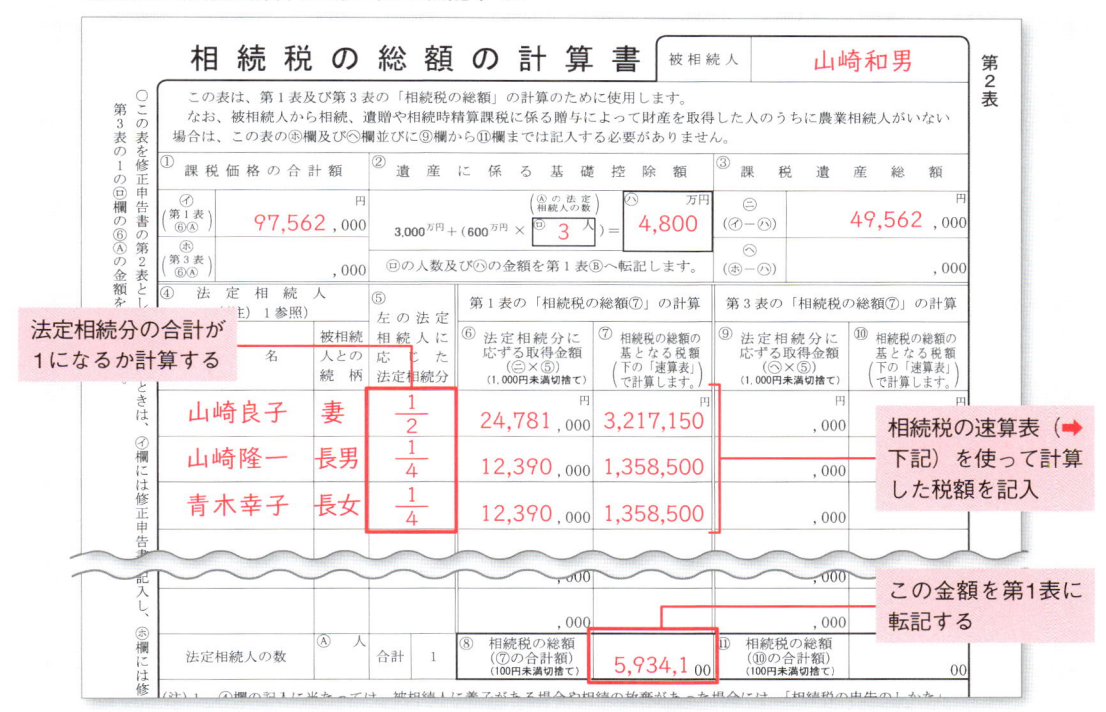

相続税の総額の計算書

被相続人　山崎和男

この表は、第1表及び第3表の「相続税の総額」の計算のために使用します。
なお、被相続人から相続、遺贈や相続時精算課税に係る贈与によって財産を取得した人のうちに農業相続人がいない場合は、この表の㋐欄及び㋑欄並びに⑨欄から⑪欄までは記入する必要がありません。

① 課税価格の合計額	② 遺産に係る基礎控除額	③ 課税遺産総額
(第1表Ⓐ) 97,562,000円	3,000万円+(600万円×3人(Ⓐの法定相続人の数))=4,800万円	(㋐-㋑) 49,562,000円

Ⓑの人数及び㋑の金額を第1表Ⓑへ転記します。

④ 法定相続人 (注)1参照		左の法定相続人に応じた法定相続分	第1表の「相続税の総額⑦」の計算		第3表の「相続税の総額⑦」の計算	
氏名	被相続人との続柄		⑥ 法定相続分に応ずる取得金額 (㋒×⑤) (1,000円未満切捨て)	⑦ 相続税の総額の基となる税額 下の「速算表」で計算します。	⑨ 法定相続分に応ずる取得金額 (㋓×⑤) (1,000円未満切捨て)	⑩ 相続税の総額の基となる税額 下の「速算表」で計算します。
山崎良子	妻	1/2	24,781,000	3,217,150	,000	
山崎隆一	長男	1/4	12,390,000	1,358,500	,000	
青木幸子	長女	1/4	12,390,000	1,358,500	,000	

- 法定相続分の合計が1になるか計算する
- 相続税の速算表（→下記）を使って計算した税額を記入

法定相続人の数	Ⓐ人 合計 1	⑧ 相続税の総額 (⑦の合計額) (100円未満切捨て)	⑪ 相続税の総額 (⑩の合計額) (100円未満切捨て)
		5,934,100	00

- この金額を第1表に転記する

相続税の基礎控除額と速算表

基礎控除額 ▶ 3,000万円 + 600万円 × 法定相続人の数

相続税の速算表 ▶

法定相続分に応じた取得金額	税率	控除額
1,000万円以下	10%	—
1,000万円超　3,000万円以下	15%	50万円
3,000万円超　5,000万円以下	20%	200万円
5,000万円超　1億円以下	30%	700万円
1億円超　2億円以下	40%	1,700万円
2億円超　3億円以下	45%	2,700万円
3億円超　6億円以下	50%	4,200万円
6億円超	55%	7,200万円

相続税の申告②
誤りがあれば修正申告や更正の請求を

重要	税務署の指摘で修正申告したら延滞税と加算税がかかる
重要	多く申告したら更正の請求をして取り戻す
期限	更正の請求は申告期限から5年以内

修正申告と更正の請求

相続税の計算は複雑なため、計算を間違えて申告してしまうケースも少なくありません。あるいは、使える特例を使わずに計算して、相続税を多く払ってしまっているケースもあります。

申告後に間違いに気づいたときは、すみやかに間違いを是正しなければなりません。申告した税額が少なかったときは修正申告をして不足分を納めます。

逆に申告した税額が多かった場合は、更正の請求をして納めすぎた税金を取り戻すことができます。ただし、更正の請求には時効があるので注意が必要です。

自主的に修正申告すれば過少申告加算税はかからない

修正申告ができるのは、計算ミスのほか、新たな財産が見つかった場合や、財産を過小に評価していた場合などです。

修正申告の期限はとくにありませんが、税務調査などで指摘を受ける可能性があります。指摘を受けてから修正する場合、過少申告加算税がかかります。税務署の指摘を受ける前に自主的に修正申告すれば、加算税はかかりません。

ただし自主的に申告した場合でも、遅れた日数によっては延滞税がかかります。延滞税は、申告期限の翌日

から実際の納付日までの日数に応じて計算します。修正申告が遅くなればなるほど延滞税も増えてしまうので、間違いに気づいたら、すみやかに修正申告をしましょう。

修正申告は、相続税を申告した税務署に、修正申告書を提出して行います。

更正の請求は原則5年以内に行う

一方、計算ミスや財産を過大評価して税額を多く申告してしまった場合は、申告した税務署に、相続税の更正の請求書を提出します。更正の請求期限は、相続税の申告期限から5年以内です。

ただし、未分割だった遺産について遺産分割が行われた場合や、遺留分減殺請求があり、返還または弁償すべき額が確定した場合など、一定の事情により税金を払い過ぎている状態になったときは、その事情が生じたことを知った日の翌日から4か月以内に請求をします（➡P235上図）。

修正申告、更正の請求ができるおもなケース

修正申告（税額を**少なく**申告したとき）

期限
とくになし。
ただし税務署に指摘されたあとだとペナルティが重くなる

ケース
- 計算ミスで相続税を少なく申告していた
- 財産を過小に評価していた
- 申告していない財産を発見した
- 未分割だった遺産分割が確定して納税額が増えた
- 遺産の総額や相続人、相続分に変動があって、納税額が増えた

更正の請求（税額を**多く**申告したとき）

期限
申告書の提出期限から原則**5年以内**

ケース
- 計算ミスで多く申告していた
- 財産を過大に評価していた

例外 次のようなケースは、その事情を知った日の翌日から**4か月以内**
- 未分割だった遺産分割が確定して税額が減った
- 遺留分減殺請求があり、返還または弁償する額が確定した
- 申告期限後3年以内に遺産分割が行われ、配偶者の税額軽減、小規模宅地等の特例などの適用が受けられることになった　など

申告および納付のペナルティ

種類		ケース	加算税率
加算税	過少申告加算税	期限内に申告したが、申告漏れを見つけ、税務調査の前に自ら修正申告した	なし
		税務調査のあとに修正申告した	追加納付した額の**10%**（税額により加算あり）
	無申告加算税	申告期限を過ぎてから自ら申告した	納付した額の**5%**
		税務調査のあとに申告した	納付した額の**15%**（税額により加算あり）
	重加算税	期限内に申告したが、財産の隠ぺいや仮装をした	追加納付した額の**35%**
		期限内に申告せずに、財産の隠ぺいや仮装をした	追加納付した額の**40%**
延滞税		納付が遅れた	追加納付した額の年**9%**（申告期限から2か月は年2.7%）

遺留分減殺請求

遺留分を取り戻すには明確な意思表示を

- **期限** 相続開始と減殺すべき贈与や遺贈を知ってから1年以内
- **重要** まずは内容証明で意思表示の証拠を残す
- **重要** 相手が返還に応じないときは調停で解決を図る

遺留分の減殺請求権には時効がある

相続人には最低限これだけは相続できるという、遺留分が保障されています（→P52）。遺留分を侵害されている場合には、遺留分減殺請求権を行使して、遺留分を取り戻すことができます。

ただし、相続が開始したことと、減殺すべき贈与や遺贈があったことの両方を知った日から、1年以内に意思表示をしないと時効となり請求権が消滅します。遺留分の存在を知りながら1年間何もしないでいれば、遺言の内容はそれで確定してしまいます。

また、相続の開始を知らなくても、相続開始から10年経つと減殺請求ができなくなります。

内容証明で意思表示の証拠を残す

相手に意思表示をすれば、遺留分の減殺請求の効力が生じますが、期間内に請求したかどうかが争われることがあるので、よりはっきりとした方法で意思表示しておくべきでしょう。

証拠能力という点では、遺留分を侵害している相手に対して**内容証明**で行うのが確実です。

内容証明は自分でも作成できますが、不安があるなら弁護士や司法書士などの専門家に依頼するとよいでしょう。

内容証明で相手方に通知したら、まずは内容証明で相手との**話し合いで解決の道**を探ります。

当事者同士の話し合いで解決できない場合は、**家庭裁判所の家事調停**を利用することになります。調停員を交えて話し合いを行い、問題の解決を図ります。

調停で解決できない場合は、遺留分を主張する者が裁判所に「訴訟」を起こすしかありません。最終的には、双方の主張を聞いた裁判官が、判断を下すことになります。

ココに注目！

内容証明とは？

内容証明とは、いつ、だれからだれに、どのような内容の文書を差し出したかが、謄本によって証明できる郵便のことです。内容文書と謄本（内容文書を複写したもの）を最低3通用意して、郵便局の窓口に提出すると、謄本の1部はその郵便局で保管されることになります。残りは自分と相手用です。なお、内容証明郵便を扱っていない郵便局もあるので、提出する際は事前に確認しておきましょう。

遺留分減殺請求通知書の例

遺留分減殺請求通知書

　私の亡父前田邦夫（〇年7月23日死亡）は、〇年3月10日付の遺言により、貴殿に対し、下記の遺産を相続させる旨の遺言を作成しており、遺言は執行されました。しかし私は、前田邦夫の残した全財産のうち6分の1の遺留分を有しており、上記遺言により遺留分を侵害されましたので、貴殿に対し遺留分減殺の請求をいたします。

1. 所在：千葉県船橋市〇〇3丁目
   地番：4番5　　地目：宅地
   地積：220.00平方メートル
2. 所在：同所3丁目4番地5
   家屋番号：4番5
   種類：居宅　　構造：木造瓦葺2階建
   床面積：1階90.45平方メートル
   　　　　2階68.77平方メートル

> 様式にとくに決まりはないが、
> ①被相続人の死亡日
> ②遺言の日付
> ③遺留分の割合
> ④財産名
> などは書いておきたい

日付は必ず書く

〇年11月25日

　　　　　　　　埼玉県さいたま市〇〇町3丁目4番5号
　　　　　　　　前田二郎　㊞

署名捺印は必ず行う

埼玉県所沢市〇〇町3丁目10番23号
前田一郎殿

- とくに様式に決まりはないので、自筆でもパソコンでもどちらでもよい。コピーも可
- 内容証明で送る場合は、520字以内など体裁のルールがあるので、事前に確認すること

名義変更①
不動産の相続登記はすみやかに行う

重要 無用のトラブルを避けるため、相続することが決まったら**すみやかに**手続きを行う

注意 相続登記には**登録免許税**がかかる

所有権を明らかにするために相続登記を行う

遺産分割協議が合意に至ったら、取得した財産の**名義変更**を行います。名義変更は義務ではありませんが、被相続人名義のままにしておくと、売却をしたり、不動産を担保にお金を借りたりすることはできません。

さらに、名義変更しないまま次の相続が起こると、権利関係が複雑になり、のちのち子どもや孫が苦労する可能性があります。不動産は、権利関係などで思わぬトラブルに巻き込まれることもあるので、すみやかに名義変更の手続きを行いましょう。

不動産の名義変更は、法務局（登記所）で**所有権の移転登記**をすることで成立します。この手続きは一般に**相続登記**と呼ばれています。

相続登記の手続きは、不動産を取得した人か、専門家である司法書士に依頼することが多いようですが、不動産の数が少なく、特別問題があるような物件でなければ、自分で手続きすることもできます。

申請先は、相続した不動産の所在地を管轄する法務局（登記所）です。書留郵便での書面申請や、インターネットでの申請も可能です。登記完了後は、**登記識別情報の通知書**の交付を受けます。これは従来発行していた**権利証（登記済権利証）**に代わるものですから、大事に保管してください。

なお、登記には**登録免許税**がかかります（→右表）。金融機関を通じて現金で納付するか、収入印紙により納付します。

相続登記の必要書類と費用

提出書類	● 登記申請書 →P239 ● 被相続人の出生から死亡までの戸籍謄本 ● 被相続人の住民票（除票） ● 相続人全員分の戸籍事項証明書と住民票の写し	● 遺言書または遺産分割協議書 ● 相続人全員の印鑑証明書 ● 固定資産評価証明書 ＊遺言相続や法定相続の場合は、一部省略できる書類もある
費用	登録免許税	固定資産税評価額×0.4％（相続人以外への遺贈の場合は2％）
	司法書士報酬(依頼する場合)	不動産1件あたり5～8万円 ＊条件により異なる

登記申請書の作成例

登記申請書

- A4用紙に記入
- 縦置き・横書きで使用
- パソコン、手書きどちらでも可

登記の目的	所有権移転
原　　因	○年4月10日相続 ← 被相続人の死亡日を記載
相 続 人	（被相続人　島田　修一） 神奈川県川崎市○○区○○町3丁目○番○号 島田　泰江　㊞ 連絡先　000-000-0000

→ 相続人の氏名、住所を住民票のとおりに記載し、押印（認め印でも可）

→ 登記所の担当者が連絡できるように、電話番号を記載

添付書類	登記原因証明情報　　住所証明書

☐登記識別情報の通知を希望しません。

→ 登記識別情報の通知を希望しない場合は、☐にチェックを入れる

○年9月10日申請　　　○○法務局○○出張所

課税価格	金3,500万円
登録免許税	金14万円

→ 固定資産評価証明書（市区町村役所に請求）に記載されている評価額を記入。1,000円未満は切り捨てる

不動産の表示

```
所　　在    川崎市○○区○○町1丁目
地　　番    23番
地　　目    宅地
地　　積    134.82平方メートル
                価格　金3,000万円

所　　在    同所1丁目23番地
家屋番号    23番
種　　類    居宅
構　　造    木造瓦葺2階建
床面積      1階　56.00平方メートル
            2階　32.00平方メートル
                価格　金500万円
```

→ 登記事項証明書の記載どおりに、土地と家屋を分けて記載。また不動産番号を記載してもよい。その場合は、所在、地番、地目等の記載を省略できる

名義変更②
株式や自動車、ゴルフ会員権などの名義変更

期限 期限はとくにないが、遺産分割協議が終了したら**すみやかに**行う

重要 上場株式の名義変更では**相続人の口座開設**が必要

名義のある財産はすべて名義変更か解約をする

不動産以外の財産の名義変更も必要です。名義のあるものはすべて、名義変更または解約の手続きをしなければなりません。

名義変更が必要な財産には、**不動産**（➡P238）、**株式、リゾート会員権、自動車**などがあります。

共有制のリゾート会員権を持っている場合は、そのリゾートの不動産の一部を所有しているかたちになっているので、**相続登記**（➡P238）も必要です。

いずれも、いつまでにという期限はありませんが、そのままにしておくと、銀行口座は凍結されたままになり、株式の配当金の受け取りや株主優待を受ける権利などが行使できません。

遺産分割協議がまとまったら、なるべく早く手続きをとりましょう。

上場株式も車も名義変更しないと売却できない

上場株式は、証券会社を通じて、①**証券会社に開設している取引口座の名義変更**と、②**その株式自体の名義変更**（発行会社の株主名簿の名義変更）の2つの名義変更を行う必要があります。

被相続人と同じ証券会社に取引口座を持っていればスムーズに手続きできますが、口座を持っていない場合は、新たに相続人の取引口座を開設しなければなりません。口座を開設する場合は手続き完了までに少し日数がかかることになります。株式を相続しても、すぐに売却できるわけではないので、注意してください。また、いわゆるタンス株券（➡P208）の場合は、株主名簿管理人である信託銀行などが手続きの窓口になります。

非上場株式は、それぞれの会社によって手続きが異なるので、発行会社に確認してください。

自動車も名義変更が必要です。自動車を引き継いで乗り続ける場合はもちろんですが、譲渡したり、廃車にしたりする予定であっても、**所有者の名義変更と移転登録手続き**を済ませてからでないと、それらの手続きはできません。

ゴルフ会員権は名義変更しなくても売却可能

ゴルフ会員権は名義変更をしなくても売却できます。相続後の手続きとしては次の2つがあります。

名義変更が必要なおもな財産

種類	手続先	必要書類など
株式	証券会社または信託銀行など	●証券会社所定の届出書 ●被相続人の出生から死亡までの戸籍謄本など ●相続人全員の戸籍事項証明書や印鑑証明書（遺贈の場合は相続する人のみで可） ●遺言書または遺産分割協議書
自動車	運輸支局または検査登録事務所	●移転登録申請書　●自動車検査証　●自動車税申告書 ●被相続人の除籍謄本　●相続人の戸籍事項証明書と印鑑証明書 ●遺言書、遺産分割協議書など
ゴルフ会員権、リゾート会員権	各ゴルフ場、各リゾート会社	●所定の依頼書　●被相続人の除籍謄本 ●相続人の同意書または遺産分割協議書 ＊ゴルフ会員権は、名義変更しないで売却することも可能
電話加入権	電話会社	●所定の届出用紙 ●被相続人の死亡と相続人が確認できる書類（死亡診断書、戸籍事項証明書など）
特許権など	特許庁登録課	●移転登録申請書　●被相続人の除籍謄本　●相続人の戸籍事項証明書
借地権、借家権	地主、家主	●書類はとくになし。権利を承継した旨を伝え、契約書の名義を変更してもらう
貸付金	債務者	●書類はとくになし。債権を承継した旨を通知する

＊預貯金については198ページ、不動産については238ページ、生命保険については242ページ参照

おもな名義変更については上の表にまとめました。忘れないうちに早めに手続きをしましょう。

①は、かなり高額な**名義書換料**がかかります。しかし、相続によって名義を変更する場合は、**通常の名義書換料より割安になっている**ことがほとんどです。そのため相続による名義変更でも、そのゴルフ場の入会条件を満たしていることが条件となります。

②は、業者への手数料がかかりますが、**名義書換料を払うよりかなり安く済みます**。

ただし、これらの扱いは、ゴルフ場によっても異なります。たとえば、売却するにしても、一度名義変更しないと売却を認めないというゴルフ場もあります。いずれにしても、まずはゴルフ場に問い合わせてください。

① 相続人が名義変更してそのゴルフ場のメンバーになる
② 名義変更せずにゴルフ会員権業者を通じて売却する

保険金の請求

死亡保険金を受け取る手続き

期限	生命保険金の請求の時効は**3年**。簡易保険は**5年**
注意	**受取人が請求**してはじめて死亡保険金が支払われる
注意	**契約形態**で税金の種類も変わる

死亡保険金の請求には時効がある

家族の死亡後に行う手続きとして、すみやかに行うべきことのひとつに生命保険に関する手続きがあります。

生命保険金は、ただ待っているだけでは受け取ることができません。**受取人**が生命保険会社に請求して、はじめて死亡保険金が支払われます。

死亡保険金を受け取るには、電話などで保険会社へ連絡し、必要書類などの案内を受け、それに従って手続きを進めます。提出書類に**死亡診断書**（➡P196）がありますが、場合によっては保険会社の所定の用紙を使用することもあります。

なお、保険金の請求には**時効**があ

り、保険法により**3年**と定められています（**簡易保険は5年**）。

死亡保険金を受け取ると、契約者や受取人などの契約形態に応じて、**①相続税、②所得税＋住民税、③贈与税**のいずれかの税金が課されます。相続税が課税されるケースで、受取人が相続人の場合は、**非課税枠**の適用があります（➡P100）。

被保険者が被相続人ではない場合

ところで、被相続人が契約者で保険料を支払っていて、被保険者は別の人ということがあります。たとえば、契約者と受取人は夫で、被保険者を妻にしている場合です。

この場合は、遺言または相続人同士の話し合いで保険契約の権利の承継者を決め、保険契約者の**名義変更をするか、解約の手続き**を行います。手続きにはいくつか書類をそろえる必要があるので、相続が発生したら、早めに生命保険会社に連絡してください。

知っ得アドバイス　銀行口座の凍結対策としても有効

銀行口座の名義人が死亡すると、銀行はその口座を凍結してしまいます（➡P198）。

その点、生命保険金は、受取人固有の財産のため、遺産分割が調（ととの）っていなくても現金を受け取ることが可能です（受取人が被相続人本人の場合を除く）。だいたい請求から1週間くらいで生命保険金が振り込まれるので、遺産分割協議が長引いて預貯金がおろせなくても、生命保険金で当面の生活費や各種支払いなどをまかなうことができます。また生命保険金は、相続放棄をした人も受け取れます。

契約形態によって異なる2つの手続き方法

ケース1　被保険者が被相続人の場合

被保険者

被相続人

被相続人が被保険者である場合は、受取人に保険金が支払われる。**保険金受取りの請求手続きを行う。** ➡下図

ケース2　被相続人が契約者で、被保険者は被相続人以外の場合

契約者：被相続人
被保険者：被相続人以外

保険契約の権利を受け継ぐことになるので、**名義変更または解約手続き**を行う。

死亡保険金請求手続きの流れ

3年（簡易保険は5年）以内

- 保険事故の発生（被保険者の死亡）
- 受取人が保険会社へ連絡
- 保険会社から請求のための案内が届く
- 受取人が必要書類を提出して請求

1週間程度

- 保険会社が支払内容を確認
- **保険会社から保険金が支払われる**

おもな書類
- 死亡保険金請求書
- 保険証券
- 保険金受取人の戸籍謄本（抄本）
- 保険金受取人の印鑑証明書
- 被保険者の住民票（死亡事実の記載があるもの）
- 死亡診断書（死体検案書）

問題なければ1週間程度で保険金が支払われる

社会保険①
健康保険証の返還と葬祭費の請求

- **期限** 国民健康保険の資格喪失届は14日以内
- **期限** 葬祭費の請求は2年以内
- **注意** 給付金は申請しないともらえない

医療・福祉関係の資格証はすべて返還

公的な医療健康保険には、自営業者や無職の人が加入する**国民健康保険**、75歳以上の人が加入する**後期高齢者医療制度**、サラリーマンが加入する**健康保険**などがあります。これらの健康保険の加入者が死亡した場合、それぞれの加入先に**保険証の返還**を行い、**資格喪失届**を提出します。

国民健康保険（後期高齢者医療制度を含む。以下同）の場合は**死亡後14日以内**に、**住所地の市区町村役場**に届け出ます。高齢受給者証や介護保険被保険者証など、被相続人が受けていた医療や福祉関係の行政サービスの資格証は、すべて返還します。

二度手間にならないよう、何を持っていくか電話で確認しておくとよいでしょう。

サラリーマンが加入する健康保険は、死亡日の翌日から5日以内に、事業主が、**全国健康保険協会または健康保険組合に資格喪失届を提出**します。遺族は交付されていたすべての被保険者証を、すみやかに会社に返却するようにしましょう。

なお、夫がサラリーマンで妻が専業主婦など、被相続人の健康保険の被扶養者がいる場合は、夫の死亡にともない、妻の健康保険の資格も失われます。そのため被扶養者は、資格喪失届と同時に、**新たに国民健康保険に加入**する必要があります。期間が空いてしまうと、病気やけがをしたときの自己負担が重くなってしまうので、市区町村役場ですみやかに手続きをしてください。

葬祭費や埋葬料を請求する

それぞれの保険制度では、被保険者の死亡時に一定額の給付金が支給されます。

国民健康保険の場合は、**葬祭費として3～7万円程度**、サラリーマンが加入する健康保険の場合は、**埋葬料として5万円**支給されます。

健康保険の場合は、被扶養者が亡くなった場合も**家族埋葬料の名目で5万円**支給されます。そのほか、被相続人によって生計を維持されていた家族がいない場合は、実際に埋葬を行った人に、「埋葬費」として、5万円の範囲内で埋葬にかかった費用が支給されます。

これらの給付金は自分から請求しないともらえません。また国民健康保険は**葬儀を行った日から2年**、健康保険は**死亡した日から2年で請求権が消滅**します。

244

健康保険にまつわる手続き

手続き1　資格喪失届を出す　14日以内

国民健康保険の場合は、14日以内に市区町村に資格喪失届を出し、健康保険証などを返還。被相続人の健康保険の被扶養者がいる場合は、新たに国民健康保険へ加入する。

市区町村に返還する医療・福祉関係の資格証
- 国民健康保険被保険者証
- 国民健康保険高齢受給者証
- 後期高齢者医療被保険者証
- 福祉医療費医療証
- 介護保険被保険者証
- 身体障害者手帳　など

手続き2　葬祭費の請求　2年以内

各健康保険からの給付金がある。手続きしないともらえないので、忘れずに行いたい。➡下表

受給できる給付金と手続きの内容

種類	国民健康保険、後期高齢者医療制度	健康保険		家族埋葬料
	葬祭費	埋葬料	埋葬費	
亡くなった人	被保険者	被保険者		被保険者の被扶養者
受給者	葬儀を行った人（喪主）	被相続人によって生計を維持されていた人	被相続人によって生計を維持されていなかった人で実際に埋葬を行った人	被保険者
支給額	3～7万円程度 ＊自治体により異なる	5万円	埋葬料（5万円）の範囲内で埋葬にかかった実費	5万円
請求先	市区町村の年金保険課など	勤務先を管轄する全国健康保険協会の支部または勤務先の健康保険組合 ＊勤務先で手続きをしてくれることもある		
必要なもの	●葬祭費支給申請書 ●国民健康保険証 ●死亡診断書 ●葬儀費用の領収書など ●葬祭費を振り込む銀行口座番号 ●印鑑 ＊市町村により異なる	●埋葬料（費）支給申請書 ●葬儀費用の領収書 ●死亡を証明する事業所の書類（事業主の場合は死亡診断書） ●被扶養者以外の人が請求する場合は、生計維持関係を確認できる書類（住民票など） ●健康保険証 ●印鑑　など	●埋葬に使った費用の領収書など	―

＊公務員などを対象とする共済組合や、船員を対象とする船員保険も、サラリーマンの健康保険と同様に、埋葬料や家族埋葬料がある

社会保険② 公的年金の手続きと遺族年金の請求

- **期限** 未支給年金の請求期限は5年
- **期限** 遺族年金の請求期限は5年
- **重要** 寡婦年金や死亡一時金が支給されることもある

必要な人は死亡届を提出

被相続人が老齢年金などの**公的年金**を受給していた場合、遺族は**年金受給権者死亡届**を提出し、年金の支給を止める必要があります。提出期限は、**厚生年金が死亡日から10日以内、国民年金の場合は14日以内**です。年金事務所または街角の年金相談センターに提出します。

ただし、日本年金機構に**マイナンバー（個人番号）を登録**している人は、原則、死亡届の提出は必要ありません。これは、地方自治体や各機関で共通の番号であるマイナンバーでの情報管理により、年金受給者の住所変更や死亡の情報を直接取得できるようになったためです。

未支給年金を受け取れる

死亡届の必要がなくても、年金の手続きはしたほうがお得です。公的年金は死亡月の分まで支給されます。また、年金は、偶数月の15日に前月および前々月の分が振り込まれます。つまり、後払いです。そのため年金受給者が亡くなった場合には、必ず**未支給年金**が発生します。

未支給年金は、被相続人と生計を同じくしていた遺族が受け取れます。受け取れる順位の1位は配偶者、子ども、父母……と続きます（↓下表）。未支給年金は、同一生計であったことを証明できれば内縁の妻や夫でも受け取れます。

請求期限は、受給権者（＝被相続人）の**年金支払日の翌月の初日から5年以内**です。請求先は、公的年金の死亡届の提出先と同じです。

遺族基礎年金などの受給権があるか確認を

公的年金の被保険者が亡くなった場合、一定の要件を満たせば、国民年金から支給される**遺族基礎年金**、

未支給年金の請求方法

もらえる人（請求者）	必要なもの
被相続人と生計を同じくしていた一定範囲の遺族。以下の優先順位で受け取ることができる ①配偶者　②子 ③父母　④孫 ⑤祖父母　⑥兄弟姉妹 ⑦それ以外の3親等内の親族	● 未支給年金請求書 ● 被相続人の年金証書 ● 戸籍事項証明書など ● 世帯全体の住民票（被相続人の死亡の記載があるもの） ● 請求書の収入が確認できる書類 ● 受取り希望金融機関の通帳 ● 請求者の印鑑

未支給年金請求書の記載例

被相続人が複数の年金を受けていた場合は、すべての年金コードを記入

様式第514号

国民年金・厚生年金保険・船員保険・共済年金
未支給【年金・保険給付】請求書

二次元コード

死亡された受給権者

① 年金証書の基礎年金番号および年金コード
- 45 46 48
- 基礎年金番号：9999 876541 1150
- 年金コード（複数請求する場合は右の欄に記入）

② 生年月日：明治・大正・昭和・平成　○○年 05月 06日

③ （フリガナ）ヤマザキ　カズオ
　氏：山崎　名：和男

④ 死亡した年月日：昭和・平成　○○年 02月 18日

死亡した方が共済組合等で支給する共済年金を受けている場合で、併せて未支給年金（未済の給付）の請求を行う場合は、右欄に☑を行ってください。

請求される方

⑤ （フリガナ）ヤマザキ　ヨシコ
　氏：山崎　名：良子　続柄：妻

⑥ 郵便番号：273-0000　電話番号：047-000-0000

（フリガナ）フナバシ　○○
住所：船橋㊞　○○3丁目4番5号

⑦ 年金受取機関
1. 金融機関（ゆうちょ銀行を除く）
2. ゆうちょ銀行（郵便局）

口座名義人氏名：ヤマザキ　ヨシコ　山崎　良子

金融機関コード　支店コード
（フリガナ）フナバシ　本店・支店・出張所
金融機関名：○○　支店名：船橋
預金種別：1.普通・2.当座
口座番号（左詰めで記入）：1234567

死亡当時、生計を同じくしていた人がいるかいないか、該当するものに○をする。別居で生活費の送金を受けていた場合も含む

㋑ 受給権者の死亡当時、受給権者と生計を同じくしていた次のような人がいましたか。

配偶者	子	父母	孫	祖父母	兄弟姉妹	その他3親等内の親族
ⓘいる・いない	いる・いない	いる・いない	いる・いない	いる・いない	いる・いない	いる・いない

死亡した方が三共済（JR、NTT、JT）・農林共済年金に関する共済年金を受けていた場合に記入してください。

㋩ 死亡者からみて、あなたは相続人ですか。　はい・いいえ
（相続人の場合には、続柄についても記入してください。）（続柄　　）

㋬ 備考

別世帯の方または子の請求される方・配偶者または子の請求される方

㋖ 別世帯となっていることについての理由書
（請求者が配偶者または子の場合であって、住民票上世帯を別にしているが、住所が住民票上同一であるとき）

上記の請求者は、受給権者の死亡当時、次の理由により住民票上世帯を別にしていたが、その者と生計を同じくしていたことを申立します。（該当の理由に「✓」印をつけてください）

請求者氏名　　　　　　　㊞

理由　1. 同じ住所に二世帯で住んでいたため。
　　　2. その他

請求者が配偶者または子の場合で、住民票上世帯は別だが、住所は住民票上同一であるときに、その理由を記入

死亡した受給権者と請求者の住所が住民票上異なっているが、生計を同じくしていた場合は「別居していることについての理由書」なります。（用紙は「ねんきんダイヤル」またはお近くの年金事務所などに問い合わせてください）
ージの未支給【年金・保険給付】請求書の「この請求書に添えなければならない書類」をご覧ください。

平成 ○年 3月 1日 提出

年金事務所記入欄
※遺族給付同時請求　有・無
※死亡届の添付　有・無

あるいは厚生年金から支給される遺族厚生年金を受け取れます。また、国民年金は全国民共通の制度です。つまり、厚生年金は、厚生年金と国民年金の2階建ての年金制度であるため、遺族基礎年金と遺族厚生年金の両方の遺族年金をもらうことが可能です。

ただし、だれでももらえるわけではありません。たとえば、国民年金の遺族基礎年金の支給対象者は子のいる配偶者または子にかぎられています。この場合の「子」とは、おもに18歳までの子を指します（➡左表）。

寡婦年金と一時保険金

国民年金の場合、長年年金保険料を払っても年金を受給する前に亡くなってしまうと、未成年の子どものいない家庭だと払い損になってしまいます。

そこで、国民年金には、遺族年金のほかに、寡婦年金または死亡一時金という制度があります。いずれも一定期間以上、年金保険料を納めていることが要件です。

遺族基礎年金、寡婦年金、死亡一時金は同時に受給することはできないので、複数の要件を満たすときは、有利なものを選択しましょう。

なお、これらの各種年金は死亡から5年（死亡一時金は2年）で受給の権利を失います。年金も一時金も自ら請求しないともらえません。まずは最寄りの年金事務所などで受給の資格があるかどうかを確認し、一番有利な受給の方法をアドバイスしてもらうとよいでしょう。

厚生年金
遺族厚生年金

死亡当時、以下のいずれかに該当していたこと
① 厚生年金に加入していた
② 厚生年金加入中に初診日がある病気やけががもとで、初診日から5年以内に死亡した
③ 1級・2級の障害厚生年金を受けていた
④ 老齢厚生年金の受給権者、または受給資格期間を満たしていた

★ **くわえて①②の場合**は、以下の保険料納付要件も満たすこと

≪保険料納付要件≫
死亡日の前々月までに保険料納付済期間が加入期間の**3分の2以上**あった（免除の期間含む）か、死亡日の前々月までの1年間に保険料の未納がないこと

被相続人によって生計を維持されていた遺族。以下の優先順位で受け取れる

❶ 妻、18歳までの子*
　55歳以上の夫*
❷ 55歳以上の父母
❸ 18歳までの孫*
❹ 55歳以上の祖父母

それぞれ異なる
子のいない妻の場合、中高齢寡婦加算や経過的寡婦加算の適用もあり

5年

遺族が受給できる公的年金の種類

種類	国民年金		
	遺族基礎年金	**寡婦年金**	**死亡一時金**
被相続人の要件	死亡当時、以下のいずれかに該当していたこと ①国民年金に加入中だった ②60歳以上65歳未満で、以前国民年金に加入していた ③老齢基礎年金の受給権者、または受給資格を満たしていた ★くわえて①②の場合は、以下の保険料納付要件も満たすこと ≪保険料納付要件≫ 死亡日の前々月までに保険料納付済期間が加入期間の**3分の2以上**あった（免除の期間含む）か、死亡日の前々月までの1年間に保険料の未納がないこと	●国民年金保険料を**10年以上**納めていた（免除期間を含む） ●老齢基礎年金や障害基礎年金を受けていない **注意!** 国民年金の①遺族基礎年金、②寡婦年金、③死亡一時金は、どれか1つしか受け取れない ①②③の要件にすべてあてはまったとしても、受け取れるのはひとつのみ。金額としては①がもっとも多く、以下②、③の順。ただし、どれが有利かは相続人の年齢や状況でも変わってくる。また、被相続人や相続人に厚生年金の加入期間がある場合も、損得が変わる場合があるので、まずは年金事務所や、街角の相談センターに相談してみるとよい。	●国民年金保険料を**36月（3年）以上**納めていた ●老齢基礎年金や障害基礎年金を受けていない
対象者	被相続人に生計を維持されていた**子のある配偶者、または18歳までの子***	被相続人に生計を維持されていた、**婚姻期間10年以上**、かつ**60歳以上65歳未満の妻**	被相続人と**生計を同じくしていた遺族**。以下の優先順位で受け取れる ❶配偶者　❷子 ❸父母　　❹孫 ❺祖父母　❻兄弟姉妹
金額	年額77万9,300円～ 子どもの数に応じて加算	60歳から65歳になるまでの**5年間**で、夫が受け取れる**老齢基礎年金額の4分の3**	保険料納付済期間の長さにより**12万～32万円**（1回きりの給付）
請求期限	5年	5年	2年

＊18歳到達年度の3月31日までにある子または孫。1級・2級の障がいの状態にあるときは20歳未満の子または孫

相続に関連する手続き一覧

人が亡くなると、遺産相続の手続きだけでなく、さまざまな手続きが必要です。必要な手続きをおさえておきましょう。

死亡にともなう基本的な届出

手続き	手続き窓口・届出先	期限	備考
□ 死亡届、死体火(埋)葬許可申請書	本籍地または死亡地の市区町村役場	7日以内	届出人の住所地の市区町村役場でも可
□ 世帯主変更届	住所地の市区町村役場	14日以内	世帯主が死亡した場合
□ 健康保険証	住所地の市区町村役場または事業主	すみやかに	高齢受給者証、介護保険被保険者証なども
□ 年金受給者死亡届	最寄りの年金事務所	10日(国民年金は14日)以内	年金を受けていた人が死亡した場合
□ 高齢者福祉サービス	住所地の福祉事務所	すみやかに	
□ 身体障害者手帳、愛の手帳など	住所地の福祉事務所	すみやかに	
□ 運転免許証	最寄りの警察署	すみやかに	
□ 所得税の準確定申告	被相続人の住所地の税務署	4か月以内(還付請求は5年以内)	

遺産相続の手続き

手続き	手続き窓口・届出先	期限	備考
□ 遺言書検認の申立て	遺言者の住所地の家庭裁判所	すみやかに	自筆証書遺言がある場合
□ 相続放棄または限定承認の申述	被相続人の住所地の家庭裁判所	相続開始を知った日から3か月以内	相続放棄や限定承認をする場合
□ 特別代理人の申立て	未成年者の住所地の家庭裁判所	分割協議の開催日までに	相続人に未成年者とその親権者がいる場合
□ 相続税の申告	被相続人の住所地の税務署	相続開始を知った日の翌日から10か月以内	

やめる手続き(解約、退会)

手続き	手続き窓口・届出先	期限	備考
□ 預貯金の解約	金融機関	遺産分割後すみやかに	
□ クレジットカード	クレジット会社	すみやかに	
□ 携帯電話	電話会社	すみやかに	
□ パスポート	旅券事務所	すみやかに	
□ フィットネスクラブ会員証	フィットネスクラブ	すみやかに	
□ パソコン、インターネット会員	プロバイダー	すみやかに	

もらう手続き（保険金、給付金など）

手続き	手続き窓口・届出先	期限	備考
☐ 生命保険（死亡保険金）	生命保険会社	すみやかに（3年で時効）	簡保保険の時効は5年
☐ 葬祭費（国民健康保険など）	住所地の市区町村役場	葬儀を行ってから2年以内	国民健康保険や後期高齢者医療の被保険者が死亡した場合
☐ 埋葬料（健康保険）	全国健康保険協会または健康保険組合	死亡日から2年以内	健康保険の被保険者や被扶養者が死亡した場合
☐ 未支給年金	最寄りの年金事務所	すみやかに	未支給の年金がある場合
☐ 遺族基礎年金、遺族厚生年金	ケースにより異なる	すみやかに（5年で時効）	
☐ 寡婦年金（国民年金）	住所地の市区町村役場	すみやかに（5年で時効）	国民年金のみの加入者が死亡し、受給要件を満たしている場合
☐ 死亡一時金（国民年金）	住所地の市区町村役場	すみやかに（2年で時効）	
☐ 入院保険金	保険会社	すみやかに	
☐ 団体弔慰金	共済会、互助会、協会、サークル	すみやかに	
☐ 死亡退職金	会社	すみやかに	
☐ 医療費控除の還付請求	税務署	すみやかに（5年以内）	

引き継ぐ手続き（名義変更や支払方法の変更）

手続き	手続き窓口・届出先	期限	備考
☐ 自動車保険、火災保険	損害保険会社（取扱代理店）	すみやかに	
☐ 電気、ガス、水道	最寄りの各営業所	すみやかに	
☐ 固定電話	電話会社	すみやかに	
☐ NHK受信料	管轄の営業部・センター	すみやかに	
☐ 不動産の所有権移転登記	不動産所有地の法務局	遺産分割後すみやかに	
☐ 株式、債権	証券会社、発行法人	遺産分割後すみやかに	
☐ 特許権	特許庁	遺産分割後すみやかに	
☐ 音楽著作権	社団法人日本音楽著作権協会等	遺産分割後すみやかに	
☐ 預貯金の口座	金融機関	遺産分割後すみやかに	
☐ 自動車	陸運局事務所	遺産分割後すみやかに	
☐ ゴルフ会員権	所属ゴルフ場	遺産分割後すみやかに	

さくいん

あ
- 按分割合 ... 113

い
- 遺産分割協議 ... 212
- 遺産分割協議書 ... 212
- 遺産分割シート ... 127
- 遺産分割対策 ... 122
- 遺贈 ... 13・48
- 遺族基礎年金 ... 246
- 遺族厚生年金 ... 248
- 一身専属権 ... 36
- 遺留分 ... 52
- 遺留分減殺請求 ... 236

え
- 延滞税 ... 234

か
- エンディングノート ... 146
- 延納 ... 118
- 外国税額控除 ... 115
- 改製原戸籍謄本 ... 204
- 家屋 ... 94
- 画地調整 ... 82
- 貸宅地 ... 92
- 貸家建付地 ... 92
- 過少申告加算税 ... 234
- 課税価格 ... 106
- 課税財産 ... 78
- 家族埋葬料 ... 244
- 寡婦年金 ... 248
- 換価分割 ... 62
- 管理処分不適格財産 ... 118

き
- 既経過利息 ... 98
- 基礎控除額 ... 10・76・108

け
- 基礎控除額（贈与税）... 152
- 銀行口座 ... 62
- 寄与分 ... 58
- 共有 ... 198
- 権利証 ... 244
- 現物分割 ... 210
- 検認 ... 200
- 限定承認 ... 62
- 健康保険 ... 64

こ
- 公社債 ... 238
- 公示価格 ... 80
- 公正証書遺言 ... 98
- 更正の請求 ... 132・142
- 広大地 ... 234
- 戸籍 ... 170
- 戸籍謄本 ... 204
- 固定資産税評価額 ... 204
  ... 82

さ

- 固定資産税評価証明書 …… 82
- ゴルフ会員権 …… 102・240

し

- 残高証明書 …… 96・98
- 債務控除 …… 106
- 祭祀承継者 …… 70
- 祭祀財産 …… 70
- 財産リスト …… 124・126
- 財産目録シート …… 127
- 財産評価基本通達 …… 80
- 財産評価 …… 80
- 財産調査 …… 208
- 再建築価額 …… 95
- 時価 …… 80
- 死因贈与 …… 50
- 市街地山林 …… 90
- 市街地周辺農地 …… 90
- 市街地農地 …… 90
- 事業承継 …… 188
- 事業承継税制 …… 188
- 事業用財産 …… 102
- 自筆証書遺言 …… 132・134
- 死亡一時金 …… 248
- 死亡退職金 …… 79
- 死亡届 …… 194
- 死亡保険金 …… 79
- 死亡保険金の非課税枠 …… 100
- 借地権 …… 92
- 借地権割合 …… 92
- 借家権 …… 95
- 借家権割合 …… 92
- 修正申告 …… 234
- 熟慮期間 …… 210
- 準確定申告 …… 218
- 純山林 …… 90
- 純農地 …… 90
- 障害者控除 …… 115
- 小規模宅地等の特例 …… 76・88・166
- 上場株式 …… 96・240

せ

- 自用地 …… 92
- 除籍謄本 …… 204
- 所有権の移転登記 …… 238
- 審判 …… 212
- 税額控除 …… 112
- 生前贈与 …… 15・152
- 精通者意見価格 …… 102
- 成年後見制度 …… 206
- 成年後見人 …… 206
- 税務調査 …… 190
- 生命保険 …… 100・174・242
- 生命保険契約に関する権利 …… 100
- 節税対策 …… 13・122・150

そ

- 葬祭費 …… 244
- 相次相続控除 …… 115・185
- 相続 …… 2・34

253

た

項目	ページ
単純承認	64
代償分割	62
代襲相続	40
贈与税の申告	164
贈与税	152
贈与契約書	157
贈与記録シート	127
贈与放棄	210
相続の開始	2・34
相続人の廃除	68
相続人	6・34・38
相続登記	204・238
相続税の申告	222
相続税	10・74・104
相続時精算課税分の贈与税額の控除	115
相続時精算課税	162
相続財産	34・36・78
相続欠格	68

ち

項目	ページ
タンス株券	208

て

項目	ページ
特別受益	56
特別縁故者	187
登録免許税	238
投資信託	98
登記識別情報の通知書	238
定期贈与	154
定期借地権	92
定期金に関する権利	100
直系卑属	38
直系尊属	38
調停	212
調達価額	95
中間農地	90
中間山林	90

は

項目	ページ
倍率方式	82
売買実例価額	102
配偶者の税額軽減	184
配偶者控除（贈与税）	76・114・158
納税資金対策	13・122・148
二次相続	184
2割加算	112
内容証明	236
取引相場のない株式	96
特別代理人	206
特別受益の持戻し	57
特別受益証明書	217

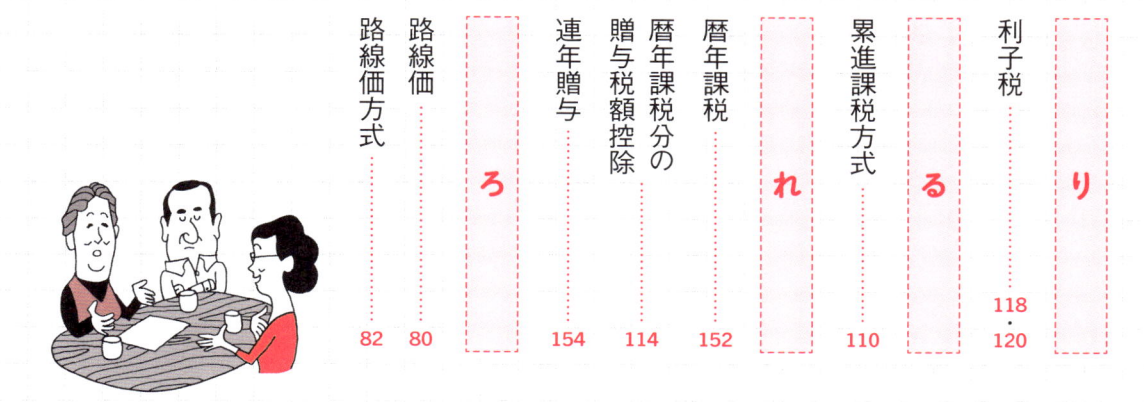

ひ
- 非課税財産 … 78・106・182
- 被相続人 … 2・34

ふ
- 付言事項 … 128
- 負担付遺贈 … 50
- 負担付死因贈与 … 50
- 物納 … 118
- 物納申請財産 … 120

ほ
- 法定相続人 … 7・38
- 法定相続人の数 … 108
- 法定相続分 … 7・42
- 法定代理人 … 206

ま
- 埋火葬許可証 … 194
- 埋葬費 … 244

み
- 埋葬料 … 112・244
- 孫養子 … 244
- みなし相続財産 … 78
- 未成年者控除 … 114・246
- 未支給年金 … 246

め
- 名義預金 … 154
- 名義変更 … 238・240

ゆ
- 遺言 … 14・46・128
- 遺言事項 … 128
- 遺言執行者 … 134・200
- 遺言書 … 200

よ
- 養子縁組 … 180

り
- 利子税 … 118・120

る
- 累進課税方式 … 110

れ
- 暦年課税 … 152
- 暦年課税分の贈与税額控除 … 114
- 連年贈与 … 154

ろ
- 路線価 … 80
- 路線価方式 … 82

255

● 著者紹介　　　中村　美希
　　　　　　　　［なかむら　みき］
　　　　　　　　編集プロダクション勤務を経て、現在フリーランスで編集者・ライターとして活躍。約20年間、書籍の編集・執筆などに携わり、ビジネス書、実用書を中心に活動している。

● 編集協力　　　桐生貴央（広尾総合法律事務所）　三浦真紀　吉田桐子
● 校正協力　　　山田猛司（司法書士）　株式会社エディット
● デザイン　　　大悟法淳一、永瀬優子、酒井美穂、境田明子（ごぼうデザイン事務所）
● イラスト　　　JERRY（トリゴエリュウイチ）

あなたも家族も安心できる
遺産相続　手続き・税金・生前対策

2015年1月20日発行　第1版
2019年7月10日発行　第6版　第1刷

● 著　者　　　　中村　美希［なかむら　みき］
● 発行者　　　　若松　和紀
● 発行所　　　　株式会社西東社
　　　　　　　　〒113-0034　東京都文京区湯島2-3-13
　　　　　　　　営業部：TEL（03）5800-3120　　FAX（03）5800-3128
　　　　　　　　編集部：TEL（03）5800-3121　　FAX（03）5800-3125
　　　　　　　　URL：http://www.seitosha.co.jp/
　　　　　　　　本書の内容の一部あるいは全部を無断でコピー、データファイル化することは、法律で認められた場合をのぞき、著作者及び出版社の権利を侵害することになります。
　　　　　　　　第三者による電子データ化、電子書籍化はいかなる場合も認められておりません。
　　　　　　　　落丁・乱丁本は、小社「営業部」宛にご送付ください。送料小社負担にて、お取替えいたします。
　　　　　　　　ISBN978-4-7916-2108-8